DIANA
VERLAG

Antonia Rados

Quotenfieber

ROMAN

Diana Verlag
München Zürich

Alle Ereignisse in diesem Roman sind frei erfunden.
Jede Ähnlichkeit mit existierenden Personen ist rein zufällig.
Sie ist, wie immer in solchen Fällen, nicht beabsichtigt.

Umschlaggestaltung: Zero Werbeagentur, München
Umschlagfoto: Aus dem Film »Die Augen der Laura Mars«.
Columbia / Filmhistorisches Archiv Engelmeier
Satz: Filmsatz Schröter GmbH, München
Druck und Bindung: Franz Spiegel Buch GmbH, Ulm
Printed in Germany

ISBN 3-8284-0012-4

Alfonso Rojo:	»Es stimmt nicht immer, was euer Mann berichtet.«
CNN-Techniker:	»Das ist doch nicht so wichtig.«
Alfonso Rojo:	»Was ist denn wichtig?«
CNN-Techniker:	»Daß er jetzt berühmt ist.«
Alfonso Rojo:	»Mickey Mouse ist auch berühmt.«

Gespräch zwischen dem spanischen Zeitungsjournalisten Alfonso Rojo und einem Techniker des amerikanischen Fernsehsenders CNN im Hotel *Raschid* in Bagdad während des Golfkriegs.

Januar 1991

1. Kapitel

Sein Anruf kam spät. Andächtig lauschte sie den schrillen Tönen hinterher, schloß kurz die Augen und legte sich einige Sätze zurecht. Klare, einfache Sätze. Anny Bonner wußte, sie würde sie brauchen.

Sie blickte in die hinterste Ecke des Hofes, wo die metallene Sonne auf dem Übertragungswagen schwankte. Der Westwind, der Paris mit einem Kälteeinbruch geweckt hatte, wurde heftiger. Anny stellte den Kragen ihrer Jacke hoch. Sie warf einen Blick auf ihre Uhr.

Unentwegt kehrte das Geräusch wieder. Mit steif gefrorenen Fingern kramte Anny in ihrer Handtasche, schob eine zerknitterte Tageszeitung zur Seite, dann einen Schreibblock. Sie ertastete eine Puderdose, nahm sie heraus und ließ sie in die Jackentasche gleiten. Das Klingeln wurde heller und fordernd.

Unruhe breitete sich über dem Platz aus.

Gestalten in Anoraks, Funkgeräte in der Hand, hetzten über den Innenhof des Elysee-Palastes, während hinter dessen beschlagenen Fenstern einige Männer das Treiben beobachteten. Sie steckten in feinen Anzügen und sahen argwöhnisch zu.

Ganz unten, am Boden ihrer Tasche, ertastete Anny das Handy. Sie angelte es heraus, hielt aber noch einen Augenblick inne. Vielleicht, überlegte sie, während sie es in ihrer Hand betrachtete, war er es ja gar nicht. Vielleicht rief der Hausbesitzer an, um die Stromrechnung einzufordern. Oder es waren Kollegen. Der Schläfer. Der Chef vom Dienst. Eine falsche Verbindung.

Schließlich drückte sie den grünen Knopf und lauschte.

Außer Straßenlärm war nichts zu hören. Erst nach einer Weile vernahm sie seine Stimme. Sie klang wie gewohnt. Messerscharf.

»Baby«, sagte er. »Du bist nie zu erreichen.«

Unwillkürlich sah Anny auf das Display des Telefons. Nichts. Keine Anzeige über versäumte Anrufe. Es war nur sein gewohntes Spiel. Anny atmete durch.

»Zuerst die schlechte Nachricht«, fuhr er fort.

Anny blickte hinauf zu dem Techniker, der eine Verankerung der metallenen Sonne auf dem Wagendach überprüfte. Die Satellitenschüssel schwankte bedrohlich. Der Mann rutschte aus und fiel beinahe herunter.

Die Stimme an ihrem Ohr wurde lauter. »Schon wieder ein Flop.«

Der Techniker auf dem Dach brüllte.

»Was?« fragte Anny.

»Ein Flop«, erwiderte die Stimme unwirsch.

Anny ließ eine Sekunde verstreichen. »Keiner ist perfekt«, erklärte sie bestimmt. Er unterbrach sie. »Hast du denn zumindest vor, dieses Ziel anzustreben?«

Anny versuchte das Brennen in ihrem Hals nicht zu beachten. Es wurde stärker. Ihre Schultern verspannten sich. Sie hustete los.

»Natürlich«, stieß sie hervor. »Sobald Sie aufhören, mich zu dutzen.«

Einige Meter entfernt blickte ein zweiter Techniker auf und warf einen neugierigen Blick in Annys Richtung. Dann folgte ein Kabel. Sie griff zu spät danach. Es knallte zu Boden.

»Abgemacht«, sagte die messerscharfe Stimme.

Anny hastete auf das Kabel zu. An ihrem Ohr blieb es lange still.

Die Stimme kam dann wieder. »Beim nächsten Mal will ich Tränen sehen.«

»Beim letzten Mal war es noch schwarze Spitzenunterwäsche«, antwortete Anny.

Sie klemmte ihre Tasche unter den Arm, öffnete zugleich mit der freien Hand die oberen Knöpfe der Jacke, hob das Kabel auf und tastete es ab. An seinem äußersten Ende hing der hautfarbene Ohrknopf.

»Richtig«, höhnte es durch den Apparat. »Auch diesen Augenschmaus hast du uns vorenthalten.«

»Dunkle Farben standen der Frau nicht.« Anny atmete tief durch. Er klingt nicht anders als sonst, beruhigte sie sich. Der übliche Ton. Das gewohnte Spiel.

Noch das Kabel in der Hand, klemmte sie das Handy zwischen Ohr und linke Schulter, als sie plötzlich die eisigen Finger des Technikers am Hals spürte. Mit strafendem Blick wandte sie sich um. Das Kabel fiel wieder zu Boden.

Aus dem Telefon an ihrem Ohr drang inzwischen erneut gleichförmiger Straßenlärm, unterbrochen vom Piepsen eines Autoradios. Es kündigte Kurznachrichten an, wie üblich zur vollen Stunde.

Beunruhigt blickte Anny auf ihr Handgelenk. Die Zeiger waren weitergerückt.

Sie griff in die Tasche, zog die Puderdose heraus und versuchte, sie mit einer Hand zu öffnen. Als sie aufsprang, nahm Anny die Schaumgummiquaste heraus und klappte die Dose wieder zu. Sie fuhr sich mit dem weichen Stoff über das Gesicht. Die Wangen. Das Kinn. Auf der Stirn, knapp unter dem Haaransatz, rieb sie mehrmals hin und her, bis eine winzige Narbe unter einer dicken Schicht verschwand. »Und die gute Nachricht?« fragte sie, um das Gespräch zu beenden.

»Komm zurück«, antwortete die Stimme gelassen. »Mickey Mouse ist tot.«

Nachdem sie das Handy in die Tasche zurückgeschoben hatte, sah Anny auf die Uhr. Eine Minute nach zehn.

Gelassen wartete der Techniker schon mit dem Ansteckmikrophon neben ihr und machte es an ihrem Kragen fest, während sie noch einmal das Kabel unter ihre Jacke schob.

Wieder landete es auf der Erde. Der Techniker hob es blitzschnell auf, entfernte den Schmutz, befestigte die Halterung am Kragenrand ihrer Jacke und hielt Anny die Knolle ans Ohr. Der schrille Peilton des Senders knallte auf ihr Trommelfell. Sie räusperte sich.

Dreißig Sekunden später war sie auf Sendung.

2. Kapitel

Sie nahm die erste Maschine am frühen Nachmittag und kehrte in den Sender zurück. Hektik schlug ihr entgegen, wie immer, wenn es gute Aufmacher gab. Kollegen nickten ihr zu und drängten vorbei. Einige waren hochrot im Gesicht. Der Streß.

Als Anny den Eingang des Großraumbüros erreichte, blieb sie stehen. Durch die Glastür beobachtete sie die Sekretärin, die eine jener Autogrammkarten, die sonst nur treue Fans zugeschickt bekamen, gegen die Wand preßte. Das Bild fiel herunter. Schließlich befestigte es die Frau mit einem Klebestreifen am TV-Turm. Quer über den linken Rand des Hochglanzfotos band sie ein schwarzes Seidenband. Anny trat zwei Schritte näher und sah in das strahlende Gesicht von Carl Dornhelmer, der Mickey Mouse.

Den einprägsamen Namen verdankte er Anny. Sie hatte den »schnellsten Reporter Deutschlands«, wie der Sender in einer Werbekampagne sportlich verkünden ließ, nach einem seiner unvergeßlichen Auftritte umgetauft.

Es war während der Golfkrise, ganz am Anfang. Im August 1990. Als Saddam Hussein westliche Ausländer als Geiseln genommen hatte, war Dornhelmer auch in Bagdad gewesen. Nach seinem unversehrten Rückzug nach Jordanien hatte er sich mit einem Kleinkind im Arm vor die Kamera gestellt und behauptet, er hätte den brüllenden Knaben aus den Fängen des »blutrünstigen irakischen Diktators« gerettet.

Natürlich war wenig Wahres an dem Auftritt. Der Kleine weinte, weil er zurück zu seiner Mutter wollte. Die stammte aus Bakaa, dem Palästinenserlager nur wenige Kilometer von Dornhelmers Live-Position entfernt.

Später flog die Geschichte auf. Ein Kameramann hatte aus Ärger über unbezahlte Überstunden bei der Konkurrenz geplaudert. Ein Fernsehkritiker hatte sich in einem Zweizeiler empört. Auch eine Handvoll Kollegen im Sender hatte gemurrt. Der damalige Chef tobte angesichts der verwegenen Phantasie seines Mitarbeiters, aber der Zwischenfall wurde bald vergessen. Ein schlechtes Gedächtnis war eine weitverbreitete Schwäche in der Fernsehwelt.

Anny drängte vorbei an Schreibtischen, alle ausgestattet mit Computerterminals mit direkten Verbindungen zu Nachrichtenagenturen, Bildarchiven und begehrten Videospielen. Stöße von Tageszeitungen lagen verstreut auf Abstelltischen, noch eingeschweißt in Plastikhüllen. Anny warf einen Blick darauf. Einige Zeitungen waren vom Vortag, andere einige Wochen alt.

Sie drehte sich um und schlenderte an dem TV-Turm vorbei in Richtung der beiden Glashäuser am äußersten Ende des Großraumbüros. Die Aquarien, von denen es im ganzen Haus nur vier gab, waren nur den allerbesten vorbehalten. Quotenkönigen wie Elsa Führer, der Moderatorin der Abendnachrichten.

Über ein Papier gebeugt, saß sie hinter ihrem Schreibtisch, während der Chef vom Dienst, zuständig für den Sendetag, ihr über die Schulter blickte. Er sah ziemlich verzweifelt aus. Sie lächelte.

Die Wangen leicht gerötet, strich die Führer mit ihrem Kugelschreiber, Produkt einer Markenfirma mit Tradition, zuerst Zeile um Zeile durch und schrieb dann sorgfältig ihre eigenen Sätze darüber. Menschliche Sätze. Die Führer war in dieser Frage erbarmungslos.

Niemand im Sender konnte formulieren wie sie. Mit einer Mischung aus Unbekümmertheit und Entschlossenheit fand sie stets die treffenden Worte, um jeden Zweifel in der Seele der Kundschaft zu vertreiben. Instinktiv hatte sie den Sinn des Fernsehens begriffen. Lösungen haben. Für alles und jeden.

Abgesehen davon konnte sich die Führer in Sekundenschnelle auf eine neue Nachrichtenlage einstellen. Einmal, als die Festnahme eines Kidnappers kurz vor der Sendung über die Agenturen lief, schrieb sie unter ständigem Fluchen ihren Text um. Ihr Ärger galt dem voraussehbaren Ende eines Quotenhochs, das mit der Jagd nach dem Entführer eingesetzt hatte.

Auf Sendung, bezeichnete sie dessen Festnahme als die beste Nachricht des Tages und streckte ihr Gesicht keck in die Kamera. Heute war hingegen Trauermiene angesagt. Mickey Mouse war der Sendungsaufmacher. Er war tot.

Anny ging weiter und öffnete vorsichtig die Tür zum zweiten Aquarium. Ein Mann um die Fünfzig, eine Lesebrille auf der Nasenspitze, blickte auf. Er hatte einen gütigen Ausdruck im Gesicht und schob einen Packen Zeitungen beiseite.

»Heimatlos?« fragte Markus Manner.

»Wer ist das nicht?« antwortete Anny und schielte dabei nach den Blättern auf dem Tisch. Einige Titel waren rot unterstrichen. Alles todernste Themen, die Manner in seiner wöchentlichen Politikerrunde diskutierte – wenn man ihn ließ.

Wegen plötzlicher Programmänderungen war seine Sendung in den letzten Wochen mehrmals ausgefallen. Das Los aller, die vom Publikum mit mittelmäßigen Quoten bedacht wurden.

Manner trug seines mit größter Fassung. Er zog es vor, Fernsehen nur als vorübergehende Gottesstrafe für den Journalismus zu betrachten und nicht zu verzweifeln. Er war altmodisch. Nichts als ein Professor, wie ihn der flotte Nachwuchs im Sender nannte.

Aus dem Glashaus daneben war ein spitzer Klageschrei zu vernehmen. Die Führer hatte ihn losgelassen.

»Sie leidet wieder einmal im richtigen Augenblick«, sagte der Professor und vertiefte sich in seinen Blätterwald.

»Jedenfalls leidet sie weniger als wir«, erwiderte Anny und warf einen Blick in das Büro der Führer. Auf der grau gefärbten Glasplatte, die auf geschwungenem Strahlrohr ruhte, lagen Schminkutensilien in einer Reihe. Lippenstifte, Wimperntuschen und mehrere Puderquasten, mit denen sich die Führer abwechselnd über das Gesicht strich, bevor sie sich einem Kleiderständer näherte. Fünf gutgeschnittene Damensakkos hingen dort. Armani. Nur in schmeichelnden Pastellfarben.

»Seltsam«, sagte Manner. »Als Sie meine Nachbarin waren, sah es anders aus.«

»Ja. Unordentlicher.« Anny nahm zwei Zeitungen vom Tisch und wanderte in Richtung Tür.

»Haben Sie noch keinen neuen Schreibtisch?«

»Nein«, erwiderte sie. »Aber auch keine schlaflosen Nächte.« Sie verschwand.

Als Anny am TV-Turm vorbeikam, blieb sie stehen. Die Autogrammkarte mit dem grinsenden Gesicht war verrutscht, dem Gesicht des toten Kindsräubers, an dem Annys Spitzname hängengeblieben war. Bei allen. Bis zu seinem Tod.

Mickey Mouse, 28 Jahre. Beliebter Fernsehjournalist. Während einer Reportaje über zwei vermißte Deutsche in Sudan erstochen und ermordet, stand mit steiler, kindlicher Schrift auf einem Papierstreifen, den jemand nachträglich unter das Bild des Toten geklebt hatte. Offenbar war der Dichter ein Analphabet.

Daß Dornhelmers Grinsen ausgerechnet am TV-Turm befestigt worden war, schien Anny eine Ironie der Geschichte zu sein. Zu Lebzeiten hatte er es geliebt, vor dem Gerüst mit den fünf Bildschirmen, die übereinander thronten, zu stehen. Kollegenberichte wurden dabei von ihm mit beißenden Bemerkungen kommentiert. Seine eigenen begutachtete er hingegen wohlwollend, als müßte er sich seiner Wirkung versichern.

Und er wirkte gut. Mit seinen blonden Haarsträhnen und der markanten Kinnpartie glich er entfernt dem Schauspieler Robert Redford, ein Eindruck, den regelmäßige Ausflüge auf die Sonnenbank sowie ein geduldiger Friseur erfolgreich verstärkten. Wie viele Stars des Kleinformats dirigierte Dornhelmer seine Stimme vor der Kamera in tiefe Bahnen. Ohne Kamera war sie heller. Fast unangenehm.

Minutenlang blieb Annys Blick an den Bildschirmen hängen, auf denen Szenen aus Bürgerkriegen gegen biedere Schönheiten, die Waschpulver anpriesen, kämpften. Einen stummen Kampf. Tagsüber war der Ton abgedreht.

Sie ging weiter. Nach einem Blick auf den Sendungsablauf, der an der Glastür hing, beschleunigte sie den Schritt. Wie der Bericht über eine Nato-Tagung war auch Annys Reportage von der Wiederaufnahme der französischen Atomversuche dem Toten geopfert worden. Jedenfalls stand ihr Name nicht mehr auf der Liste. Es war ein eindeutiges Signal. Ihr Live-Auftritt in der Morgensendung und ihr zweiter in den Kurznachrichten knapp nach zehn hatten offenbar niemanden sonderlich aufgeregt. Daß die Kundschaft nicht noch einmal gelangweilt werden durfte, wußte auch Anny.

Vor einem Schrank an der Seitenwand blieb sie stehen. Sie öffnete ihn und zwängte ihre Reisetasche zwischen zwei Kassettenberge. Der Ledersack war abgegriffen, verschmutzt, unschick. Auf keinen Fall so schick wie die Taschen, die allen Reportern vom Sender zur Verfügung gestellt wurden. Grellrote Reisetaschen aus Nylon. Seitlich war ein riesiges Logo des Senders eingeprägt. Schwer zu übersehen. Anny hatte ihre Nylontasche dem zwölfjährigen Sohn ihrer Nachbarin geschenkt. Er war vor Freude außer sich gewesen.

Wortfetzen flogen an Annys Ohr. Sie kamen aus dem Munde einer Neuen, nicht älter als fünfundzwanzig, die mit verzweifeltem Gesicht einen Telefonhörer gegen die Wange preßte. Stöhnend nahm sie den Hörer in die andere Hand. In der nächsten Sekunde wanderte er zurück.

»Tut uns ja so leid«, hörte Anny die junge Frau in den Apparat säuseln, bevor sie wieder mit weit aufgerissenen Augen lauschte. »Richten Sie ihr mein Beileid aus.« Sie legte auf.

»Was gibt es?« fragte Anny.

»Probleme mit neugierigen Nachbarn«, antwortete das Mädchen.

»Nachbarn sind von Natur aus neugierig«, sagte Anny.

»Wußte ich nicht«, schoß die andere zurück und blickte verzweifelt auf den Apparat auf ihrem Tisch. »Dornhelmers Mutter hat sich bei ihrer Nachbarin beklagt, daß sie vom Tod ihres Sohnes erst in einem Bericht in unseren Frühnachrichten erfahren hat.«

»Wie gefühlvoll«, erwiderte Anny.

»Der Bericht war nur eine Minute lang.« Das Mädchen lächelte verlegen.

Anny warf einen gnadenvollen Blick in ihre Richtung. »Im Fernsehen ist eine Minute eine lange Zeit.«

»Cool«, erwiderte die Junge.

Bevor Anny losstürzen konnte, um aus gegebenem Anlaß die Leitung der Information zu beschimpfen, fiel ihr Blick auf ihren Schreibtisch, der im hintersten Teil des Großraumbüros stand. Er war eigentlich nur für die Ablage von Kassetten bestimmt.

In den Wochen nach ihrem Umzug aus dem Glashaus war Anny zuerst beim Professor untergekommen, bevor sie schließlich diesen Tisch einfach in Besitz nahm. Keinem war es aufgefallen. Einige Kollegen lagerten während Annys Abwesenheit weiter ihre Kassetten dort ab.

An einem dieser Stöße, der ihren neuen Stammplatz neben einem Computer, Zeitungsausschnitten, einem verendeten Bonsai und zwei Bergen Magazinen schmückte, klebte ein gelber Zettel. Anny beugte sich vor und nahm das Stück Papier in die Hand.

Praun Etward aus London bittet um Rückruf!

Amüsiert betrachtete sie die Notiz. Noch ein Analphabet. Sie steckte den Zettel in die Handtasche.

3. Kapitel

Im Vorzimmer des Leiters der Information thronte die Dicke Berta, eine überlange, hagere Frau. Ihre Art, jeden unangemeldeten Besucher gnadenlos abzuwehren, hatte ihr den Vergleich mit der deutschen Kanone aus dem Ersten Weltkrieg eingebracht.

Jeder in der Anstalt hatte einen Spitznamen, außer der Cutterin Marlene, die ein mächtiges Mundwerk und ein ebensolches Körpergewicht gegen jede Art von Bosheiten schützte. Sie war einer jener seltenen Menschen, die sich alle Frechheiten erlauben konnten, ohne sie erleiden zu müssen.

Alle anderen ergaben sich ihrem Schicksal. Der Techniker, der Fernsehformate der Zukunft entwickelte, hieß Zweistein. Er war ein Genie. Einen durchtrainierten Schauspieler, bekannt aus zahlreichen mittelklassigen Action-Filmen, nannte man den Sprechenden Muskel. Er präsentierte das neue Sportmagazin. Elsa Führer, die vom Publikum geschätzt, von Frischlingen bewundert und von Neidern verachtet wurde, war die Königskobra, wobei die wenig schmeichelhafte Bezeichnung zweifellos jemandem aus der letzten Kategorie eingefallen war.

Auch Anny bekam einen schmückenden Namen verpaßt, der ihr erwartungsgemäß wenig behagte. Er lautete Jurassic-Park und war, wie alle Bosheiten im Sender, eines Morgens bei einer Konferenz gefallen. Von Carl Dornhelmer, gefolgt von verhaltenem Lachen aller.

Anny lachte nicht, als sie den neuen Namen per Zufall in einem Schneideraum hörte. Sie fand die Scherze der Mickey Mouse nicht komisch. Nicht in den Sitzungen. Nicht vor der Kamera.

Während sie wartete, betrachtete sie die Stechpalme aus dem Supermarkt und das schlichte Kaffeeservice auf dem Plastiktablett, ebenfalls von dort. Vor den schwarzlackierten Aktenschränken aus Fertigteilen kämpfte die Dicke Berta gegen ihren Computer. Sie war fünfundfünfzig und ließ sich, trotz ausgiebiger Schulung, von dem Gerät fortwährend besiegen. Daß sie nicht gefeuert wurde, hing neben ihrer Fähigkeit, den Vorraum menschenleer zu halten, auch mit ihrer Verschwiegenheit zusammen.

Sie sprach selten. Schon gar nicht über den Chef, über Stalin.

Im Gegensatz zur Dicken Berta, die alle Mitarbeiter schon seit Jahren wie eine Familie kannte und behandelte, war Stalin, Gerd Haltbach für die Außenwelt, erst sechs Monate zuvor mit der Leitung der Abteilung Information beauftragt worden.

Niemand wußte, woher er gekommen war. Einige Schlangen behaupteten, er habe seine Managerausbildung bei Dschingis-Khan abgeschlossen. Vieles an den rauhen Sitten, die mit Haltbach im Sender eingezogen waren, sprach für diese These.

Im offiziellen Lebenslauf hieß es lediglich, er lernte sein Geschäft bei einer angesehenen Zeitung, »von der Pieke« auf. Das Ausland, behauptete die Presseabteilung bei jeder Gelegenheit stolz, hätte sie vervollständigt.

Ausgestattet mit diesen Gaben, versuchte Haltbach seit dem Tage seines Einzugs den Sender nach vorn zu bringen, wobei seine Rezepte einfach waren. Die Kundschaft nicht überfordern. Leichte Kost servieren. Niemals die Gefühle der Menschen vergessen, wobei das aus seinem Mund seltsam klang.

Der Professor nannte es einmal, den Weg des geringsten Widerstands gehen, aber es war der perfekte Weg. Der Weg zu den Quoten.

Angespornt von Stalins Vorgaben jagten die Mitarbeiter

seither dieser leichten, gutverdaulichen Kost nach. Prinzessinnen, die vom gerechten Schicksal bestraft wurden. Autounfällen, Grippewellen und verlorengegangenen Kleinkindern. Langsame Charakter galten als Versager und wurden schnell durch frische Anhänger der Fernsehwelt ersetzt.

Nur hinter vorgehaltener Hand wagte die Mannschaft, Haltbachs Erfolgskurs zu kritisieren. Offen tat es nur der Professor, der aber ohnehin unantastbar war. Niemand wußte, warum, aber es war so. Als die Brüder Merling, Mehrheitsbesitzer des Senders sowie mehrerer Radiostationen und eines Verlags, dessen Politikerrunde absetzen wollten, stellte sich Stalin schützend vor den Professor. Die *Blues Brothers*, wie sie das Fußvolk nannte, gaben nach.

HAUSORDNUNG stand auf dem plakatgroßen Blatt an der Innenseite der Tür. Unbeeindruckt betrachtete Anny die Verbotsliste, die Stalin dem Sender verordnet hatte. Sie klang so vernünftig wie alle Verbotslisten der Welt, aber es gelang ihr nicht, sich daran zu gewöhnen. Nicht an Punkt vier. Das Rauchverbot. Nicht an Punkt eins, die Aufforderung, unnötige Besuche in der Chefredaktion zu unterlassen. Punkt sieben, das Alkoholverbot, war mehrmals unterstrichen.

Anny kramte in ihrer Tasche. Eine Zigarette landete zwischen ihren Fingern. Aus der Richtung des Schreibtischs kam eine stumme Kriegserklärung der Dicken Berta geflogen. Anny suchte unbeeindruckt nach dem Feuerzeug, zündete die Zigarette an, stieß den Rauch voller Genuß aus und beobachtete, wie er in Richtung HAUSORDNUNG tänzelte.

Simpson-Prozeß, 35 Prozent Marktanteil bei den Drei- bis Neunundvierzigjährigen stand auf einem zweiten Anschlag mit fetten Buchstaben geschrieben. Ein echter Sonnenstrahl, wie Stalin sagen würde.

Als Anny ihn hereinstürzen sah, zuckte sie unmerklich zusammen. Es war schwer, sich an dieses Gesicht zu gewöhnen.

An seine Leere. Die schmalen Augen. Den Mund, der eng und unauffällig war. Nichts an Stalin war auffällig, außer den Händen. Er hatte mächtige Hände. An der rechten Hand trug er einen Ring, keinen Ehering.

Wortlos blätterte er den Papierstoß durch, den ihm die Dicke Berta entgegengestreckt hatte. Anny zog noch einmal an der Zigarette, bevor sie sie am Rand des Papierkorbs ausdrückte und, ohne eine Einladung abzuwarten, in Richtung Chefzimmer schritt. Die Dicke Berta ließ sie mit tödlichem Schweigen ziehen.

Stalin folgte Anny. Laut ließ er die Tür ins Schloß fallen.

»Warum wurde Dornhelmers Mutter nicht als allererste informiert?« fauchte Anny und drehte sich zu Haltbach um. Er sah sie nicht an. Augenkontakt hielt er für eine menschliche Schwäche, die ebenfalls untersagt werden müßte. Anny überlegte, ob sie das entsprechende Verbot auf der Hausordnung übersehen hatte. Sie setzte sich auf den Besuchersessel, verschränkte die Arme und betrachtete ihn schweigend.

Er ging um den Schreibtisch herum, mit schnellen Schritten und seinem reglosen Gesicht. »Nur du nimmst so was ernst«, sagte er.

»Es klingt nicht wie ein Kompliment«, erwiderte sie.

Er blickte kurz auf, wobei sein Blick sie beinahe streifte. »Ist es auch nicht«, murmelte er.

Mit einem Knall ließ er das Paket Papiere, das er fest unter den Arm geklemmt ins Zimmer getragen hatte, auf den Tisch fallen. Die Quotenprotokolle vom Vortag, die er jeden Morgen ausführlich studierte, bevor sie die Dicke Berta in den Kaufhausschränken verschloß. Bösartige Fernsehkritiker ohne Sinn für die Härte des Geschäfts behaupteten, sie seien Stalins einzige Lektüre.

Anny versuchte ein Lächeln. »Was halten Sie davon, das Leben von Zeit zu Zeit mit einer Prise Anstand zu würzen?« fragte sie, wobei sie ihren Sessel näher an den Schreibtisch heranrückte.

»Können wir uns in diesen Zeiten der Niederlage nicht leisten«, murrte er zur Antwort. Sein Griff in die Seiten der Quotenprotokolle ließ erkennen, worauf er anspielte. Auf ihre Quote vom Vortag. Den Flop.

Annys Blick wanderte hilflos herum. Zuerst über die Papierstöße, dann hin zum Schachbrett auf dem Tisch. Die Figuren standen bereit für ein neues Spiel.

Stalin spielte oft Schach, auch bei den unpassendsten Gelegenheiten. Am gefürchtetsten waren seine Partien während der Besprechungen mit erfolglosen Mitarbeitern. Davon hatte es bereits einige gegeben. Und einige Versager waren seit Stalins Einzug bereits gefeuert worden. Leute, die zu teuer waren und zu wenig brachten.

Unmerklich hasteten Stalins Augen über den König hin zu einem Bauern, bevor er ihn andächtig zwei Felder nach vorn bewegte. Er spielte immer ohne Gegner. Er brauchte keinen.

»Ich habe einen Auftrag für dich«, sagte er.

»Sex oder einen Mord?«

Stalin streckte seine große Hand aus und begann, die zwei Fernbedienungen gleichzeitig zu bearbeiten. Nichts regte sich auf den Bildschirmen. Er legte sie wieder hin und beugte sich vor. Als er sich einen Zettel herangezogen hatte und darauf ein paar Kreise kritzelte, versuchte Anny seine Zeichnungen zu entziffern.

Stalin blickte scharf in ihre Richtung.

Sie lehnte sich wieder zurück.

Er griff zum Hörer. »Hat er sich gemeldet?« fragte er. Die Dicke Berta schien ihn mit einem seltenen Redefluß zu beglücken. Stalin verzog keine Miene. »Morgen, 16 Uhr in meinem Büro«, antwortete er trocken und legte auf.

Anny rückte auf ihrem Sessel hin und her, während er mit einer ruckartigen Bewegung die Seiten mit den Quoten endgültig von sich schob und dabei die gegenüberliegende Wand musterte.

Leere schien ihn zu inspirieren.

Abgesehen von dem Schachbrett, Quotenprotokollen und zwei riesigen Fernsehapparaten war sein Büro wie sein Gesicht, eine kahle Höhle. Von allen Symbolen menschlicher Schwächen hatte sich Gerd Haltbach gleich am Tag seines Einzugs getrennt. Er hatte die gesamte Ausstattung seines glücklosen Vorgängers auf den Korridor tragen lassen. Einige Familienfotos mit vier lachenden Kindern und zwei Hunden, ein nicht wertloses Gemälde sowie mehrere kristallene Aschenbecher waren dabei im Müll gelandet.

Annys Augen wanderten über die Wände ohne Bilder, ohne Familienfotos. Stalin war nie verheiratet gewesen, jedenfalls stand dies in seinem offiziellen Lebenslauf. Es war der einzige Satz zu seinem Privatleben.

»Einen Mord«, sagte er.

Verunsichert blickte Anny auf. In ihrem Rücken vernahm sie ein Geräusch.

Die Dicke Berta stand in der Tür. »Er kann erst am Donnerstag kommen«, verkündete sie.

Unentwegt begutachtete Stalin weiter seine Wand. »Gut«, murrte er. »Dann eben Donnerstag, 16 Uhr.«

Während die Sekretärin ebenso leise verschwand, wie sie gekommen war, wandte sich Stalins Blick seinem Schreibtisch zu. Dann stand er auf.

»Reservieren Sie mir einen Schneideraum«, rief er, nachdem er die Tür geöffnet hatte. Er hielt die Klinke in der Hand.

»Welchen?« fragte die Dicke Berta aus der Ferne.

»Den ruhigsten«, rief er hinaus.

Ungeduldig erhob sich Anny. »Sie waren gerade dabei, mir einen Mord anzupreisen«, sagte sie und versuchte so unbeteiligt wie möglich zu klingen. Seine Gleichgültigkeit irritierte sie unsäglich.

»Richtig«, antwortete er. »Ich will diesen Mord.« Seine Stimme klang wie immer emotionslos. »Den Mord an unserem Kollegen.« Er ließ nicht die geringste Regung erkennen. »Den Mord an unserer geliebten Mickey Mouse.«

Als hätte sie einen Schlag erhalten, blieb Anny stehen. Über Stalins Kopf hinweg sah sie aus dem Fenster. Umrisse eines Übertragungswagens tauchten auf. Die metallene Sonne, die Satellitenschüssel, war während des Transports eingefahren worden und nicht zu sehen. Aus der Führerkabine stieg ein Mann aus, der Techniker, der ihr in Paris das Mikrophon gegeben hatte.

Schnell blickte sie zu Stalin. Er saß da, unbeweglich. Ohne Leben. Nur seine Augen wanderten von einem Bildschirm auf den anderen, während seine dicken Daumen die Fernbedienungen bearbeiteten. Seelenruhig surfte er durch die Programme. »Ich will die Aufnahmen von seinem Tod«, sagte er. »Das müßtest du doch schaffen.«

Mit einem Ruck stand Anny auf. »Ich bin mir nicht so sicher«, erwiderte sie.

Stalins Blick ruhte auf den Fernsehapparaten. Seine Hände umfaßten die Fernbedienungen, die darin fast verschwanden.

Als Anny an der Tür war, hörte sie, wie er den Hörer abnahm und wählte.

»Geht es dir gut?« fragte er weich, fast einfühlsam.

Der Vater, überlegte Anny. Kann nur der Vater sein.

Sie stellte sich Stalins Gesichtszüge in diesem Augenblick vor. Den Mund, unverändert schmal und eng, aber mit einem leidenden Ausdruck in den Augen. Er war so. Er spielte nicht.

➤➤➤ ✹ ➤➤➤

Entnervt eilte Anny zurück ins Großraumbüro. Nachdem sie an einer Ecke mit der Königskobra zusammenstieß, die sofort verzweifelt ihr lindgrünes Jackett begutachtete, beruhigte sich ihr Schritt. Am Eingang des Großraumbüros blieb

Anny stehen, den Blick auf die Autogrammkarte gerichtet. Der Papierstreifen lag schon am Boden. An einem Fenster, weit geöffnet, stand die Sekretärin und atmete tief durch. Das Foto fiel in die Tiefe, bevor die Frau herbeilaufen konnte, um es aus einem Plastikteller mit Essensresten zu retten. Sie befestigte Dornhelmers Bildnis wieder am TV-Turm. Es war von mehreren Flecken verunstaltet. Winzigen, dunklen Saucenflecken.

Eine zweite Ironie der Geschichte fiel Anny ein, während sie das lachende, befleckte Gesicht betrachtete. Wahrscheinlich hatten die Blutstropfen Linse, Gesicht und sein Hemd befleckt, während die Kamera weiterfilmte. Unentwegt.

Mickey Mouse war ein Spezialist von Berichten, die nie aufhörten. Seine Reportagen, mit Vorliebe aus dem Drogenmilieu, Rotlichtbezirken und gelegentlich aus Polizeistationen, zeigten ungewöhnlich offene Mafia-Bosse, Dirnen und korrupte Amtsdiener, die ihm Schwächen, Vorlieben und Untaten gestanden. Wie Dornhelmer das vollbrachte, wußte jeder im Sender.

Er arbeitete meistens allein, nur begleitet von seiner Minikamera, die ihm der begabte Techniker besorgt hatte. Die Linse, nicht größer als ein Knopf, steckte an der Brusttasche und wurde von zwei gleichfarbigen Knöpfen eingerahmt. Aus Gründen der Tarnung. Das Aufnahmegerät band Dornhelmer sich um die Hüfte und verbarg es unter seiner Jacke, während das Funkmikrophon in seinem Füllfederhalter versteckt war. Er mußte ihn nur in der Hand halten.

Auch der Rest seiner Reportagen war oft nur ein Kinderspiel. Ein bißchen Überzeugungsarbeit. Manchmal ein paar Scheine. Einige Stimmen in Polizeikreisen behaupteten, Dornhelmer hätte bei seiner Recherche auch selbst mit Drogen gehandelt. Oder ein anderes Mal eine Fensterscheibe zertrümmert, um eine Demonstration anzuheizen.

Bei Berichten aus dem Ausland, denen Dornhelmer in ständiger Konkurrenz mit Anny nachjagte, war er hingegen genügsamer. Hauptsache im Hintergrund wurde geschossen. Mehrmals entging Dornhelmer nur knapp dem Tod. Jedenfalls behauptete er das.

Dornhelmer liebte die Opferrolle, jede Art von Opferrolle. Er klagte gern über Morddrohungen, anonyme Anrufe und Geisterfahrer, die ihn zu nächtlicher Stunde über Deutschlands Autobahnen jagten. Zum Großteil entsprangen sie seiner lebhaften Phantasie. Niemand, nicht einmal Stalin nahm die Ängste der Mickey Mouse ernst.

»Keiner bringt eine Witzfigur um«, hatte er einmal gesagt.

Anny schlenderte zu ihrem Schreibtisch, setzte sich und zog das Telefon näher. Der diensthabende Produzent versprach, Reisegeld zu besorgen, sich um Visa zu kümmern, ihren Kameramann zu kontaktieren und Flüge und Hotels zu reservieren. Sie nahm einige Zeitungen zur Hand. Die Blätter hatten gerade wenig zu berichten. Anny zog das Keyboard heran und schaltete den Bildschirm ein. Sie tippte.

Sudan.

Das Terminal arbeitete.

Sieben Artikel gefunden stand auf dem Bildschirm. Unzufrieden betrachtete Anny die Ausbeute, ließ sich aber trotzdem einige Berichte anzeigen, die in der englischsprachigen Presse erschienen waren.

Church reports about ethnic cleansing, New York Times, June 1994

Islam's dark side, The Economist, November 1994

Islamic conference, International Herald Tribune, March 1996

Sie überflog die Zeilen, die nichts Neues beinhalteten. Nur Hunger und Armut, die – unheilbaren Krankheiten gleich – die dritte Welt befallen hatten. Der Rest waren Naturkatastrophen. Auch wie gewohnt.

Der Sudan gehört zu einem der ärmsten Länder Afrikas ... Eine neue Dürrekatastrophe bedroht den Süden des Landes.

Niemand war offenbar an den ewigen Hiobsbotschaften interessiert. Nicht an dem andauernden Krieg zwischen dem christlichen Süden und dem islamischen Norden, die beide wegen dieser Kämpfe von Hungerkatastrophen heimgesucht wurden. Der blutige Konflikt wurde in nur wenigen Sätzen abgehandelt. Der Hauptpersonen ebenso.

Präsident Baschir. Im Jahre 1989 nach einem Putsch in Khartum an die Macht gekommen.

Hassan Turabi, der geheime Herrscher des Sudan. Nennt sich »Führer der nationalen islamischen Front«.

In einem Agenturbericht stand, daß Turabi von seinen Anhängern als der zweite Mahdi verehrt wurde, als Messias. Den ersten, Ahmed Ibn Mohammed Abdallah, hatte die Briten und Ägypter aus dem Sudan vertrieben. Vor 125 Jahren.

Die bekannteste Heldentat des zweiten lag auch schon einige Zeit zurück. Während des Golfkriegs hatte er sich offen auf die Seite von Saddam Hussein gestellt, eine Geste, die damals bei den Amerikanern einigen Ärger hervorgerufen hatte.

Seither hatte man den Messias und Rebellen vergessen. Über die islamische Konferenz, im März 1996 von ihm organisiert, hatte sich niemand mehr besonders aufgeregt. Nur ein Artikel über das Treffen war in der Datenbank des Senders gelandet. Anny las.

Trotz der Proteste aus dem Westen organisierte Hassan Turabi in Khartum vor kurzem eine internationale Konferenz der islamischen Front der Ablehnung. Neben einer offiziellen Delegation aus dem Iran nahmen an dem Treffen zahlreiche Vertreter radikaler Gruppen aus Algerien, Afghanistan, Pakistan und aus den israelisch besetzten Gebieten teil. Auch einige Terroristen, die vom Westen seit Jahren gesucht werden, sollen nach Angaben westlicher Diplomaten in diesen Tagen in Khartum gesehen worden sein.

Die Konferenz hatte nach offiziellen Angaben zum Ziel, eine geeinte Politik aller fundamentalistischen Gruppen gegen Israel zu erarbeiten.

Abrupt lehnte sich Anny zurück. Alles flog in ihrem Kopf. Der tote, noch lachende Dornhelmer. Ein Tatort namens Sudan. Der Engel, der nicht geweint hatte. Ihr Flop.

Es war nicht der erste gewesen. Als Stalin ihr vor einigen Wochen den Auftrag gegeben hatte, mit einer Serie von »Schicksalen« das Programm zu bereichern, hatte sie sein Angebot angenommen. Ein Leichtsinn. Schon in der ersten Folge hatte Anny vergessen, nach den sexuellen Nöten ihres Opfers zu fragen. Ein Schauspieler, der nach einem Unfall querschnittgelähmt war.

In der zweiten Sendung plapperte die Ehefrau eines Politikers fröhlich über ihre Nacktfotos, aber es fehlte ein Blick in den Schlafzimmerschrank mit den schwarzen Dessous. In ihrer letzten Reportage fehlten die Tränen, über die Stalin geklagt hatte. Er hatte nicht unrecht. Ein engelhaftes Modell, das wegen Drogenbesitz im Gefängnis sitzt und nicht heult? Nicht einmal vor laufender Kamera?

Die Finanzabteilung des Senders hingegen weinte. Sie hatte dafür zu sorgen, daß die Werbeeinnahmen stimmten. Und sie stimmten nicht. Nicht bei dem verkrüppelten Star. Nicht bei der freizügigen Gemahlin. Diese erwies sich als der erste Flop. Der gefallene Engel als der vorerst letzte.

Anny wußte, woran es lag. Nur an ein paar Kleinigkeiten. Nichts Besonderes. Nur an dem fehlenden Talent, immer weiterzufilmen. Nicht zu zögern. Niemals.

Vorbei an tippenden und umherirrenden Kollegen fiel ihr Blick auf das Foto, verunstaltet von Trauerflor und Saucenflecken. Mickey Mouse grinste sie herausfordernd an.

4. Kapitel

In den Abendnachrichten wurde eine Zusammenfassung von Dornhelmers Reportagen gesendet, wobei die Königskobra den Bericht mit einem Augenaufschlag ankündigte, der eine Armee hätte in Marsch setzen können. Er war einzigartig.

Nach Ende der Sendung nahm Anny den Fahrstuhl in den vierten Stock. Stille lag über dem Gang. Sie machte vor jeder Tür kurz halt, erst vor der letzten blieb sie länger stehen. Links, an dem Holzrahmen, klebte das bekannte Foto, auf dem Albert Einstein frech seine Zunge herausstreckt. Anny klopfte. Niemand antwortete. Sie griff nach der Klinke, aber die Tür ließ sich nur einen Spaltbreit öffnen.

Vorsichtig blickte Anny in den Raum und schob dann die Tür, die ein Paket blockierte, auf.

Schräg gegenüber stand auf einem Hocker ein Bildschirm, auf dem sich Farbflecken und Kreise wie wild bewegten. Als Anny näher trat, verwandelten sie sich in eine menschliche Figur. Die Königskobra. Die Moderatorin tänzelte, vorbei an Wolkenkratzern, die Fifth Avenue entlang. Anny sah gebannt auf die Szene.

Es krachte. Unter einem Tisch, rechts von der Tür, auf dem Abspielgeräte übereinandergestapelt waren, kroch ein Mann von nicht leicht definierbarem Alter hervor. Er sah aus wie dreißig, vielleicht war er aber bereits ein Jahrzehnt älter. Über einem weißen T-Shirt trug er ein kariertes Holzfällerhemd, dem die Knöpfe fehlten. Alle. In der rechten Hand hielt er zwei Telefonstecker. Er gähnte. »Was gibt es?«

»Zweistein«, sagte Anny. »Kennst du Turabi?«

Geschmeichelt grinste Ali Mashayekh über seinen Spitznamen, was wohl damit zu tun hatte, daß es der einzige im Sender war, über den auch sein Träger lachen konnte. »Den Ägypter aus der Kantine?«

Anny beobachtete die Königskobra auf dem Bildschirm. Ihre Bewegungen waren harmonisch. Einfach perfekt. »Nein, den Führer der nationalen islamischen Front im Sudan«, erwiderte sie. »Der Kellner heißt Tonabi.«

Zweistein war nicht zu beeindrucken. »Außer, daß er Christen und Schwarze verfolgt, weiß ich nichts.«

»Der Kellner?«

»Nein, der Sudanese.« Er arbeitete unbeirrt weiter.

Sie versuchte es noch einmal. »Du hast doch sicher Kontakt zu Exilanten.«

»Nicht mehr. Er hat sie alle umbringen lassen«, sagte er abwesend.

»Dann erzähle mir, was der persische Dienst der BBC dazu sagt.«

Er seufzte. »Nichts. Außer, daß er Christen und Schwarze umbringt.«

Zweistein starrte konzentriert auf ein Knäuel Kabel, entwirrte es und überlegte angestrengt. Trotz seiner Vorliebe für jede Art von Unordnung entwickelte er äußerst brauchbare Ideen für die Fernsehzukunft. Seine jüngste war ein Sportstudio, in dem der Sprechende Muskel zwischen Toren und Tennisplätzen umherstolzierte, die es gar nicht gab. Sie waren virtuell und ein Renner.

Gierig griff Zweistein nach dem Paket an der Tür und riß den Deckel auf, woraufhin er grinste und ein längliches Metallstück aus einer Plastikverpackung schälte. Dann eine Diskette mit Software. Neue Spielzeuge aus Amerika. Er besaß schon jede Menge.

Auf Tischen, Regalen und Stühlen standen Monitore und Oszillographen zur Messung der Farbwerte. Die Speicher befanden sich unter der Tischplatte links von der Tür. Darauf lagen die Keyboards der Computer und der analogen und digitalen Schnittplätze mit den schönen Namen. *Beta. Avid, Silycon grafics.*

Computer, Schnittplätze und Speicher waren miteinader verkoppelt. Es sah aus wie in einer Raumstation.

Gleich nach ihrem Eintritt im Sender, vor anderthalb Jahren, hatte Anny herausgefunden, daß die Raumstation auch für niedrige Dienste zu mißbrauchen war. In einem seiner Computer hatte Zweistein ein Adreßbuch angelegt, in dem Kontakte in aller Welt gespeichert waren. Namen von Producern, Chauffeuren und Teppichhändlern. Auch Telefonnummern von Mittelsmännern zu Terrorgruppen in den hintersten Ecken der Welt.

Anny schätzte diese Einrichtung. Der Rest in dem Reich war ihr egal.

Grübelnd wanderte Zweistein zwischen den Kassettenbergen auf dem Boden und den Bildschirmen hin und her. Er näherte sich seinem Schreibtisch.

Anny räusperte sich.

Gedankenverloren drehte er sich um und streifte dabei das Bild an der Wand hinter seinem Schreibtisch. Eine Aufnahme der Stadt Ghom, schon leicht vergilbt. Der einzige Fremdkörper in seiner Raumstation.

Ali Mashayekh sprach selten darüber. Nur einmal hatte er gemurmelt, daß Vermögen und der Rest seiner Familie in der Stadt mit den goldenen Kuppeln und den iranischen Mullahs geblieben waren. Mehr hatte er nicht erzählen wollen über seine Heimat und seine Flucht.

Auf den Bildschirmen schlenderte die Königskobra gerade durch eine andere Stadt mit vielen Kuppeln. Rom. Sie schritt über die Piazza Navona, vorbei an Cafés in eine Seitenstraße hinein.

»Wann war sie in Rom?« fragte Anny.

Zweistein brummte. »Nie.«

»Machst du wieder Schweinereien?«

Er schüttelte den Kopf. »Die üblichen.« Er warf ihr einen jener Blicke zu, die begabte Seelen allen Idioten gönnen.

Ein Themenwechsel schien Anny angebracht. »Ich brauche einen Übersetzer im Sudan. Kannst du mir helfen?«

»Ich versuche es.«

»Ich fahre morgen«, log sie, sich erinnernd, daß er von Pünktlichkeit ebensowenig hielt wie von Friseuren.

»Ich sagte schon, ich versuche es.«

»Ich könnte ihn vielleicht interviewen.«

Überrascht zog Zweistein die Augenbrauen hoch. »Den Kellner?«

Sie schüttelte den Kopf.

Er lachte aus vollem Hals. »Hast du einen Fünfziger?« fragte er.

Zweistein fuhr sich hastig durch seine Frisur, das Werk eines Rasenmähers. Wie sein Vorbild auf dem Foto am Türrahmen machte er sich nichts aus Äußerlichkeiten, eine Schwäche, um die ihn aber keiner im Sender beneidete. Seine zweite war chronische Geldnot. Bei passender Gelegenheit lieh er sich einen Zwanzig- oder Fünfzigmarkschein aus, wenig genug, um die Leihgabe schnell vergessen zu lassen.

Wie alle seine Gläubiger hatte Anny mehrmals versucht, die Schulden einzufordern. Ohne irgendeinen Erfolg. Inzwischen buchte sie die Summe, einige hundert Mark, ab. Als »Fehlinvestition in eine schöne Freundschaft«. Im Gegenzug war Zweistein stets hilfsbereit. Er rettete Aufnahmen, die technische Fehler hatten. Er packte zu bei privaten Umzügen.

Anny griff in ihre Tasche.

5. Kapitel

Der Abendverkehr floß stockend. Es regnete. Auf der Zufahrtsstraße zur Autobahn standen Fahrzeuge wie Soldaten hintereinander aufgereiht. Minutenlang bewegte sich nichts, als die Ampel auf Grün schaltete, preschten alle los. Bald darauf standen sie wieder. Im Wagen neben Anny legte ein Mann fest seine Arme um das Lenkrad, als warte er nur auf einen neuen Marschbefehl.

Anny sah ihn geistesabwesend an. Die Königskobra spazierte auf der Fifth Avenue und der Piazza Navona, ohne dort gewesen zu sein. Möglicherweise war es der Anfang vom Ende. Möglicherweise arbeitete Zweistein schon an der Abschaffung von Reisen. Ein Alptraum.

Gedankenverloren legte Anny den ersten Gang ein und trat aufs Gas. Ein Krächzen kroch unter der Motorhaube hervor. Sie beugte sich vor. Es hörte sich nicht gut an. Sie stieg auf die Bremse. Alles stand.

Anny legte die Hände in den Schoß.

Begonnen hatte es völlig harmlos. Mit den ersten Satellitenstationen, SNG genannt, Anlagen, die aber nur in riesige Aluminiumkisten paßten. Unförmige Kästen, vollgepackt mit Abspielmaschinen, Kabeln und einer aufklappbaren Schüssel.

Innerhalb kürzester Zeit war die Technik geschrumpft. Alles wurde kleiner, handlicher. Die tragbaren Telefone waren ein Segen. Sie erleichterten die Arbeit ungeheuer.

In Bagdad, während des Golfkriegs, waren sie sogar die einzige Verbindung der westlichen Journalisten zur Außenwelt, dank der Alliierten, die alle irakischen Telefonleitungen plattgemacht hatten.

Auch Anny war nach Ausbruch des Krieges, ausgerüstet mit einigen Flaschen Mineralwasser, einer Taschenlampe, einem Notizblock und zwei Kerzen, in die irakische Hauptstadt gefahren. Kollegen vom japanischen Fernsehsender NHK hatten Anny und den anderen Reportern zugesichert, ihr kostbares Satellitentelefon allen zur Verfügung zu stellen. Gegen Bezahlung, versteht sich.

Nach der Ankunft im Hotel funktionierte die fernöstliche Technik jedoch nicht.

Anny bat daraufhin den CNN-Korrespondenten um Hilfe. Er wollte nicht. Angeblich auf Anweisung seiner Zentrale in Atlanta, die sich um ihre guten Beziehungen zu Saddam Hussein sorgte. Erst nach langem Hin und Her halfen die Briten aus, die einige Tage später eintrafen. Sie kamen ohne unerschütterliches Vertrauen in die Japaner mit einem eigenen »satfo« angereist. Später beobachtete Anny, wie irakische Militärs den Apparat von CNN bestaunten und dann benutzten. Sie war wütend, aber hilflos. Die Herren hatten die besseren Karten und kamen dementsprechend leichter an das kostbare Kommunikationssystem heran.

CNN war keine Ausnahme. Alle betrachteten die neue Technik als Joker im Spiel um die Macht. Eine englische Fernsehanstalt hatte dem irakischen Informationsministerium sogar den Zugangscode für sein Satellitentelefon, das von dem Team nach einer überstürzten Abreise im Garten des Hotels *Raschid* zurückgelassen worden war, übergeben. Im Austausch dafür versprach das Ministerium dem Sender neue Einreisevisa zu besorgen. Selbstverständlich kamen die Visa nie. Die Iraker telefonierten jedoch in der halben Welt herum – auf Kosten der Engländer. Noch fünf Jahre zuvor hätte die Branche getobt über solche Geschäfte.

Vielleicht, gestand Anny sich ein. Vielleicht auch nicht.

Der Verkehr stand noch immer. Anny nahm die gelbe Notiz und das Handy aus der Tasche. Sie wählte und ließ es klingeln.

»Anny Bonner«, sagte sie, als eine weibliche Stimme antwortete. Während sie den Schalthebel bewegte, klemmte sie das Handy zwischen Ohr und Schulter. Die Autokolonne setzte sich in Bewegung. Nach einer Pause vernahm Anny Browns krächzende Stimme.

»Sie wollten mich sprechen?« fragte sie.

»Wegen Afghanistan«, sagte Edward Brown.

»Was ist damit?« Anny trat fest auf das Gaspedal.

»Sie kennen doch das Land?«

»Flüchtig.« Sie schaltete in den zweiten Gang.

»Genug, um einen Artikel darüber zu schreiben?«

»Für wen?«

»Für uns.«

»Für Ihr Institut?«

»Genau.«

Während Anny den Fuß zurückzog, hörte sie in ihrem Rücken ein Quietschen, gefolgt von Hupen. Sie sah auf die Ampel vor sich. Rot.

»Frau Bonner?« fragte Brown ungeduldig.

Annys Gesicht war angespannt. »Leider habe ich keine Zeit«, erwiderte sie.

»Schade«, sagte Brown. Er hustete.

»Ja«, entgegnete Anny. »Zu schade.«

6. Kapitel

Die Sudanesen ließen sich Zeit. Nachdem der Produzent mehrmals erfolglos angerufen hatte, beschloß Anny persönlich zu intervenieren, um das Visum zu bekommen. Der erste Sekretär der Botschaft nahm den Anruf entgegen. Er grüßte höflich und hörte zu.

»Wir rufen Sie sicher zurück«, versprach er sanft.

»Wann?«

»Inshallah, bald.«

»Inshallah«, wiederholte sie. Sie wußte, er meinte etwas anderes.

Ingo Krahl hingegen war schon reisefertig. Er hatte die Kamera überholen lassen und die Aluminiumkisten sorgfältig gepackt. In einer, der kleineren, befanden sich neben dem Ladegerät die üblichen Werbegeschenke des Senders. Bunte Kugelschreiber und Einwegfeuerzeuge. In der größeren Kiste waren Licht und Gestelle sowie eine Reiseapotheke, ohne die Krahl nie verreiste. Er litt ständig unter Krankheiten. Manche bildete er sich nur ein. Eine war echt.

Wie jeder begabte Kameramann war er ein Phlegmatiker. Er bewegte sich nur unter Drohungen, aber seine Augen glitten ständig unter halb geschlossenen Lidern hin und her. Jeder kannte ihn als den Schläfer, und wie jeder war Anny tief von seiner Gelassenheit beeindruckt. In Afghanistan. In Bosnien. Eine wenig friedliche Woche hatten sie gemeinsam in Algerien überstanden. Zwei andere, noch weniger friedlich, in Somalia.

Der Schläfer hatte dort mit beneidenswerter Teilnahmslosigkeit gearbeitet. Er hatte Hungernde gefilmt, denen kaum mehr, und Verhungerte, denen nicht mehr zu helfen war. Tote Körper schrumpften irgendwo in Gräben, weil die Leichengräber nicht mehr nachkamen. Einmal, als er mit seiner Kamera zu einem Begräbnis zu spät gekommen war, beruhigte ihn der Übersetzer. Ein Nachfolger läge schon in einer Hütte im letzten Kampf.

Den Schläfer schien nichts zu beeindrucken. Auch nicht die Waffenläufe der umherirrenden Banden. Sie waren aus naheliegenden Gründen auf seine Brust gerichtet. Bei den Straßenkontrollen der pubertären Killer nahm der Schläfer jedoch kein einziges Mal seine dunkle Brille ab.

Er tat es auch nicht beim Abflug aus Mogadischu, der kein richtiger Abflug war, weil die Startbahn keine mehr war. Krater, kleine und große, erinnerten an heftigen Beschuß. Ein Jugendlicher, mit einer Bazooka bewaffnet, jagte mitten durch das Ruinenfeld hinter einem anderen Jugendlichen her, der gerade einen Zehnjährigen erschossen hatte. Wegen einer Dose Coca-Cola. Einfach so. Anny zitterte am ganzen Leib. Der Pilot der Cessna noch mehr. Er hatte dem Toten die rote Blechdose geschenkt.

»Let's go!« befahl der Schläfer. In der Minute, bevor die Bazooka losging, verschwand die Maschine in den Wolken.

Nach der Rückkehr befiel Anny eine qualvolle Magenverstimmung. Sie war für Wochen vom Fernweh geheilt.

Die Trägheit der sudanesischen Diplomatie nervte Anny zunehmend. Morgen für Morgen kehrte sie an ihren Schreibtisch, zu Kassettenstößen, Bonsai und Zeitungen zurück, deren Seiten sie überflog. Nur wenn sie eine Notiz über den Sudan entdeckte, erwachte ihre Neugierde. Es war selten. Einmal berichtete eine Agentur, die zwei vermißten Deutschen wären heil und gesund in einem nubischen Dorf aufgetaucht. Da sie dort die fremden Sitten und Gebräuche der Naturvölker studieren wollten, kümmerte sich niemand mehr um die beiden.

Der Rest der Mannschaft schenkte ihr kaum Beachtung. Voll beschäftigt mit der Tagesroutine, vergaßen alle den toten Dornhelmer, dessen Begräbnis bereits die Fernsehseiten einiger Zeitungen schmückte, und gleichermaßen den fernen Sudan.

Der amerikanische Präsident hatte in einer Rede an die Nation die Entsendung von Marines nach Mexico-City angeordnet. »To guarantee the security of all American citizens« – Um die Sicherheit aller amerikanischen Staatsbürger zu garantieren.

In den Tagen zuvor waren fünf »of our citizens« bei Unruhen in der Hauptstadt ums Leben gekommen. Der russische Außenminister sprach offen von »Yankee-Imperialismus«. Stalin, der je nach Bedarf pro- oder antiamerikanisch sein konnte, stimmte ihm voll zu. Zwei Reporter der Klasse Feuerwehr wurden nach Mexiko entsandt, aber erst als ein deutsches Ehepaar in Yucatán verschwunden war.

7. Kapitel

Eines Nachmittags traf aus Khartum Dornhelmers Reisetasche ein. Vergessen wie ihr toter Herr lehnte sie an dessen altem Schreibtisch. Die hellrote Nylontasche mit dem Logo des Senders, die Aufkleber von Fluglinien, Hotels und einer chinesischen Biermarke zusätzlich verunstalteten, weckte nur Annys Neugierde. Sie musterte sie verstohlen wie ein Relikt aus einer anderen Welt. Ihr Blick glitt zurück auf ihren Schreibtisch, den Sieg der Unordnung.

Als sie die Telefonnummer von Dornhelmers Mutter bei der Dicken Berta erfragen wollte, merkte sie, daß sein Tod auch auf höherer Ebene bereits vergessen war. Angesichts der miserablen Quoten vom Vortag genoß Stalin eine Schachpartie, diesmal in Anwesenheit des Sprechenden Muskels, der einen Unfall bei einem Formel-1-Rennen nicht ausführlich genug beklagt hatte.

In einer Ecke des Vorzimmers, nahe beim Fenster, stand ein dünner, kleiner Mann. Er trug ein Sakko mit auffallend wildem Muster. Anny grüßte ihn, er warf jedoch nur einen verstörten Blick zurück. Irgendwie paßte der Zwerg nicht in das Büro.

»Wer bringt Dornhelmers Tasche zurück?« fragte Anny.

»Die Fahrbereitschaft«, erwiderte die Dicke Berta, kurz angebunden wie immer.

Anny überlegte. »Ich mache es.«

Mit gebrochenem Blick kam der Sprechende Muskel aus dem Chefzimmer, gefolgt von Stalin, der sich ungeduldig dem dürren Zwerg zuwandte. »Können wir?« fragte er und ging in Richtung Ausgang. Anny strafte er mit Nichtachtung.

Noch bevor die beiden verschwunden waren, faßte die Dicke Berta in die oberste Schublade ihres Schreibtischs. Sie nahm eine Kassette heraus und reichte sie Stalin.

Als Anny versuchte, die Schrift auf dem Aufkleber zu lesen, bekam sie einen Blitz aus den Augen der Sekretärin zur Antwort.

Stalin packte die Kassette und wies den Mann mit einer Handbewegung an, ihm zu folgen. Anny musterte dessen Schuhe, die verdreckt und voll mit Erdresten waren. Der Zwerg schien einen anstrengenden Weg hinter sich zu haben.

»Wer war das?« fragte sie, als Stalin und der Besucher verschwunden waren.

»Keine Ahnung«, log die Dicke Berta erwartungsgemäß.

Nachdem Anny Nummer und Adresse von Frau Dornhelmer bekommen hatte, holte sie die Tasche aus dem Großraumbüro. Sie war schwer.

Am Eingang winkte sie den vorbestellten Dienstwagen heran, warf das Gepäck auf den Rücksitz und setzte sich daneben.

Quietschend bog der Mercedes aus dem Tor. Anny überlegte, ob sie ihren Besuch ankündigen sollte, nahm das Handy zur Hand und steckte es wieder weg. Vielleicht wartete Frau Dornhelmer ohnehin auf einen Überbringer letzter Erinnerungen. Vielleicht war sie auch nicht zu Hause. Verstohlen beäugte Anny die rote Tasche.

»Adresse?« fragte der Chauffeur und sah in den Rückspiegel. Sein Haar war zu einem Irokesenschnitt geschoren und gefärbt. Ungefähr hellgelb. Seine Kleidung war hingegen schwarz, der Rollkragenpullover, das Sakko, einfach alles.

»Mevissenstraße«, antwortete Anny.

»Kenne ich nicht.«

»Sie sind doch der Fahrer.«

»Ich bin Fahrer, aber kein Pfadfinder.«

»Ich auch nicht«, Anny schluckte ihren Ärger hinunter. »Unten am Rhein muß es sein.«

»Hoffen wir«, sagte er und schaltete das Radio ein.

Sie schwieg.

Als er auf eine Kreuzung wie auf einen Feind zufuhr, um plötzlich eine Vollbremsung durchzuführen, tanzte die Reisetasche vom Sitz in die Tiefe. Anny packte sie in letzter Sekunde und hob sie neben sich. Sie zog am Reißverschluß.

Der Fahrer begann seinen Kopf im Takt der Musik zu wiegen. Dann tauchte ein schwarzer Audi auf. Beide Wagen preschten gleichzeitig los. Der Audi gewann. Die Mundwinkel des Irokesen wanderten nach unten.

Vorsichtig bewegte Anny den Reißverschluß, während der Fahrer im Himmel der Hast verweilte und zum nächsten Angriff ansetzte.

Der Verschluß war halb offen. Anny zog. Einige Hemden, Marke Afrikacorps und sauber in Plastikhüllen gepackt, lagen ganz oben. Darunter ein Tropenanzug und zwei paar Jeans. Ein Bündel Schmutzwäsche steckte unter einem Laptop. Unterhosen, die mit Elefantenrüsseln und Bananen bedruckt waren.

In der offenen Toilettentasche aus dunkelgrünem Leder fand sie zwei Zahnbürsten, eine davon noch ungebraucht, und eine Seifendose, gestohlen im *Intercontinental-Brüssel*. Der Name des Hotels stand auf der Dose. Das Aufnahmegerät von Dornhelmers Minikamera lag umschlungen von einem Knäuel Kabel daneben. Der Füllfederhalter, sein Richtmikrophon, steckte in einem Lederetui.

Den Mikrofilm fand Anny nicht. In der prall gefüllten Seitentasche eines Filofax, ganz im Farbton der Toilettentasche, steckten ein Paß und ein unbenutztes Rückflugticket Khartum–Kairo–Frankfurt.

Die Stadtlandschaft flog vorüber. Der Fahrer kämpfte gegen die Welt der Langsamkeit. Er trat das Gaspedal durch.

Aus dem Seitenfach des Filofax glitten ein paar Fotos. Anny zögerte. Als sie sie zurückstecken wollte, fiel ihr Blick auf das Gesicht einer Frau. Dann auf einen Jungen, bekleidet nur mit einem wallenden Gewand. Er war nicht älter als zehn. Dornhelmer stand neben ihm und hatte den Arm um die schmalen Schultern des Jungen gelegt. Das nächste Foto zeigte einen anderen Jungen, noch jünger, der verlegen in die Kamera sah. Er hatte feine, goldfarbene Gesichtszüge und war nackt.

Mit nur einer Hand am Lenkrad raste der Chauffeur durch die Straßen.

Auf dem letzten Foto umarmten sich zwei Jugendliche auf einer Couch. Die Gesichter halb im Schatten, die unbekleideten Körper lang und mager. Der eine hielt seine Beine leicht gespreizt. Anny betrachtete den kleinen erigierten Penis. Sie steckte das Bild mit dem Frauengesicht zurück in die Seitentasche des Filofax und warf einen Blick auf den Chauffeur. Er setzte wieder zum Überholen an.

Die anderen Fotos ließ sie in ihre Handtasche gleiten.

Das Gesicht des Fahrers überzog ein zufriedenes Strahlen.

Als sie in der Mevissenstraße ankamen, bat Anny den Chauffeur zu warten. Dann stieg sie aus und läutete. Eine kraftlose Stimme antwortete, und die Haustür sprang sofort auf.

Oben, im sechsten Stock, drehte sich Frau Dornhelmer zweimal um ihre eigene Achse, bevor sie ihren Gast hereinbat. Sie hielt die Wohnungstür weit auf. Eine unangenehme Wärme strömte heraus. Anny lächelte und trat ein. Im Korridor war es dunkel. Anny ging weiter.

Auf dem rechteckigen Tisch im Wohnzimmer stand ein prächtiger Strauß. Vorsichtig spähte Anny in Richtung der Blumen, an denen eine Karte baumelte.

Als hätte Frau Dornhelmer ihre Gedanken erraten, ging sie auf den Tisch zu und wischte mehrmals über die staubfreie Holzplatte. Sie zog die weißen Spitzendecken über den Rükkenlehnen des Fauteuils zurecht und betrachtete die Vase. Eine Autogrammkarte vom Sender, dieselbe, die am TV-

Turm im Großraumbüro hing, steckte in einem einfachen Glasrahmen neben dem Strauß.

»Von seinem Chef«, sagte Frau Dornhelmer. Ihre warmen Augen waren auf die Geschenke gerichtet.

»Wie aufmerksam«, antwortete Anny.

»Er ist ein netter Mensch«, flüsterte die Frau.

Nicht, wenn man ihn besser kennt, dachte Anny, sagte es aber nicht.

»Ich habe ihm ohnehin schon längst verziehen«, erklärte Frau Dornhelmer, fuhr nochmals mit der Hand über den Tisch und verschwand in der Küche.

Anny sah ihr nach. »Was denn?« fragte sie.

»Daß er nicht mit mir sprechen wollte.«

Anny faßte nach der Karte an den Blumen, auf der in der linken Ecke das dreifarbige Logo des Senders eingeprägt war. *Gerd Haltbach, Leitung der Information*, stand in der Mitte in fetten Buchstaben gedruckt. Anny drehte die Karte um und las *In diesen schweren Stunden bin ich in Gedanken bei Ihnen.*

Es war die Handschrift der Dicken Berta.

Irgendwo hörte Anny Stimmen.

Die tägliche Vorabendserie ihres Senders begann. Hastig kam Frau Dornhelmer angelaufen und griff beschämt zur Fernbedienung. Die heißen Liebesschwüre aus dem Fernsehgerät, das in einem mächtigen Einbauschrank in Augenhöhe stand, verstummten. Frau Dornhelmer verschwand wieder.

Anny warf einen Blick auf Dornhelmers Reisetasche, die sie neben der Tür zum Wohnzimmer abgestellt hatte. Sie setzte sich vorsichtig auf einen Lehnstuhl und gab acht, die Spitzendecken nicht zu berühren.

Frau Dornhelmer kehrte mit einem Tablett zurück, das sie auf den staubfreien Tisch stellte, und goß Kaffee in zwei Tassen.

Verstohlen musterte Anny das Gesicht der Frau. Dieselben wasserfarbenen Augen. Dasselbe Gesicht. Markant und nicht unschön. Nur die künstliche Bräune des Sohnes fehlte. Dafür war es ein Gesicht voller Falten, umrahmt von graumelierten Haaren, die ordentlich nach hinten frisiert waren.

»Er hätte zurückkommen sollen«, sagte die Frau und wischte sich über die hellen Augen, die zu glänzen begannen.

»Es tut mir leid.« Anny überlegte, ob es eine Lüge war.

»Er hätte nicht bleiben dürfen«, antwortete Frau Dornhelmer.

»Er war ein guter Journalist.« Das war eine Lüge.

»Er hätte ...« Die Frau stockte, als fürchtete sie sich vor ihren eigenen Worten. Sie weinte. »Er war in Gefahr«, schluchzte sie mit tränenerstickter Stimme.

Weniger als seine Kollegen, überlegte Anny. Sie griff schnell nach der Tasse. Der Schläfer hatte einmal geklagt, daß Dornhelmer während gefährlicher Dienstreisen stets nur im Hotel blieb. Aufnahmen des Kameramanns, die ihm nicht gefährlich genug schienen, putzte er dann jedoch mit Schüssen aus der Konserve auf.

»Sie müssen sich keine Vorwürfe machen«, antwortete Anny. Das war keine Lüge.

Die Frau heulte. Geschüttelt von Schluchzern packte sie Anny am Arm, zog sie hinaus auf den dunklen Gang und hin zu einer Tür. Sie öffnete sie andächtig und machte das Licht an.

Anny sah sich um. Ein Museum.

Den Boden bedeckten mehrere Teppiche, auch bei genauerem Hinsehen keine Ausschußware. Andere lehnten noch eingerollt in einer Ecke. An der linken Wand des Zimmers hingen Degen und Messer mit verzierten Handgriffen. Über dem Bett lag ein farbenprächtiger Überwurf. Auf einem Beistelltisch mit Einlegearbeiten standen buntbemalte Dosen in verschiedener Größe im Kreis um eine Ebenholzfigur, ein silberner Handreifen, zu klein für eine Mädchenhand, lag daneben.

Auf der gegenüberliegenden Seite des Raumes befand sich eine Bücherwand ohne Bücher, vollgefüllt mit Kassetten.

Anny betrachtete die Aufschriften auf den Etiketten. Lauter Kriegsfilme. Ein Fernseh- und Videogerät standen auf einem Hocker in einer Ecke, ein zweiter Apparat auf dem Nachttisch neben dem Bett.

Überall, zwischen Videokassetten und glänzenden Degen, hingen Fotos des Toten. Eines zeigte Dornhelmer vor den Pyramiden, ein anderes in einem überfüllten Bazar. Auf einem dritten stand er neben einem Kamel und einem Beduinen, der gütig dreinblickte.

Auf einem anderen befand sich Dornhelmer im Kreis einiger Männer. Läufe von Kalaschnikows lugten hinter ihren Schultern hervor. Sie trugen Vollbärte und Pumphosen, die vom Winde zerzaust waren. Dornhelmer hingegen schmückte nur ein Viertagebart und eine Haarpracht, die aussah, als wäre gerade ein Friseur an der Arbeit gewesen.

Eine Megadose Haarspray, von Dornhelmer gern und häufig verwendet, stand vergessen zwischen zwei Kassetten im Regal.

Anny ging näher und betrachtete das Schwarzweißfoto mit den Bärtigen genauer. Es sah eigenartig aus.

»Vielleicht waren es sogar die da!« flüsterte Frau Dornhelmer und sah das Foto mit einem Blick an, der eindeutig war. Voller Mißtrauen. Fast mit einer Spur Haß.

»Vielleicht«, erwiderte Anny und wandte sich den geschmückten Degen zu. Die auf dem Foto waren Araber, vielleicht Algerier, vielleicht irgendwelche Gotteskrieger irgendwo, nur nicht im Sudan.

»Diese Wilden sind ja heutzutage überall«, fuhr Frau Dornhelmer fort. »Man sieht das ja oft genug im Fernsehen!«

Gegen ihren Willen senkte sich Annys Kopf. »Viel zu oft«, log sie.

In den Pupillen der Mutter spiegelte sich der Raum, in dem ebenfalls kein Staubkorn zu entdecken war. Trotzdem strich Frau Dornhelmer mit geübter Bewegung über einen Bilderrahmen.

»Sein Zimmer«, sagte sie überflüssigerweise. Ein glückliches Leuchten verriet ihre Illusion, daß der Sohn weiterleben könnte zwischen farbigen Dosen, gütig dreinblickenden Beduinen und Ebenholzfiguren.

Als Anny die Wohnung verließ, befiel sie ein Verlangen nach einer Zigarette. Ihre Finger fuhren in die Tasche. Die Fotos fielen zu Boden. Anny hob sie auf und versteckte sie sorgfältig in einem Seitenfach.

8. Kapitel

Nachdem der Irokese, vom langen Warten nicht sanfter geworden, Anny nach einer Rennfahrt zu Hause abgesetzt hatte, blätterte sie in der Eingangshalle des Wohnhauses die Briefe aus dem Postfach durch und wartete auf den Lift.

Es waren vier Schreiben. Die Rechnung von American Express drehte Anny nur mißtrauisch in der Hand. Besser nicht aufmachen. Ein anderes Kuvert stammte von der Lottogesellschaft und versprach bereits auf der Rückseite in fetten, hellroten Buchstaben *So werden Sie Millionär.*

Anny schmunzelte und warf es in den Papierkorb neben der Lifttür.

Alle, auch die zwei übrigen Briefe, waren ursprünglich an Annys alte Adresse gerichtet gewesen. Die Post hatte sie nachgeschickt. Neben der Belegkopie einer Reiseabrechnung fand Anny ein vorgedrucktes Formular mit der »nochmaligen Bitte um sparbewußtes Produzieren von Fernsehbeiträgen«. Unbeeindruckt steckte sie die »nochmalige Bitte« in die Tasche. Sie wollte daran denken, dem Sender ihre neue Anschrift bekanntzugeben. Morgen schon.

Sie kam zur Wohnungstür, schloß auf und ging hinein. Bevor Anny sie zustieß, fiel ihr Blick auf einen Zettel neben der Fußmatte.

Habe Blumen. Ihre Nachbarin.

Mit einem Ruck hob sie ihn auf. In der Wohnung legte sie Schlüssel, Tasche, Briefe und Jacke auf einen Tisch im Vorraum, auf dem sich schon zahlreiche, ebenfalls ungeöffnete Briefe stapelten. Neben einem der Tischbeine lag ein Plastikbeutel, in dem ein roter Badeanzug und ein zerknüllter Frotteemantel steckten. Annys Schwimmzeug.

Kurz war sie versucht, wieder in den Lift zu steigen und hinunterzufahren zum Schwimmbecken im Erdgeschoß, das Tag und Nacht geöffnet blieb. Es war die angenehmste Einrichtung in ihrem Wohnhaus.

Sie ging ins Badezimmer. Auch nachdem sie den Schalter gekippt hatte, blieb es dunkel. Anny drehte an der Glühbirne, gab auf und suchte in ihrer Toilettentasche nach der Taschenlampe. Ihr Begleiter für jene Länder, in denen Licht seltener war als Wasser.

Anny fand die Lampe und richtete den scharfen Strahl gegen den Spiegel. Ihr Blick wanderte über das Gesicht im Spiegel, bevor sie sich vorbeugte und die Narbe auf der Stirn abtastete. Sah besser aus und schmerzte kaum noch.

Sie schaltete die Taschenlampe wieder aus.

In der Küche öffnete sie den Kühlschrank und nahm eine Flasche Mineralwasser heraus, aber sie war leer. Anny suchte ein Glas, drehte den Wasserhahn auf und trank einen Schluck. Als sie das Tiefkühlfach öffnete, lag nur noch eine Packung Gemüse darin. Das Verbrauchsdatum stand auf der Längsseite der Packung. Seit vier Monaten abgelaufen. Anny warf das Gemüse in den Mülleimer.

Mit dem Glas Wasser in der Hand ging sie zum Anrufbeantworter und drückte die Wiedergabetaste. Eine männliche Stimme, leicht erregt, ertönte und lud sie zu einer Hochzeit ein.

»Wir würden uns freuen, mit dir zu feiern«, sagte die Stimme.

Anny nahm sich vor, rechtzeitig in Christians Büro anzurufen, um abzusagen. Als sie nachrechnete, stellte sie fest, daß es, abgesehen von Einladungen zu Taufen und Verlobungen, schon die dritte Hochzeit in diesem Jahr war, zu der sie gebeten wurde. Neue Zeiten, alte Sitten.

Sie sah sich um.

Pappkartons standen ungeöffnet herum. Dazwischen streckten einige Topfpflanzen, alle nicht mehr ganz frisch, ihre Blätter hervor. Zweistein hatte sie beim Umzug zuunterst in den Transporter gepackt.

Anny näherte sich einem Karton, schlug den Deckel zurück und schloß ihn wieder. Sie öffnete den nächsten. Aus dem dritten nahm sie eine Musikkassette heraus. *Human touch. Bruce Springsteen* stand auf dem Etikett.

Hinter ihrem Rücken klingelte es.

»Bonner«, sagte sie, nachdem sie den Hörer abgenommen hatte.

»Ich bin es«, antwortete eine fröhliche Stimme. »Wie geht es dir?«

»Sehr gut«, antwortete Anny. Sie warf sich auf die Couch und wartete auf Lizas nächste Frage. Es war immer dieselbe.

»Wo warst du?«

Anny schmunzelte. »Im Gefängnis.«

»Hast du nichts Besseres gefunden?«

»Doch.« Anny überlegte. »Das Schlafzimmer eines Politikers.«

»Wie aufregend!«

»Das sagt mein Chef auch.«

»Richte ihm aus, er sei ein Sex-Monster.« Liza lachte verhalten.

»Schon geschehen.«

»Was hat er geantwortet?«

»Er schickt mich zur Belohnung in den Sudan.«

Liza ließ einen gespielten Seufzer hören. »Ich verstehe.«

Ein seltsames Geräusch folgte. Eine Art Wimmern. Anny lauschte. »Liza?« fragte sie. »Was ist los?«

»Ich habe Richard endgültig verlassen.«

»Schon wieder?« erwiderte Anny.

Nach dem Gespräch schob Anny die Kassette in die Stereoanlage, zündete eine Zigarette an und sang.

»... I bought a bourgeois house in the Hollywood hills ...«

Sie machte die Musik lauter.

»... 57 channels and nothin' on.«

Lizas Lieblingslied während ihrer gemeinsamen Studienzeit an der Columbia-Universität. Vor Jahren, als Liza noch keine Prachtvilla auf den Hügeln von Hollywood hatte. Und auch keine Probleme, nicht einmal mit Richard.

Allein der Gedanke an den Ehemann ihrer besten Freundin versetzte Anny in Unruhe. Sie hatte Liza bereits verständnislos angestarrt, als sie ihr den Auserwählten auf dem Universitätscampus vorgestellt hatte. Aber ihr vernichtendes Urteil blieb ungehört. Es war nicht anders zu erwarten bei Liebe auf den ersten Blick.

Anny steckte ihr Handy in das Ladegerät.

Zum letztenmal hatte Liza ihren unerträglichen Ehemann aus der Villa, dann aus dem Chalet in Aspen, dann aus dem Sommersitz der Familie in Florida und zum wirklich allerletzten Mal kurz vor Weihnachten aus der Wohnung in London verwiesen. Es dauerte nie länger als eine Woche, bis er wieder Besitz von den Villen, Chalets und Wohnungen nahm.

Anny ging davon aus, daß Richard auch bei Lizas bevorstehender Geburtstagsfeier nicht fehlen würde. Sie würde nachgeben. Sie mußte nachgeben. Wegen der Kinder. Wegen ihres Vaters, des steinreichen McCain. Trennungen waren in einer Familie irischer Abstammung nicht gern gesehen. Liza, das Opfer, wußte das. Richard, der Opfer liebte, ebenso.

Trotz der späten Stunde verließ Anny noch einmal die Wohnung, läutete bei der Nachbarin und ließ sich den Strauß geben. Nachdem sie sich entschuldigt und bedankt hatte, kehrte sie in die Küche zurück. Sie zerriß die Karte mit dem Namen des Absenders in kleine Stücke und warf die Blumen in den Mülleimer. Dreißig dunkelrote Rosen.

9. Kapitel

Offiziell hatte die algerische Junta den Bombenanschlag der Fundamentalisten in Tissi Ousou noch nicht bestätigt, da fuhr Anny bereits im Dienstwagen zum Flughafen. Der Fahrer war nicht der Irokese und hielt sich strikt an die Verkehrsregeln. Neben Anny auf dem Rücksitz lag eine Mappe mit Agenturmeldungen, die man ihr auf dem Flur hinterhergetragen hatte.

Unruhen im Osten Algeriens. Nächtliche Ausgangssperre über der Stadt Oran. Siebzig Tote bei Ausschreitungen. Die FIS, die islamische Heilsfront, ruft zum offenen Widerstand auf.

Sie überflog die Schlagzeilen. Den Rest konnte sie im Flugzeug lesen. Ihre Maschine ging in fünfundvierzig Minuten und ihr Ticket wartete am Schalter. Den Paß hatte sie immer dabei. Mit einem Paket Dollarscheine, ursprünglich für den Sudan bestimmt, war ihr der Produzent sogar auf den Parkplatz nachgelaufen. Die Reisetasche blieb im Sender. Anny mußte auch ohne eines der Satellitentelefone fahren, die sonst stets in der Technik bereitstanden. Zwei waren in der Reparatur. Die anderen in Mexiko.

Die überstürzte Abfahrt verdankte Anny der Entscheidung des zuständigen Chefs vom Dienst, dem an diesem Tage eine »starke Story« fehlte. Irgend etwas Schönes mit Toten. Da alle übrigen Reporter, Producer und Kameramänner auf der ergebnislosen Suche nach dem deutschen Ehepaar in Yucatán verschollen waren, mußte Anny einspringen.

Das Schrillen in ihrer Tasche klang fordernd. Einen Augenblick lang hoffte Anny, es sei der Befehl zur Umkehr.

»Noch immer nicht in Algier?« fragte der Chef vom Dienst.

Anny blieb stumm.

»Es gibt keine Leitungen«, sagte er.

»Keine Leitungen, keine Reportage«, antwortete sie erleichtert.

Ihr Gesprächspartner blieb unbeeindruckt. »Du mußt dir eben selber helfen.«

»Soll ich zeichnen?«

»Versuche es. Wenn deine künstlerischen Qualitäten nicht ausreichen, nimm den Kameramann, der in Algier auf dich wartet. Er heißt Achmed Khaler oder so ähnlich. Mach ein getürktes Live.«

»Mache ich nicht«, sagte Anny und dehnte genüßlich die Worte. Ihre Hoffnungen stiegen.

Der Mann gab nicht nach. »Nur einmal.«

»Nicht ein einziges Mal«, antwortete Anny.

Der Fahrer folgte gemächlich dem Schild Richtung Flughafen-Frankfurt und ließ sich dabei von allen überholen. Anny störte es nicht.

»Wird Stalin nicht sehr gefallen«, wiederholte der Chef vom Dienst am anderen Ende. Sie drückte die rote Taste. Das Gespräch wurde unterbrochen.

Während sie ins Nichts starrte, spürte sie ein Gefühl der Hilflosigkeit aufsteigen. Genau so wie im vergangenen Winter. Vor der Eiche auf dem schneebedeckten Parkplatz des Senders. Carl Dornhelmer, von einem Konkurrenzsender eingekauft, stand da und grinste, während ein Kameramann einen Scheinwerfer aufstellte.

Eine Stunde später sah Anny nach einem Kurzbericht, der aus Agenturmaterial zusammengestellt war, Dornhelmers Auftritt vor dem heimischen Baum in den Abendnachrichten.

Sein Besuch auf dem Parkplatz hatte sich in ein »Live-Gespräch aus Moskau« verwandelt. In ein sogenanntes »getürktes Live«, wie der unverfängliche Fachausdruck lautete.

Auf den ersten Blick war der Trick völlig einsichtig. Er ersparte Zeit, Arbeit und Geld. Hohe Leitungskosten, die für Überspielungen bezahlt werden mußten, fielen weg. Buchungen, die wegen Überlastung der Satelliten manchmal nicht zu haben waren, wurden überflüssig.

Auch für geplagte Reporter hatte das Vorteile. Sie mußten sich nicht die Zehen abfrieren. Nicht einmal in ein Flugzeug mußten sie steigen. Sie stellten sich vor eine Kamera, blickten wissend und dachten sich die Fragen aus. Dann plapperten sie eine Antwort herunter. Es sah nicht nur echt aus. Es sah gut aus und war nicht leicht zu durchschauen. Jedenfalls nicht von der Kundschaft.

Zugegeben, gehörte zu dem Auftritt vor der Eiche nicht nur eine gehörige Portion Frechheit, auch Phantasie, aber mit beidem war Dornhelmer gesegnet gewesen.

In der wöchentlichen Planungskonferenz, einen Tag nach der Premiere auf dem Parkplatz, hatte Anny das Thema angesprochen, wobei die Miene des neuerworbenen Starreporters sie in ihrem Kampf zu unterstützen schien. Dornhelmer blickte wehleidig. Am Ende kam jedoch heraus, daß sein Schmerz einen anderen Grund hatte. Eine »äußerst unvorteilhafte Beleuchtung«.

Stalin, der auf alles mit gewohnter Kühle reagierte, bezeichnete Dornhelmers Methoden als hochmodernen Journalismus.

Nur einmal, als die Mickey Mouse von Waldbränden auf Korsika berichten sollte, bekam Stalin beinahe einen Wutanfall. Aus nie geklärten Gründen lief die Kassette mit den Antworten, die Dornhelmer mitgebracht hatte, auf Sendung plötzlich rückwärts. Ein Wortsalat entstand, der nicht einmal unkomisch klang. Ohne mit der Wimper zu zucken, entschuldigte sich die Königskobra bei den Zuschauern. Nichts Besonderes. Nur ein technisches Problem unserer korsischen Kollegen. Minuten später wurde das Band noch einmal zugespielt. Mit vollem Erfolg.

Für ihre Kaltblütigkeit bekam die Führer einen verbalen Orden vom Chefredakteur, und der diensthabende Techniker wurde gefeuert.

Mickey Mouse war mit der Lösung zufrieden.

In der Ferne waren die ersten Gebäude des Flughafens zu sehen. Anny betrachtete ausgiebig ihre verkrampften Finger.

Sie erreichte die Maschine. Während des Flugs las sie die Meldungen durch.

Daß Achmed Khalid, wider Erwarten, in der Ankunftshalle von Algier wartete, ließ sie wieder hoffen. Ein Beamter bekam einen Dollarschein zugesteckt, und Anny bekam ein Visum.

Dann folgten vierundzwanzig Stunden der Niederlage. Die Zufahrten nach Tissi Ousou waren für Ausländer gesperrt. In den Straßen von Algier standen gesichtslose Ninjas, Sondereinheiten, die schwarzen Masken tief ins Gesicht gezogen und die Maschinengewehre im Anschlag. Der Taxichauffeur fuhr im Schrittempo an den Vermummten vorbei, Schweißperlen auf der Stirn.

Eine knisternde Spannung lag über der Stadt, die am Verkehr erstickte. Busse und Autos bewegten sich kaum von der Stelle. Junge Frauen mit unbedecktem Kopf und alte, tief verschleiert, schlichen an Fassaden entlang, von denen das Mauerwerk abbröckelte. Alle hatten die Augen zu Boden gerichtet. Anny betrachtete die verschreckten Gestalten und beschloß, im Hotel eine Kopfbedeckung zu kaufen. Als Achmed die Kamera hob, stand plötzlich ein winkender Uniformierter am Wagen und bellte durch das Fenster. Der Kameramann ließ sich zurückfallen. Der Fahrer nickte demütig.

Die Boutique im Hotel *El Djezair* war geschlossen. Zimmer gab es auch keine. Nur jede Menge Blicke von den Herren der militärischen Sicherheit in der weitläufigen Halle. Offiziell waren sie alle Gäste.

Sidali, der stumme Träger, den Anny von früheren Dienstreisen kannte, eilte ihr entgegen, diesmal ohne jedes Lächeln. Mit unruhigen Augen suchte er nach ihrer Reisetasche, entdeckte sie nicht und trottete enttäuscht davon. Anny sah ihm nach.

Als Achmed ihr doch noch ein Zimmer besorgt hatte, griff Anny erleichtert nach dem Schlüssel und eilte hinauf.

Nichts klappte. Nicht einmal die Aufnahmen, die Achmed vom Dach des Hotels aus machte, gingen auf Sendung.

Tissi Ousou war weit. Oran war eine verbotene Stadt. Auch für das algerische Fernsehen, das über das Bombenmassaker der Fundamentalisten teilnahmslos wie über das Wetter berichtete. Kein Wort über die Kämpfe. Kein Wort über die siebzig Toten. Nur ein Kommuniqué der Junta mit den üblichen Floskeln. *Terroristen, die den Namen Allahs mißbrauchen.*

Den letzten Rest ihrer Energie verbrauchte die Fernsehmannschaft dafür, zu verhindern, daß irgend etwas nach außen drang.

Anny hatte gebeten und gebettelt, dann getobt und gedroht, um zumindest ein Telefon zu bekommen. Nichts half. Nirgends funktionierte ein Apparat. Keiner rührte sich. Der zuständige Techniker im zweiten Stock der Anstalt, die gelungene Kopie eines Atombunkers, verwies sie an den technischen Direktor. Der hatte Pause. Sein Vorgesetzter, der Chefredakteur, war für überhaupt nichts zuständig.

Der Fernsehdirektor verwies sie wieder an den technischen Direktor. Der war noch immer in der Pause.

Auch als die Abendnachrichten in der Heimat längst angelaufen waren, irrte Anny noch durch Büros, öffnete neugierig eine Tür nach der anderen. Verängstigte algerische Kollegen hockten in ihren Zimmern. Ein Bild von General Zerual an der Wand und nichts auf dem Schreibtisch. Kein Blatt Papier, und schon gar kein Computerterminal. Immer noch war sie auf der Suche nach einer Genehmigung zur Überspielung ihrer Bilder, die ohnehin niemand wollte. Oran war weit. Sie war in der Hauptstadt. Im Gespräch mit einem älteren Journalisten, dem das Drama seines Landes ins Gesicht geschrieben stand, verlor sie die Nerven.

»Was soll das alles?« brüllte sie.

»Madame«, flüsterte er. »Nos dirigents aiment la television, mais ils aiment pas l'information.« Unsere Chefs lieben das Fernsehen, aber nicht die Information.

»Kommt mir bekannt vor«, brummte Anny.

10. Kapitel

Erstaunlich war, wie nebensächlich Annys Niederlage in der Welt der Ninjas und Islamisten war. Nach ihrer Rückkehr am nächsten Morgen hörte sie, daß die Quoten am Vorabend passabel gewesen seien. Ein verunglückter Lebensmitteltransport, der mehrere Tonnen Tomaten geladen hatte, war der Grund. Ein Meer von Ketchup hatte die Autobahn überschwemmt. Ein so wichtiges Ereignis war gebührend plaziert worden. An die erste Stelle der Nachrichten.

Das Schweigen der Kollegen, die auf diese Art den Ausflug nach Algier kommentierten, störte Anny nicht besonders. So was kam vor. Als die Königskobra sie jedoch mit einer Welle von Mitleid überschüttete, blickte Anny sie verstört an. Die Frau konnte ein unerträglicher Profi sein.

Annys zweite Runde durch die Gänge des Senders endete im Aquarium des Professors, der sich hinter einer aufgeschlagenen Zeitung verschanzt hatte und sich seiner liebsten Beschäftigung widmete. Voller Schwung nahm er seine Brille ab und sah sie verschmitzt an. »Ein wahres Wunder, daß er Sie überhaupt fahren ließ.«

Anny versuchte ein Lächeln zustande zu bringen. Offenbar war in der Morgenkonferenz ihre erfolglose Mission besprochen worden. Sie zog die Augenbrauen hoch, als deutliches Zeichen ihrer Ratlosigkeit. »Er war es nicht«, sagte sie.

»Das dachte ich mir. Haltbach interessiert sich nicht für Algerien.«

»Ich weiß«, sagte Anny. »Er interessiert sich nur für seine Quoten.«

Der Professor lächelte. »Das ist doch verständlich.« Er stand auf legte die Zeitung weg. »Sie bringen Gewinne.«

Anny ging zum Fenster und stützte sich auf das Fensterbrett. Ein giftgelber Porsche versuchte einzuparken. Er gehörte dem Chef der Abteilung Unterhaltung, einem übergewichtigen Mann mit Bart und ödem Gesicht. »Er will also vor allem Geld machen?«

»Ja.«

»Ausgerechnet mit einem Fernsehsender?«

»Warum nicht?«

»Der Inhalt interessiert ihn nicht?«

»Etwas weniger.«

»Warum verkaufen wir dann nicht Waffen?«

»Dazu«, entgegnete der Professor, »sind wir zu blöde.«

Es beruhigte Anny nur vorübergehend.

Kurz nach den Abendnachrichten rauschte Stalin, entspannt wie selten, durch die Gänge. In der Nachmittagskonferenz hatte er angeregt, den Bericht über ein Unwetter im Norden Deutschlands am Beginn anzukündigen, aber nicht zu senden. Die Reportage sollte erst fünf Minuten später ausgestrahlt werden. Man wollte so die Zuschauer halten, damit sie nicht zu dem Spielfilm flüchteten, der in einem Konkurrenzkanal begann. Die Königskobra entschuldigte sich mit treuherzigem Blick für die Verspätung. Der Trick gelang bestens.

Vor dem letzten Schneideraum am Ende des Flurs rannte Stalin Anny fast um. Er blickte nicht einmal auf und griff nach der Türklinke. Aus dem Schneideraum drang undeutlich eine Männerstimme.

»Algerien«, murrte er. »Ausgerechnet Algerien.«

Sie versuchte seine Stimmung zu ergründen. Nicht unfreundlich, beschloß sie. »Es war interessant.«

»Wen interessieren schon diese Sandneger?« erwiderte er und verzog den Mund.

Erstaunt hob Anny die Augenbrauen.

Die Stimme im Raum wurde lauter. Stalin stieß die Tür einen Spaltbreit auf, um einen Blick hineinzuwerfen.

Anny sah das Profil der Königskobra, die, perfekt ausgeleuchtet, einem Mann zugewandt war. Dem dürren Zwerg aus Stalins Vorzimmer. Er saß in seinem karierten Sakko mit kerzengeradem Rücken auf einem Stuhl und stemmte seine Arme gegen die Lehnen, als sei er in einem Rennwagen festgeschnallt. Den Kopf bewegte er unaufhörlich auf und ab.

Stalin folgte Annys Blick und stieß die Tür wieder ins Schloß. »Kannst du nicht endlich Geschichten finden, die unsere Zuschauer interessieren?«

»Wenn ich nur wüßte, was die wollen«, sagte Anny.

Er drehte sich um. »Ist doch wirklich nicht *so* schwierig«, sagte er.

Kaum hatte er den Schneideraum betreten, wobei er die Tür fest hinter sich zuzog, kam die Cutterin Marlene um die Ecke, in den Händen mehrere Tafeln Schokolade. Ihre Seelennahrung, wie sie kühn behauptete. Eine Tafel fiel zu Boden. Anny bückte sich und öffnete dabei vorsichtig die Tür. Im Spalt waren nur die verdreckten Schuhspitzen des Zwergs zu sehen, die hin und her wippten.

»Was machst du?« fragte Anny, als Marlene eine zweite Tafel fallen ließ.

»Mist«, flüsterte die Cutterin.

»Das übliche also.«

»Nein«, flüsterte Marlene und beugte sich vor. Der Rest der Seelennahrung fiel zu Boden, und ein Blick des aufgeschreckten Zwergs fiel in Richtung Tür. Anny stieß die Tür zu.

»Einen ganz besonderen Mist über eine Sekte«, fuhr Marlene etwas lauter fort und sammelte ihre Tafeln wieder ein.

»Was für eine Sekte?«

»Weiß ich nicht. Einfach eine Sekte.«

»Kann sie was Besonderes?«

»Es hört sich so an.«

»Was zum Beispiel?«

»Waffenlager anlegen.«

»Interessant.«

Marlene war wieder im vollen Besitz der Schokolade.

»Wer ist der Mann?« fragte Anny.

»Welcher Mann?« fragte Marlene zurück und versuchte die Tür zum Schneideraum zu öffnen.

Anny stellte sich ihr in den Weg. »Der Mann, den die Königskobra interviewt.«

»Ein Lehrer, der jahrelang Buchhalter der Sekte war. Er hat von den Waffenlagern erzählt.« Lautlos ging die Tür von selbst wieder auf. Anny trat zur Seite, und Marlene schob sich in den Raum. »Mir tut der Knirps jetzt schon leid«, zischte sie zwischen halb geschlossenen Zähnen hervor.

Drinnen war ein heller Jauchzer zu hören. »Wunderbar. Einfach wunderbar!«

Es war die Königskobra.

11. Kapitel

Mit einem kräftigen Fluch ließ der Schläfer die beiden Aluminiumkoffer fallen. Argwöhnische Blicke flogen in seine Richtung. Als der Rucksack mit Mikrophonen von seiner Schulter geglitten war, stellte er auch den schwarzen Koffer mit dem Satellitentelefon ab, den er sich unter den Arm geklemmt hatte. Anny ließ ihre Reisetasche und das Privatgepäck des Schläfers fallen, bevor sie die Kamera vorsichtig auf den Boden stellte. Sie rieb sich die linke Schulter. Der Riemen der Kamera hatte sie gedrückt.

Anny schaute sich um. Argwöhnisch blickten die sudanesischen Zöllner auf das Satellitentelefon und begannen, um das auffällige Stück zu kreisen und zu diskutieren. Anny verstand sie nicht, sah aber, wie der Schläfer seine Brille abnahm. Unter halb geschlossenen Lidern sah er sich um, schob seine dunkle Brille wieder vor die Augen und setzte sich auf sein Privatgepäck, bevor er zwei Tabletten aus der Brusttasche seines Jeanshemds angelte. Er schluckte sie mit kräftigen Halsbewegungen hinunter. Seine tägliche Medizin.

Draußen auf dem Flugfeld kämpften weißgekleidete Gestalten um einen altersschwachen Gepäckwagen, den Anny minutenlang mißtrauisch begutachtet hatte. Dann hatten sie ihr Gepäck selbst in die Flughafenhalle getragen.

Die mittägliche Hitze ließ die Maschine der *Sudan-Air*, die eine Handvoll Passagiere mit zweistündiger Verspätung aus Kairo gebracht hatte, fast verschwinden. Maschine, Gepäckwagen und Gestalten schienen sich, eingetaucht in grelles Licht, ineinander aufzulösen.

Mit zugekniffenen Augen beobachtete Anny die Szene

und sah zurück auf den schwarzen Koffer und die Zöllner. Einer der Männer verschwand und kehrte aufgeregt wieder zurück.

»You have permit?« fragte er.

»Yes«, antwortete der Schläfer.

»Wo ist das Carnet?« fragte Anny ihn. Er zog es aus einem Seitenfach der Kameratasche und reichte es ihr wortlos.

Der Sudanese rührte sich nicht. Sie gab ihm das Heft mit den Zollpapieren, in dem die Teile der Kameraausrüstung einzeln aufgeführt waren.

Sony SB 500
Zoom-Objektiv
Stativ
Lampen
Ladegerät
20 Beta-Kassetten
Satellitentelefon

Lange vertiefte der Mann seinen Blick in die Seiten, die er falsch herum hielt, bevor sein Blick zu dem Koffer mit dem Telefon und wieder zurück zu den Papieren wanderte. Anny beobachtete den hin und her schwenkenden Kopf.

Unterdessen kamen weitere Uniformierte herbei. Minutenlang beäugten auch sie das Gepäckstück von allen Seiten, teils bewundernd, teils beunruhigt. Als längst die weißen Gestalten ihren Gepäckwagen in die kühlere Halle gebracht und Koffer, Pakete und zwei Fahrräder unter den wartenden Passagieren verteilt hatten, trottete noch ein Beamter herbei. Er war offenbar der Chef. »You have permit?« fragte auch er.

»Yes.« Diesmal antwortete Anny.

Mit ungläubigem Blick begann auch er in dem Carnet zu blättern. »You not permit«, brummte er nach einer endlosen Pause.

Der Schläfer sagte kein Wort, während Anny rastlos auf

und ab wanderte. Sie mußte das Satellitentelefon retten. Sie brauchte es. Kein Telefon, keine Reportage. Wie in Algier.

»Kümmere dich darum«, sagte sie zum Schläfer. »Du hast einen sanfteren Charakter.« Sie wandte sich ab.

In ihrem Rücken hörte sie, wie die Stimmen zunehmend erregter wurden.

»No permit!« schrie der Chef.

Anny drehte sich nicht um, sondern ging nahe ans Fenster und sah hinaus auf das Flugfeld. Nicht weit von der *Sudan-Air* entfernt entdeckte sie einen länglichen Gegenstand am Boden. Es sah aus wie ein vergessenes Gepäckstück. Wie der Koffer mit dem Stativ.

Sie kniff die Augen zusammen.

»Anny!« Die Stimme des Schläfers klang fordernd. Anny rührte sich nicht. Der Stativkoffer lag auf dem Flugfeld.

»Anny!«

Sie atmete tief durch. Die lähmende Hitze machte sie schwindelig, sie wandte sich langsam um. Die Gruppe von Zöllnern stand nun seltsam gelassen um den Tisch mit den Gepäckstücken, den Aluminiumkoffern, der Kamera. Zwei Gestalten hatten sich herausgelöst und schritten auf Anny zu.

Die eine war der Schläfer. Sie erkannte ihn an seinem schleppenden Gang. Die andere war mit einer Galabiya bekleidet. Das lange Hemd schlapperte um seinen Körper.

Das helle Licht, das durch die Fenster in ihrem Rücken drang, verwandelte die beiden Männer in Scherenschnitte. Anny wartete.

Die zwei kamen näher. Sie rührte sich nicht, auch als sie knapp vor ihr standen.

»Das ist Nabil«, sagte der Schläfer.

Anny blickte den Mann neben ihm an und schwieg. Er streckte ihr die Hand hin. »Schön, dich zu sehen«, sagte er.

Nachdem Nabil die Zöllner überzeugt hatte, daß sein Papier, das er ihnen mehrmals entgegenstreckte, die Genehmigung für die Einfuhr des Satellitentelefons sei, nickten alle zufrieden.

Anny hatte einen Blick auf den Zettel geworfen und unmerklich die Augen verdreht. Es war ein Arznei-Rezept.

Nabil rief die Träger heran, die in einer Ecke die Szene beobachtet hatten.

Er suchte zwei von ihnen aus, schickte einen hinaus auf das Flugfeld, um den Stativkoffer zu holen, und verjagte die anderen wieder, während Anny versuchte, ihre Reisetasche aus dem Gepäckhaufen zu ziehen. Sie lag ganz unten.

»Alles unter Kontrolle?« fragte der Schläfer.

»Alles«, erwiderte sie und ging schnell auf eine hölzerne Schwingtür zu, durch die alle anderen Passagiere verschwunden waren. Hinter ihr vernahm sie nochmals die Stimme des Chefs aller Zöllner.

»You have liquors?« fragte er unwirsch.

Anny beschleunigte ihre Schritte.

Als sie in einem endlosen Korridor mehreren Männern begegnete, die veraltete Schießprügel umhängen hatten und sie stoppten, tauchte Nabil an ihrer Seite auf.

»Control«, sagte der Mann mit dem größten Gewehr, aber Nabil beglückte ihn mit einem Wortschwall, und alle Kontrolleure zogen zufrieden weiter. Anny setzte ihren Weg fort und stieß eine unhörbare Verwünschung gegen Zweistein aus.

Kurz vor Annys Abreise hatte ihr das Genie eine Nachricht, kaum verständlich, auf dem Anrufbeantworter hinterlassen. Irgendwas über einen ägyptischen Studenten, der mit einem Journalisten nubischer Abstammung in Kairo Kontakt aufgenommen hatte. Über dessen Verwandtschaft hätte er einen ehemaligen Studienkollegen aus England aufgetrieben. Einen Einheimischen, gut bewandert in allem und schon über die Reportage informiert. Der Name des Mannes war nicht zu verstehen, aber Zweistein garantierte am Ende seiner Botschaft, daß der Dolmetscher sie am Flughafen abholen werde. Anny war davon ausgegangen, daß niemand kommen würde. Jedenfalls nicht Nabil.

Während Nabil den letzten Koffer in einem verstaubten Landrover verstaute, versuchte Anny sein Gesicht zu erforschen. Es hatte sich kaum verändert. Nur etwas älter war er und gebräunter. Als einer der Träger unzufrieden das Trinkgeld beäugte, griff Nabil ihm an die Schulter und lachte. Es war immer noch dasselbe Lachen. Einfach frech.

Ungeduldig schwang sich Anny auf den Beifahrersitz. Der Schläfer hatte sich bereits auf dem Rücksitz eingerollt. Nabil warf einen amüsierten Blick auf ihre schäbige Reisetasche und setzte sich hinter das Lenkrad. Sie hob sie demonstrativ auf die Knie und versuchte so gelassen wie nur möglich geradeaus zu blicken. Es ging ganz gut.

Nabil raste los. Sie ließen den Flughafen hinter sich. Niemand redete. Böen aus goldgelbem Staub, aufgewirbelt von den Reifen, zogen hinter dem Wagen her. Der Schläfer hustete und rutschte auf seinem Sitz hin und her. »Wann fangen wir an?« fragte er.

»Wann Sie wollen«, antwortete Nabil, wobei er den Kopf nach links drehte und einem vorbeifahrenden Wagen zuwinkte.

»Können wir zum Schauplatz der Tat fahren?« wollte der Schläfer wissen.

Nabil schwieg.

Mit schnellen Drehungen kurbelte Anny das Fenster hoch, um Staub und Hitze auszusperren. Die Klimaanlage funktionierte nicht, sie öffnete das Fenster wieder.

Der Schläfer hatte sich inzwischen auf dem Rücksitz wieder halb eingerollt und schwieg. Als sich Anny nach hinten drehte, sah sie das Gesicht mit der dunklen Brille vor den Augen hinausgerichtet auf die farblose Landschaft. Flache Hütten und träge Figuren ohne Schatten zogen vorbei. Anny spürte das Gewicht der Tasche auf ihren Knien, aber sie regte sich nicht.

Der Schläfer beugte sich nach vorn. »Können wir also zum Schauplatz der Tat fahren?« wiederholte er seine Frage.

Nabil schüttelte den Kopf. »Morgen«, antwortete er nach einer Weile und raste in eine Mauer aus Staub, die ein Lastwagen aufgewirbelt hatte, der vor ihnen fuhr. »Ich muß unseren Besuch etwas vorbereiten.«

Anny blickte aus dem Fenster.

»Wissen Sie, was wir suchen?« fragte der Schläfer. Sein Gesicht war dicht hinter Annys Kopf. Sie hörte ihn unregelmäßig und schwer atmen.

»Einen Mikrofilm«, erwiderte Nabil und setzte an, den graugrünen Lastwagen zu überholen, in dessen türloser Führerkabine ein Soldat saß. Gerade als der Landrover vorbeiziehen wollte, gab der andere Gas. Das Duell dauerte eine Ewigkeit, begleitet vom ohrenbetäubenden Rattern der beiden Motoren.

»Was haben Sie gesagt?« schrie der Schläfer.

»Es wird nicht leicht sein.«

»Warum?«

»Weil die Behörden versuchen, den Mord zu vertuschen.«

Anny blickte kurz nach links zu Nabil, sagte aber nichts.

»Eine nette Sitte«, erwiderte der Schläfer.

»Es ist ihnen peinlich, daß im Sudan ein westlicher Journalist umgebracht wurde.«

Nabil sprach den Satz leicht gedehnt. Anny blickte nochmals in seine Richtung, wobei sich ihre Blicke kurz kreuzten.

»Warum bringen sie ihn erst um, wenn es ihnen dann so peinlich ist?« fragte sie scharf.

Der Schläfer lehnte sich zurück und seufzte hörbar.

»Weil sie gerne Leute umbringen«, antwortete Nabil ruhig und sah geradeaus.

Schweigen.

Erst als der Wagen langsamer wurde, um schließlich vor einem Gebäude stehenzubleiben, ertönte vom Rücksitz erneut ein Seufzer. Er klang aber nach Erleichterung. Anny betrachtete zuerst das Haus zu ihrer Rechten, dann den breiten Fluß links, auf der anderen Seite der Straße. Das *Grand-Hotel* und der blaue Nil. Sie hörte, wie die hintere Wagentür geöffnet und zugeschlagen wurde.

»Immer noch so kämpferisch?« fragte Nabil.

»Immer noch so ein Macho?« erwiderte Anny und faßte nach dem Türgriff.

Auf dem Platz vor dem *Grand-Hotel* lungerte eine Gruppe Männer herum, deren abschätzende Blicke Anny folgten, als sie ihre Reisetasche hinter sich über den Boden herzog. Keiner rührte sich.

Nachdem Nabil vergeblich versucht hatte, ihr die Tasche abzunehmen, ließ er sie einfach gewähren. Stumm schritten sie nebeneinander zum Hoteleingang.

In der Halle trat Nabil an die langgestreckte Empfangstheke, hinter der eine Gestalt unter einem bräunlichen Vorhang hervorkroch, eine Mappe unter dem Arm. Minutenlang blätterte der Mann darin. Dann schüttelte er mehrmals den Kopf. Nabil schob die Mappe beiseite und zeigte auf einen Rahmen, in dem die Zimmerschlüssel hingen. Die meisten waren da. Ergeben griff der Mann hin, reichte Nabil zwei Schlüssel und brüllte etwas in Richtung Vorhang.

Anny blickte sich um in der weitläufigen Halle. Auf den dunkelroten Sitzgarnituren und den flachen Tischen im hinteren Teil hatten die Jahre ihre Spuren hinterlassen.

Der Lüster in der Mitte der Decke erinnerte überzeugender an bessere Zeiten. Eine kunstvolle Arbeit, voller Glasperlen, die bei jedem Windstoß, der durch die Drehtür fuhr, tanzten und sangen.

In einer Ecke hockte ein Junge in einer Uniform, die aus einem Kostümverleih zu stammen schien. Vor ihm stand ein Holzkasten mit Schuhputzzeug. Der Junge nickte Anny spitzbübisch zu.

Sie ging auf die Fenster zu, die von einer dicken Staubschicht überzogen waren, und beobachtete, wie draußen ein Mann umständlich versuchte, ihre Aluminiumkoffer, Stativkoffer und das Privatgepäck des Schläfers gleichzeitig aufzuheben. Zuerst glitt ihm der große Aluminiumkoffer aus der Hand. Dann der Stativkoffer.

Über den Gepäckstücken und der Gestalt flimmerte die Luft vor Hitze.

Ein Wagen ratterte vorbei. Anny lauschte dem ungleichmäßigen Geräusch hinterher, das in der Ferne verschwand.

»Möchten Sie essen gehen?« Nabils Stimme riß sie aus ihren Gedanken. Sein Blick wanderte zuerst zum fahlen Gesicht des Schläfers und blieb dann an ihrem hängen. Es sah bestimmt nicht frischer aus.

»Wir sehen uns vielleicht besser erst morgen«, sagte Nabil.

»Inshallah«, entgegnete Anny. Er nickte unmerklich und ging in Richtung Ausgang, wo ihn ein Türsteher, der hinter dem Eingangsvorhang auftauchte, beflissen hinausbegleitete und dabei die Knöpfe an seiner dunkelroten Uniformjacke, die an einer Schulter mit einer Spange aus blaßgelbem Metall geschmückt war, zuknöpfte.

Anny nahm ihre Tasche. Der Schläfer war bereits im Treppenaufgang verschwunden, zwei Männer im Schlepptau, die sich um die Aluminiumkoffer stritten. Das Versprechen eines guten Trinkgelds hatte den Zwist offenbar ausgelöst.

Im zweiten Stock stieß Anny die Holztür zum Zimmer 217 auf. Sie öffnete sich mit einem langen hohen Quietschen.

Der Raum schien seit ewigen Zeiten unbewohnt. Links von der Tür stand ein Doppelbett, über dessen Kopfende sich die gelbgraue Tapete leicht wölbte und sich an einigen Stellen schon ganz gelöst hatte. Ein Schrank beherrschte den rechten Teil des Raums. Daneben, auf einem Hocker, ein Fernsehapparat. In der Mitte, auf einem runden Holztisch, stand eine Wasserkaraffe. Sie war leer.

Schwere, leicht angestaubte Vorhänge verhinderten den Blick durch die Fenster. Als Anny sie auseinanderzog und versuchte am Fenstergriff zu drehen, regte sich nichts. Sie versuchte es noch einmal. Der Griff klemmte. Der Schalter an der Klimaanlage darunter drehte sich hingegen ohne Widerstand, aber die Kühlung funktionierte trotzdem nicht.

Anny zog die Vorhänge zu und legte sich auf das Bett. Regungslos betrachtete sie minutenlang die Zimmerdecke, bevor sie aufsprang und den Reißverschluß der Reisetasche aufzog.

Eine Februarausgabe des amerikanischen Wochenmagazins *Time* lag obenauf. Zweistein hatte sie gebeten, es seinem Studienkollegen mitzubringen.

Anny betrachtete das Titelbild des Hefts. Es zeigte einen leicht übergewichtigen Amerikaner, der auf einem altmodischen, vergoldeten Stuhl saß. Barfüßig. Er war einer der Goldjungen, die mit Computern ein Vermögen gemacht hatten. Im Inhaltsverzeichnis auf Seite drei wurden Berichte über Bosnien und die Arbeitslosigkeit angekündigt.

Seit wann interessierte Nabil sich für die ernsten Seiten des Lebens, dachte Anny und warf das Heft auf den runden Tisch.

12. Kapitel

Ein Schrei weckte sie.
Bevor sie sich noch orientieren konnte, folgte ein zweiter. Dann hörte sie dumpfes Trampeln, öffnete die Augen und blickte in dem finsteren Zimmer um sich. Zwischen den Vorhängen fiel ein Lichtstrahl hindurch.

Anny lauschte, stand auf und wankte mit unsicheren Schritten zum Fenster. Sie schob den Stoff auseinander, wobei eine Staubwolke lostanzte. Geblendet vom grellen Licht, schloß sie die Augen. Einige Sekunden lang blieb sie so stehen.

Das Trampeln kehrte wieder.

Als sie die Augen aufgerissen und sich an die Helligkeit gewöhnt hatte, sah sie den Aufruhr auf der Uferstraße vor dem Hotel. Gruppen von Jugendlichen liefen kreuz und quer, verfolgt von Uniformierten, die mit langen, dünnen Eisenstökken versuchten, auf die Flüchtenden einzuschlagen. Ein Schrei erklang. Und ein zweiter.

Anny betrachtete die Szene und schloß nochmals die Augen. Die Schreie verstummten nicht mehr.

Anny rüttelte am Fenstergriff, der Lärm schlug dumpf auf die Scheiben. Unverständliche Laute, unterbrochen von kurzen spitzen Schreien, und Trampeln folgten.

Sie lief zurück zum Bett und griff nach dem Telefonhörer. Der Schläfer antwortete erst nach mehrmaligem Klingeln. »Ich fürchte, ich muß deine Nachtruhe unterbrechen«, sagte sie.

»Haben schon andere gemacht«, brummte er.

»Ich hoffe, genauso sanft wie ich.«

Er antwortete nicht sofort. »Ich bin noch heil«, sagte er schließlich, »die Kameralinse nicht mehr.«

Anny war plötzlich hellwach. »Hast du Probleme?« fragte sie.

»Wir haben Probleme«, murrte er.

Bevor er weiterreden konnte, schlug etwas knallend gegen das Fenster. Dann war alles ruhig.

»Schießen sie jetzt?« fragte der Schläfer seelenruhig.

»Erzählst du jetzt, was passiert ist?« fragte sie gereizt zurück.

Er erzählte. Er hatte schon lange vor ihr den Lärm gehört, seine Kamera gepackt und sich auf die Uferstraße begeben, wo verstreute Gruppen von Jugendlichen zuerst nur lauthals herumschrien. Als sie seine Kamera erblickten, kamen sie näher und wurden noch lauter, vor allem als im Hintergrund Militär und Polizei auffuhren.

Einem Eisenstock konnte er ausweichen, dem nächsten nicht mehr. Das Glas der Linse war zerborsten, bevor ihn der Türsteher zurück in die sichere Halle gezerrt hatte.

Anny stöhnte. Daß er ohne sie losgezogen war, ärgerte sie. Sie ließ den Schläfer nicht gern allein arbeiten. Er sah nur, was sich im Sucher der Kamera bewegte. Sonst nichts. Alle Kameramänner litten unter dieser Krankheit, wollten sie aber nicht eingestehen. Eine Frage der Ehre.

»Was machen wir jetzt?« fragte der Schläfer.

»Einen Wirbel«, antwortete Anny.

Unter der Dusche beruhigte sie sich. Zuerst wollte sie ein neues Objektiv besorgen. Die technische Abteilung im Sender könnte es schicken lassen. Zwei Tage müßten reichen. Dann mußten sie sich sofort um den Mikrofilm kümmern. Sie hatten nicht viel Zeit. Höchstens eine Woche.

Der Transport des Objektivs dauerte nicht zwei Tage. Er dauerte nur einen. Das deutsche Außenamt hatte sich bereiterklärt, es ausnahmsweise in der wöchentlichen Diplomatenpost aus Bonn mitzuschicken.

Im Konsulat kämpfte Alexander Hegel, dessen Frau, wie er mehrmals bedauerte, auf Heimaturlaub im Schwarzwald sei, eine Weile gegen eine Kaffeemaschine. Am Ende gab er auf. Schweiß rann ihm über die Stirn. Die Klimaanlage rauschte und schien nur stickige Luft in schnellen Stößen herauszublasen.

Als er das Serviertablett vom Küchentisch hob, fiel eine Tasse herunter, und der Henkel brach ab. Er hob beides erschöpft auf und begann über die Studentenunruhen zu philosophieren. Sie seien durch die Erhöhung des Brotpreises ausgelöst worden, flüsterte er, während er seine Besucher durch mehrere verwinkelte Gänge in sein Büro dirigierte. Anny fragte sich, ob der sudanesische Geheimdienst überhaupt genug Spürsinn besaß, die abgelegene Kammer zu finden.

Ein Paket Akten in rosaroten Schutzumschlägen, sauber aufeinandergelegt, einige billige Kugelschreiber in einem Keramikbecher und eine Dose Süßstoff schmückten den Schreibtisch. Anny betrachtete den Konsul, ein Koloß. Einige Haare, die er von ganz hinten nach vorn gekämmt hatte, bedeckten seine hohe Stirn. Es waren seine letzten.

Hektisch rührte Hegel den löslichen Kaffee in der Porzellantasse um und schob gleichzeitig die Zuckerdose von sich.

»Keinen Zucker. Ich muß abnehmen«, sagte er. Anny griff nach der Dose. Sie war leer.

Nach einem Schluck warnte er sie vor der instabilen Lage im Land. Der Schläfer hielt schon das Paket mit dem Objektiv in seinen Armen umschlungen und blickte nur gelangweilt zur Decke. Die Klimaanlage brummte. Es wurde noch heißer.

»Vergessen Sie nicht, daß es eine Diktatur ist«, flüsterte Hegel zwischen zwei Schlucken.

»Was Sie nicht sagen!« erwiderte der Schläfer.

Anny warf ihm einen vielsagenden Blick zu, und er verstummte. Hegel ebenfalls.

»Hier herrscht Terror«, erklärte er nach einer Pause in verschwörerischem Ton.

»Hier herrscht Turabi«, antwortete Anny schnell.

Als Antwort streckte Hegel den kleinen Finger seiner rechten Hand elegant von sich und schnaufte mehrmals. Nach einem tiefen Atemzug beichtete er, daß er es gewesen war, der die Privatsachen des Toten, die überall im Hotelzimmer verstreut lagen, eingesammelt und verpackt hatte.

»Ohne Genehmigung«, versicherte er.

»Wie tapfer«, antwortete Anny.

Er sah sie dankbar an. Mit zittrigen Fingern stellte er die Tasse ab und musterte seine beiden Besucher. Sein Blick verriet, daß er offenbar überlegte, ob er ihnen nach dem Geständnis vollstes Vertrauen schenken könnte. Er schien unschlüssig.

Plötzlich erhob er sich und streckte ihnen eine schweißnasse Hand entgegen, seine Stimme nahm einen schmeichelnden Ton an. »Danke für den Besuch.«

Als sie den Gang zurückgingen, hörte Anny ihn in ihrem Rücken flüstern. »In Khartum riskieren Sie nicht nur Ihre Ausrüstung.« Er kam näher heran. »Sie riskieren auch Ihr Leben.«

»Ich weiß«, antwortete Anny.

»Ich auch«, bestätigte der Schläfer, als sie an der Haustür angekommen waren. Er entfernte sich nach einem kurzen Abschiedsgruß.

Anny blieb stehen. Sie sah in Hegels wehleidiges Gesicht. Er wartete, bis der Kameramann außer Hörweite war, dann packte er Annys Arm. »Ihr ermordeter Kollege hat Fehler gemacht.«

Es war nicht sein einziger, dachte sie und ging weiter. »Keinen, der ihm das Leben hätte kosten dürfen«, sagte sie.

»Es ist kein Land für Spiele.« Hegel ließ ihren Arm nicht los und lief neben ihr her.

»Recherchieren ist kein Spiel, Herr Konsul.«

»Er hat nicht recherchiert. Er hat gespielt.«

Anny versuchte, nicht neugierig zu wirken. Es war nicht leicht. »Was hat er denn gespielt?« fragte sie bestimmt.

Der Konsul zuckte zusammen und schien sich an seine Pflichten zu erinnern. Seine Stimme nahm einen Ton an, als sei er dabei, sein Vaterland zu verraten. »Ein gefährliches Spiel.« Pure Angst schlich in seinen Blick.

»Was hat er denn gespielt?« fragte Anny noch einmal.

»Ich muß an den Schreibtisch«, antwortete Hegel.

Mitleidvoll nickte Anny ihm zu, während er schon zurück zum Haus hastete. Aber bevor sie das Gartentor erreicht hatte, kam er erneut angelaufen. »Er ist angeblich in Omdurman umgebracht worden«, rief er aufgeregt.

»In Omdurman?« fragte sie.

»Das erzählt man.«

»Was ist daran Besonderes?«

»Es ist ein seltsamer Ort«, flüsterte er.

Nabil wartete im Wagen.

13. Kapitel

Der verstaubte Landrover fuhr mit überhöhter Geschwindigkeit die *Sharia al Muk Nimir* entlang, vorbei an vernachlässigten Palästen. Die Straße war schnurgerade wie die meisten Straßen von Khartum, dessen Verkehrsnetz die Briten angelegt hatten. Nach dem Muster des Union Jack, ihrer Fahne. Zur ewigen Erinnerung.

Offenbar wegen der Studentenunruhen waren an den Kreuzungen Militärkontrollen errichtet worden. Nabil kümmerte es nicht sehr. Wann immer sie Uniformierte passierten, griff er in die Brusttasche und hielt einen Ausweis aus dem Fenster.

Niemand stoppte den Wagen.

Einmal versuchte Anny, einen Blick auf den Persilschein zu werfen, erhaschte aber nur einen strafenden Blick von Nabil. Rechts wanderte der Nil an ihnen vorbei. Er war von Feluken mit prallen Segeln bevölkert.

»White Nile Bridge«, erklärte Nabil, als sie einen zweiten Fluß überquerten. Die Brücke über den Weißen Nil.

Die Reihe von Palästen lichtete sich und Hütten traten an ihre Stelle. Sudanesische Hirten zogen mit ihren Schafherden vorbei. Frauen, in bunte Tücher gehüllt, blickten dem Wagen lange nach, Anny zog das Tuch enger, das sie um die Schultern gelegt hatte. Der Schläfer döste auf dem Rücksitz.

Nach einer endlosen Fahrt vorbei an Lehmhütten bog Nabil scharf links ab. Der Schläfer fiel gegen die rechte Tür, brummte schlaftrunken und wachte auf. Nabil entschuldigte sich, um sofort wieder ungerührt auf das Gaspedal zu treten. Die Hütten wurden noch schäbiger. Die Straße war menschenleer.

»Omdurman«, sagte Nabil.

Am Ende eines Kanals bog der schwere Wagen wieder links ab, während in der Ferne die spitze silberfarbene Kuppel einer Moschee aufleuchtete.

Kurz darauf fuhren sie eine Straße ohne Hütten hinunter. Teile von Holzverschlägen lagen herum. In den Trümmern eines zerstörten Hauses spielten ausgelassen Kinder und winkten ihnen zu.

»Was ist das?« fragte Anny.

»Das war Zagalona«, antwortete Nabil.

Der Landrover fuhr weiter.

Hinter einem Marktstand voller Früchte und Fliegen fuhr Nabil an den Straßenrand, brachte den Wagen zum Stehen, stellte den Motor ab und stieg wortlos aus.

Anny drehte sich um. Sie sah, wie ein Greis mißtrauisch hinter dem Stand hervorspähte und einen unsicheren Schritt nach vorn tat. Seine Augen waren wegen der hellen Sonne zu Schlitzen verengt. Sein hageres Gesicht war umschlungen von einem lose geknüpften, strahlendweißen Tuch. Als Nabil näher kam, nahm das Gesicht des Alten einen warmen Ausdruck an, als würde er einen verlorenen Sohn wiedersehen.

Nabil küßte ihn viermal auf beide Wangen. Die Züge des Methusalems wurden weicher. Er zog Nabil am Ärmel, der jedoch zeigte mit einer kurzen Bewegung zum Wagen. Anny drehte sich weg.

In der kühlen Lehmhütte bot ihnen der Alte mit einer einladenden Handbewegung weiche Polster am Boden an und drängte Anny bestimmt in die eine Ecke, während er Nabil und dem Schläfer eine andere zuwies und dabei ohne Unterbrechung plapperte. Einige Male unterbrach Nabil seinen Redefluß mit einer Frage. Daraufhin blickte der Alte voller Sorge in Annys Richtung.

Sie warf einen verschämten Blick auf ihre Armbanduhr. Nabil merkte es. »Der Tee wird gleich serviert«, sagte er.

»Ich mag Tee, aber ich möchte auch arbeiten«, antwortete sie.

»Ich arbeite schon die ganze Zeit.«

Nabil sah sie an, aber Anny wich seinem Blick aus. »Kannst du mir verraten, woran du arbeitest?«

»An deiner Reportage.«

»Darf ich auch mitmachen?« erwiderte sie schnippisch.

»Später«, antwortete Nabil.

Anny lehnte sich zurück.

Ein Mädchen kam herein, einen schwarzen Schleier tief ins Gesicht gezogen und reichte jedem der Männer ein Glas mit dampfendem Tee, bevor sie sich Anny mit einem Nicken näherte.

Nabil nahm einen Schluck und fragte nach einer Visitenkarte. Anny kramte in ihrer Tasche. Ein Flugticket und die Hotelrechnung des *El Djezair* in Algier fand sie, aber keine Visitenkarte. Sie suchte noch die Brieftasche durch, wo sie zwischen zwei Dollarscheinen ein Kärtchen hervorzog, es glättete und dem Schläfer reichte, der ihr am nächsten saß. Er blickte kurz darauf, dann zu Anny und gab es Nabil. Der betrachtete es flüchtig und reichte es dem Alten. Lange beäugte der das Stück Papier und drehte es mehrmals um. Er konnte nicht lesen. Mit einem Lächeln nahm Nabil ihm das Kärtchen ab und steckte es in die Brusttasche seiner Galabiya.

Das Teeritual wiederholte sich. Nach dem dritten Glas rutschte Anny ungeduldig auf ihrem Polster hin und her. Als sie sich mehrmals räusperte, sah der Alte in ihre Richtung und erhob sich. An der Seite von Nabil ging er vor die Hütte. Anny und der Schläfer folgten. Die Mittagssonne brannte vom Himmel.

Um den Landrover liefen Kinder herum. Eines stand auf dem Trittbrett und sah ins Wageninnere. Um den Marktstand hatte sich eine Gruppe Männer versammelt, schäbig gekleidet.

Unruhig blickte Nabil in die Runde.

»Holen Sie die Kamera«, flüsterte er dem Schläfer zu, der daraufhin gemächlich zum Wagen schritt. Die Kinder stürzten ihm entgegen und tanzten laut um ihn herum.

»Er ist hier umgebracht worden«, sagte Nabil.

»Das dachte ich mir«, erwiderte Anny.

»Wir müssen uns beeilen.«

»Warum?«

»Wir haben keine Genehmigung.«

»Und?«

»Es könnte unangenehm werden.«

Anny ging auf die Gruppe zu, aber die Männer rührten sich nicht.

Als der Schläfer neben ihr auftauchte, griff sie nach dem Mikrophon und drehte sich hilfesuchend um. Nabil redete noch mit dem Alten vor der Hütte, kam aber sofort herbeigeeilt.

»Frag sie, ob jemand von ihnen den Mord beobachtet hat«, sagte Anny.

Nabil übersetzte. Der Schläfer hob die Kamera auf die Schulter und begann zu filmen.

Niemand antwortete.

Anny wartete. Einer der Männer drängte sich an ihre Seite und begann wild gestikulierend zu reden.

Anny wandte sich zu Nabil. »Was sagt er?«

»Nichts Besonderes.«

»Sag es mir trotzdem.«

Nabil fuhr sich mit der Hand durch die Haare. »Er fragte nach unserer Genehmigung.«

Bevor er noch zu Ende übersetzt hatte, unterbrachen ihn die anderen. Alle redeten plötzlich durcheinander.

»Was sagen sie?« schrie Anny.

»Sie sagen, daß wir keine Genehmigung haben.«

Der Alte war herbeigekommen. Er stellte sich vor die Kamera und versuchte, die anderen zu übertönen. Anny spürte, wie sie jemand in die Seite stieß und drehte sich hin. Einer der Männer sah sie aus glühenden Augen an.

Der Schläfer war einige Schritte zurückgetreten und filmte die Gruppe.

»Wir müssen hier weg«, sagte Nabil und ergriff Annys Arm.

Sie befreite sich wieder. »Warte.«

»Wir müssen hier weg«, wiederholte Nabil.

»Frag sie, von wem er umgebracht wurde.«

Nachdem Nabil übersetzt hatte, wurden die Stimmen schwächer, bis sie schließlich verstummten.

»Was ist?« fragte Anny.

»Wir gehen«, sagte Nabil und versuchte, sie von den Männern, die inzwischen näher an Anny herangerückt waren, wegzuziehen. Wieder verspürte sie einen Stoß, einen heftigeren als den ersten. Sie tat, als würde sie ihn nicht merken, und blickte sich um. Die Gruppe war größer geworden. Noch mehr Männer, einer mit einem umgehängten Gewehr, waren aufgetaucht.

Der Schläfer filmte noch einen Augenblick und blickte dann zum Landrover. Nabil stand schon dort. Er öffnete die Tür zum Rücksitz und wies den Schläfer mit einer Kopfbewegung an zu kommen.

Irgendwo waren Schreie zu hören. Unbeirrt blieb Anny stehen, bis sie ein Motorgeräusch hörte. Der Landrover rollte bereits auf der Straße vorbei. Nach einem letzten Blick auf den Alten, der sie verstört ansah, lief sie dem Wagen hinterher. Sie griff nach der Tür, die Nabil ihr aufhielt, schwang sich hinein und schlug die Tür zu. Der Wagen brauste los.

Nabil fuhr wie ein Verrückter. Hütten und Menschen flogen an den Fenstern vorbei.

»Willst du uns umbringen?« stieß Anny hervor, als der Wagen in letzter Sekunde einem Kamel auswich, das gemächlich aus einer Seitenstraße heraustrottete.

»Ich nicht«, antwortete Nabil und raste weiter.

»Warum hast du mich nicht mit den Nachbarn reden lassen?« fragte sie.

»Es waren keine Nachbarn«, antwortete Nabil ruhig und blickte dabei stur geradeaus. In der Ferne tauchte wieder eine Militärkontrolle auf. Er griff in seine Brusttasche, streckte den Ausweis hinaus, während der Uniformierte bereits nickte und sie mit einer Handbewegung aufforderte, weiterzufahren.

»Es waren Volksmilizen«, sagte er, nachdem sie die *Sharia al Muk Nimir* erreicht hatten. Er schaltete in den dritten Gang zurück. »Ich hätte wissen müssen, daß sie seit der Geschichte ständig da sind.«

»Der Geschichte mit Dornhelmer?« fragte Anny.

»Nein. Der Geschichte mit Zagalona.«

»Was ist da passiert?«

»Er hat alle Hütten plattwalzen lassen.«

»Wer?«

»Hassan Turabi.«

»Warum?«

Nabil schwieg. Eine weitere Militärkontrolle tauchte vor ihnen auf, aber diesmal befahl ihnen der Soldat an die Seite zu fahren. Mißtrauisch inspizierte er den Ausweis. Erst nachdem Nabil lange auf ihn eingeredet hatte, durften sie weiterfahren. Nabil schien nervös zu sein.

»Also?« fragte Anny.

»Also was?« fragte Nabil zurück.

Sie fuhr sich mit der Hand über die Augen. »Warum hat Turabi die Hütten plattwalzen lassen?«

»In Zagalona lebten Christen, und es gab eine Kirche.«

Anny versuchte, ihrer Stimme einen gelassenen Ton zu geben. »Und was hatte der Alte zu erzählen?«

»Er war der letzte, der deinen Kollegen gesehen hat«, antwortete Nabil.

»Das dachte ich mir.« Anny atmete tief durch. »Ich nehme an, er hat ihn nicht umgebracht.«

»Nein, natürlich nicht.«

»Wer war es also?«

Der Wagen bog schon in die Uferstraße ein. »Zwei Jugendliche«, sagte Nabil.

»Ich vermute, sie waren nicht da.«

»Nein, waren sie nicht«, sagte er kühl.

»Warum?« Unruhig blickte Anny aus dem Seitenfenster.

»Warum was?« Nabils Stimme war ungeduldig geworden.

»Warum haben sie ihn umgebracht?«

Er schwieg.

Anny wiederholte ihre Frage. »Warum?«

Nabil fuhr weiter, ohne zu antworten. Als sie am *Grand-Hotel* ankamen, packte der Schläfer die Kamera und verabschiedete sich.

Anny blieb sitzen und sah stumm geradeaus.

Nabil drehte sich zu ihr. »Willst du die Wahrheit oder ein schönes Märchen?« fragte er.

Sie sah weiter aus dem Fenster. »Schöne Märchen reichen völlig«, sagte sie ruhig.

Nabil holte Luft und legte die Hände aufs Lenkrad, dann begann er zu erzählen. Daß Dornhelmer eines Abends überraschend in Omdurman aufgetaucht war, daß er versucht hatte, mit dem Alten zu reden. Daß er sich einige Meter von seinem Stand entfernt mit den Jugendlichen getroffen hatte. Es war zu einem Streit gekommen. Geld war im Spiel gewesen, bevor der Fremde blutend auf dem staubigen Boden lag.

»Die Militärs kamen. Sie haben den Verletzten und alle Beweise mitgenommen«, endete Nabil und schwieg.

Anny rutschte auf dem Sitz herum. »Warum?« fragte sie. »Warum wurde er ...«

»Der Alte sagt, er sei ein schlechter Mensch gewesen«, unterbrach Nabil sie. Erst nach einer Pause fuhr er fort. »Er suchte die Liebe.«

»Was für eine Liebe?«

»Die Liebe mit den Jugendlichen.«

Anny lehnte sich zurück. Stalin hatte ihr ein schöneres Märchen mit auf den Weg gegeben. »Kennst du den Alten?« fragte sie.

»Ja. Er ist ein Onkel von mir.«

»Glaubst du ihm?«

»Nein«, antwortete Nabil.

Sie stieg aus.

»Anny!«

»Ja?«

»Seit wann heißt du Alfredo?«

Sie schlug die Wagentür zu.

Der Schläfer saß in der Hotelhalle, die Augen versteckt hinter der dunklen Brille. »Hast du ihn entlassen?«

»Noch nicht«, antwortete Anny und ließ sich in einen Sessel fallen. Er quietschte.

Der Schläfer reichte ihr den Zimmerschlüssel. »Woher kennst du Nabil?«

»Frag mich etwas Leichteres.«

»Gut.« Er lächelte. »Seit wann heißt du Alfredo?«

Anny stand auf und ging zum Treppenaufgang. Der Schläfer folgte ihr. Als sie den zweiten Stock erreichten, blieb Anny stehen.

»Er konnte die Visitenkarte ohnehin nicht lesen«, sagte sie entschuldigend.

»Hab' ich gemerkt.«

»Ich habe meine vergessen.«

»Das macht nichts. Er wird deine Nummer schon herausfinden.«

»Wer, der Alte?«

Der Schläfer verzog das Gesicht und verschwand in dem Seitengang, der zu seinem Zimmer führte.

Anny schob die Vorhänge zur Seite. Die Sonne fiel hinter dem Horizont, der Nil war plötzlich in Dunkelheit getaucht.

Das Fenster ließ sich immer noch nicht öffnen. Anny legte sich auf das Bett.

Das schöne Märchen. Das Märchen von einem Reporter mit einem markanten Gesicht und einer guttrainierten Stimme. Er fährt in ein gefährliches Land, um das Leben von zwei Landsleuten zu retten und verliert dabei seines.

Anny griff zum Nachttisch, ertastete die Packung, nahm die letzte Zigarette heraus und zündete sie an.

Das interessiert die Menschen, behauptete Stalin immer, wenn er von schönen Märchen schwärmte. Immerhin waren sie angenehmer als die Wahrheit.

Über ihre »Schicksale« hatte er kein Wort mehr verloren. Anny hatte in den Tagen vor ihrer Abfahrt nicht gewagt, nachzufragen. Er hatte die Serie vielleicht schon abgesetzt. Vielleicht war es schon zu Ende. Zum zweitenmal. Angst vor einer weiteren Niederlage kroch in ihr hoch. Algier zählte nicht wirklich. Khartum schon.

Die Zigarette tat ihr gut. Während sie den Rauch ausstieß, versuchte sie sich vorzustellen, ohne ein schönes Märchen zurückzukehren.

Sie sprang auf, legte die halb gerauchte Zigarette in den Aschenbecher und zog die Reisetasche unter dem Schrank hervor.

Die Fotos steckten in einem Seitenfach. Der Jugendliche im arabischen Burnus sah sie an. Auf dem zweiten Foto lächelte einer und auf dem dritten lagen die beiden auf der Couch.

Nein, hatte Nabil gesagt.

Nachdenklich ging Anny wieder zum Fenster und rauchte die Zigarette zu Ende.

Der nachtschwarze Fluß lag unter ihr. Aus dem Nichts tauchte ein Jeep auf. Anny sah mehrere Uniformierte, die vor dem Hotel ausstiegen. Konsul Hegels Stimme nistete sich in ihrem Ohr ein.

»Ihr Kollege hat nicht recherchiert. Er hat gespielt.«

14. Kapitel

Es reicht«, sagte Anny. Der Schläfer nahm die Brille ab und sah sie an, die Augenlider halb geschlossen. Anny hielt zum Schutz gegen die Sonne die Hand vor die Stirn. Die Uferstraße blieb leer. Kein Landrover war zu sehen. Nabil kam zu spät. Seine Schuld.

»Los, wir fahren«, befahl sie und setzte sich in das Taxi, das vor dem Hoteleingang seit einer halben Stunde mit laufendem Motor wartete. Der Türsteher hatte es ihnen besorgt.

»Wohin?« fragte der Schläfer, während er den Rucksack mit Ersatzkassetten und Batterien in den Kofferraum warf.

»Zurück nach Omdurman«, rief Anny ihm durch das Seitenfenster zu. Der Türsteher zog die Augenbrauen hoch und strahlte.

»Warum nicht«, antwortete der Schläfer und setzte sich auf den Rücksitz.

Der Fahrer redete los. Anny sah ihn an. Er hatte ein spitzes Gesicht mit riesigen Augen, die sie ungläubig anstarrten. Sie verstand nicht, was er wollte.

»Omdurman«, sagte sie. Er nickte und riß den Schalthebel nach oben. In der nächsten Sekunde erstarb das Motorgeräusch. Auch nachdem er den Zündschlüssel mehrmals gedreht hatte, regte sich nichts. Nach dem zehnten Versuch fuhr der Wagen mit einem Ruck an.

Sie ließen die geradlinigen Straßen wieder hinter sich. Die Brücke. Rechts und links tauchten die Hütten von Omdurman auf. Ungewöhnlich viele Menschen waren zu sehen. Kinder sprangen zur Seite. Einem Alten, der mitten auf der Straße dahintrottete, konnte der Wagen gerade noch ausweichen.

In der Ferne tauchte die helle Kuppel auf. Anny deutete in die Richtung und der Fahrer fuhr nach einem heftigen Nicken darauf zu.

»Was ist das?« fragte der Schläfer, als der Wagen knapp an der Moschee vorbeifuhr.

Anny hob den Blick. Die Kuppel war über ihnen. »Das Grabmal des Mahdi.«

»Sieht schön aus.«

Zwei schwarzgekleidete Frauen gingen vorüber, während ein Mann gerade aus der Moschee herauskam. Alles war friedlich.

»Alle Märchen sind schön«, sagte Anny.

»Wer ist der Mahdi?« fragte der Schläfer.

Anny drehte sich zu ihm um. »Der Mahdi ist der erste Volksheld des Sudan.«

»Warum?«

»Weil er die Briten vertrieben hat.«

»Und wo ist der zweite?«

»Angeblich im siebenten Stock des Hotel *Acropole*.« Anny lauschte. In der Ferne waren dumpfe Trommelschläge zu hören. Sie wandte sich dem Fahrer zu und bedeutete ihm mit einer Handbewegung, weiterzufahren.

Am Ende eines schmalen Wegs lauschte sie, deutete wieder nach links und der Wagen bog ab. Das Trommeln wurde lauter.

Sie kamen an eine breitere Straße, auf der Scharen von Menschen vorbeizogen. Nur Männer, junge und ältere, die meisten in helle Galabiyas gekleidet. Anny bedeutete dem Fahrer zu warten und stieg aus. Der Schläfer packte die Kamera. Die Trommelwirbel waren nahe.

Nachdem sie eine Weile den Männern gefolgt waren, gelangten sie an den Rand eines unbebauten Feldes. In dessen Mitte drehten sich mehrere Gestalten rasend schnell im Kreis. Derwische. Um sie herum standen Männer in kleinen Gruppen zusammen.

Als der Schläfer und Anny sich den Tanzenden näherten, streckten sich ihnen einige Köpfe entgegen. Augen sahen auf die Kamera und schnell wieder weg. Kurz vor den drehenden Gestalten drängte sich der Schläfer zwischen eine Gruppe älterer Zuschauer. Anny folgte ihm.

Versteckt hinter den Rücken einiger Männer, kontrollierte der Schläfer die Tonschalter. Dann hob er die Kamera auf die rechte Schulter und filmte. Anny sah sich um. Nichts. Nichts war zu sehen. Nichts Auffälliges.

Sie hatte den Mann nicht kommen sehen. Erst als seine Hand gegen die Linse schlug und sie zuhielt, sah Anny sein eigenartiges Gesicht. Den dichten Bart. Einen halb geöffneten Mund. Zwei aufgerissene Augen. In der Hand hielt er ein Gewehr. Als der Schläfer die Kamera von der Schulter hob, um zu sehen, was ihm die Sicht versperrte, flog der Gewehrkolben des Mannes in seine Kniekehlen. Der Schläfer knickte ein.

Anny griff nach der Kamera. Die Gruppe um sie stob auseinander, als ein zweiter Mann mit einem Gewehr herbeigelaufen kam. Anny packte den Schläfer und riß ihn fort. Er schrie vor Schmerzen auf.

Sie zog ihn weiter. Der Bärtige kam wieder näher. Eine Hand packte sie von hinten an der Schulter und riß sie zu Boden.

Schnell stand Anny wieder auf. Die Kamera lag neben ihr. Sie sah sich um. Der Schläfer war verschwunden. Sie griff die Kamera und rannte los, den Trommelwirbel ständig im Ohr. Sie lief. Ein alter Mann wich ihr im letzten Augenblick aus. Sie stolperte und rannte weiter.

Immer mehr Männer strömten herbei. Anny drängte an ihnen vorbei. Sie war wieder auf der Straße, aber der Schläfer war nirgendwo zu sehen.

An der Stelle, wo das Taxi warten sollte, stand ein anderer Wagen.

Anny lief weiter.

Der Landrover bremste mit kreischenden Reifen neben ihr.

»Schnell«, sagte Nabil und hielt ihr die Tür auf. Sie warf zuerst die Kamera hinein und schwang sich auf den Beifahrersitz. Sie hatte noch nicht einmal die Tür zugezogen, als Nabil schon versuchte den Wagen zu wenden. Überall waren Männer. Kinder spielten ausgelassen in den Straßengräben.

»Wo ist der Schläfer?« fragte Anny.

»Wir müssen weg«, antwortete Nabil und legte den Rückwärtsgang ein. Der Motor heulte auf.

»Wo ist er?« schrie sie.

»Wir können nicht warten«, brüllte Nabil zurück und warf einen Blick über die Schulter. Der Wagen stieß zurück. Alle stoben auseinander.

»Ich werde ihn suchen«, sagte Anny und versuchte auszusteigen.

Nabil hielt sie fest. »Bleib hier«, befahl er.

»Ich fahre nicht ohne ihn.«

»Du darfst nicht hinaus.«

»Ich muß.«

»Sie werden dich umbringen.«

»Ihn werden sie auch umbringen.«

»Er ist ein Mann.« Nabil fuhr nahe an eine der Hütten heran. Eine verschleierte Frau spähte durch die halb geöffnete Tür. Er legte den Leerlauf ein und sprang hinaus. »Warte hier und laß den Motor laufen.«

Anny rückte auf den Fahrersitz und versuchte, den Wagen zu wenden. In der Tür der Hütte auf der anderen Straßenseite tauchte ein Schatten auf. Er schien sie zu beobachten. Sie drehte am Lenkrad. Der Motor brüllte auf. Sie legte den ersten Gang ein und fuhr nahe an die Hütte heran. Der Mann kam heraus. Er trug einen dichten Bart und sah sie aus schwarzen Augen an.

Anny legte wieder den Rückwärtsgang ein. Sie warf einen

Blick durch das Heckfenster und fuhr nahe an die anderen Hütten heran. Wieder griff sie zum Schalthebel. Sie drehte am Lenkrad, bis es anschlug und trat aufs Gaspedal. Der Wagen preschte nach vorn. Die Tür zum Rücksitz wurde aufgerissen.

»Fahr los«, befahl Nabil und zerrte den bleichen Schläfer in den Landrover. Anny warf noch einen Blick nach rechts. Zwei Bärtige standen vor der Hütte. Sie gab Gas.

15. Kapitel

Friedlich lag Khartum unter ihnen. Weit hinten am Horizont wanderte der weiße Nil, breit und mächtig wie ein Meer. Näher bei ihnen standen die Ruinen der britischen Zitadelle, General Gordons stolze Festung und Grab. Anny nahm einen Schluck von dem Hibiskusblüten-Tee.

Sie stellte sich die Blicke der britischen Truppen vor, die vor fast hundert Jahren angerückt waren, um Gordon zu retten. Sie kamen zu spät. Drei Tage zu spät. Der Schädel ihres Volkshelden steckte bereits auf einem Stock am Eingang seiner stolzen Festung, abgeschlagen vom heimischen Volkshelden, dem ersten Mahdi.

»Sie haben sich beide nichts geschenkt«, sagte Nabil, als würde er ihre Gedanken erraten.

»Ist das immer noch so?«

»Immer noch«, antwortete Nabil.

Noch weiter vorn lag die zweite Lebensader der Stadt, der blaue Nil.

Eine bläßliche Sonne begann, sich in ihrem Rücken zu verstecken.

»Und du bist immer noch so kämpferisch«, sagte Nabil.

Anny griff erneut zum Glas und leerte es mit einem Schluck. Der Kellner eilte herbei und nickte erwartungsvoll. Sie schüttelte den Kopf, und er zog enttäuscht wieder ab. Sie waren die einzigen Gäste auf dem Dach des *Friendship*-Hotels. Der Schläfer hatte nicht kommen wollen. Sein Knie schmerzte. Er wollte es schonen und hatte sich im Hotel absetzen lassen. An der Empfangstheke hatte bereits der Rucksack mit den Reservebatterien gelegen, vorbeigebracht von dem Taxifahrer mit dem spitzen Gesicht und den großen Augen. Nach Auskunft des Türstehers hatte der aber großzügig auf das Fahrgeld verzichtet.

Anny war zuerst zu aufgekratzt gewesen, um auf ihr trostloses Zimmer zu gehen. Jetzt war sie erschöpft.

Nabil sah sie von der Seite an. »Gefällt dir die Arbeit?«

»Sehr«, sagte sie. »Vor allem an Tagen wie diesem.«

»Das wolltest du doch immer.«

»Stört es dich immer noch, daß eine Frau arbeitet?«

»Nein. Überhaupt nicht.« Er griff in die blecherne Zuckerdose auf dem Tisch. Sie war leer. Als er den Kellner heranwinkte, schüttelte der nur den Kopf.

»Wie war es in England?« fragte Anny.

»Verregnet.«

»Bist du deshalb nach Khartum zurückgekehrt?«

Er antwortete nicht, stand auf, warf ein paar Scheine auf den Tisch und schenkte der finster gewordenen Stadt einen letzten Blick.

Sie fuhren durch die stockdunkle Nacht, die blitzschnell hereingebrochen war, während die nahe Wüste bereits ihre Kühle ausbreitete, die ein aufkommender Wind in die Stadt trug. Anny fröstelte leicht. Nabil sagte lange nichts.

»Glaubst du wirklich, sie hätten uns umgebracht?« fragte Anny endlich.

»Diese Verrückten?« sagte er und sah sie an. »Ganz sicher.«

»Du meinst die Bärtigen?«

Er nickte.

»Waren es Afghanen?«

Er nickte wieder.

Anny lehnte sich zurück. Über diese »Afghanen« war selten in den Agenturmeldungen zu lesen. Früher, in den achtziger Jahren, hatten sie die Welt ständig beschäftigt. Fast zehn Jahre lang. Seit dem Ende des Afghanistankriegs interessierte man sich nicht mehr für sie. Weder für die vielen Gruppen, die sich unaufhörlich bekämpften. Noch für das Land.

Die Mudjahedin, Freiheitskämpfer, wie sie vom amerikanischen Präsidenten Ronald Reagan einst großzügig genannt worden waren, hatten die Sowjets verjagt. Das reichte.

Auch die anderen »Afghanen«, Kämpfer, die aus islamischen Ländern stammten und ebenfalls am Hindukusch gegen die Rote Armee gekämpft hatten, beschäftigten kaum noch jemanden. Einige waren in Bosnien gelandet. Andere kehrten zurück nach Algerien. Eine Gruppe hatte im Kaukasus einen gleichwertigen Job gefunden. Den Krieg in Tschetschenien.

Alles vergessene Helden, die ihre Aufgabe erfüllt hatten. Während ihres Kampfes gegen die Sowjets waren sie, Einheimische und arabische Helfer, von den Amerikanern mit modernsten Waffen versorgt worden.

»Was machen die Afghanen in Omdurman?« fragte Anny.

»Journalisten umbringen, die ihren Quartieren zu nahe kommen.«

»Und wenn keine Journalisten da sind?«

»Dann bewundern sie den Mahdi.« Er riß den Wagen zur Seite, um einem Mann, der eine Schafherde über die Straße trieb, auszuweichen. Anny fröstelte wieder.

»Waren das Iraner?«

»Ich glaube nicht«, erwiderte Nabil.

»Vielleicht Saudis?«

»Vielleicht.«

»Was sonst?«

»Pakistani.«

»Pakistani?«

Unter der Motorhaube war ein Stottern zu hören. Nabil lauschte angestrengt. »Als ich deinen Kameramann entdeckte«, murmelte er, »wurde er von einem der Verrückten festgehalten. Er sprach mit pakistanischem Akzent.«

»Was hast du ihm erzählt?«

»Ich habe gesagt, daß ich vom sudanesischen Sicherheitsdienst bin und den gottlosen Hund verhaften werde.«

Das Stottern des Motors wurde stärker. Ungläubig sah Nabil auf die Benzinanzeige, deren Zeiger auf Null stand. Er fluchte leise.

Anny stieg aus. »Gibt es sonst noch was, das ich wissen müßte?« fragte sie und verschränkte die Arme. Ihre Augen waren in die Ferne gerichtet. Das *Grand-Hotel* lag am anderen Ende der endlosen Uferstraße.

Nabil stieg aus dem Wagen. »Nur, daß man in Khartum eine gute Kondition braucht«, sagte er, ging zur Hecktür, hob das Kamerastativ heraus, das wegen seines schweren Gewichts ständig im Wagen geblieben war, und ging los. »Meine ist gut. Immer noch«, rief er.

Anny verzog das Gesicht. »Angeber.«

Gegen elf kamen sie am anderen Ende der Uferstraße an. Der Türsteher, der sich in der Halle zur Ruhe begeben hatte, lugte unter halb geöffneten Lidern kurz hervor und schloß die Augen wieder. Als sie fast schon am Treppenaufgang angelangt war, stolperte Anny über eine Falte im Teppich.

Nabil versuchte sie aufzufangen. Sie entzog sich seinem Griff, und Nabils Last, das Stativ, landete mit einem lauten Knall auf dem Boden. Der Schuhputzjunge, der in einer Nische schlief, regte sich nur unmerklich. Der Türsteher schnarchte friedlich weiter.

»Hast du noch Fragen?« wollte Nabil wissen, während Anny die Tür zu ihrem Zimmer aufschloß und den Schalter auf der Nachttischlampe suchte. Eine stickige Hitze erfüllte den Raum. Anny schritt durch die Finsternis zum Fenster und versuchte es zu öffnen. Es klemmte. Wie immer.

»Jede Menge«, antwortete sie und gähnte. »Seit wann, zum Beispiel, arbeitest du für den sudanesischen Sicherheitsdienst?«

Er antwortete nicht. »Interessierst du dich, wie schon damals, nur für gefährliche Sachen?« hörte sie ihn hinter ihrem Rücken nach einer Weile fragen. Er war näher gekommen.

»Natürlich«, antwortete sie und riß weiter am Fenstergriff. »Hattest du nicht auch deine Hobbys?« fragte sie zurück, während ihre Hand den Griff bearbeitete.

»Die meisten habe ich aufgegeben«, sagte er gedehnt. Sie drehte sich kurz um. Nabil stand hinter ihr.

»Das Fälschen von Dokumenten hat dir doch viel Spaß gemacht.«

»Nur das von Führerscheinen.«

»Für den Geschmack der amerikanischen Polizei warst du eben zu schnell unterwegs.«

»Lediglich dreimal.«

Anny unterdrückte ein Lächeln. Das Fenster sprang plötzlich auf, aber nur eine kaum weniger stickige Luft strömte herein. Sie schloß die Augen.

»Und womit beschäftigst du dich jetzt?«

»Mit Gewichtheben«, entgegnete Nabil. Er kam näher an sie heran, bis er hinter ihr stand. Dann hob er sie hoch.

»Du bist viel zu leicht«, sagte er.

»Dann laß mich doch wieder los«, stieß sie hervor, die Augen fest geschlossen.

»Sofort.« Nabil ging einige Schritte durch die Dunkelheit und ließ sie auf das Bett fallen. Annys Augen blieben geschlossen.

»Jetzt mußt du schlafen«, hörte sie Nabil sagen. Er beugte sich über sie. Sie schlang ihre Arme um seinen Hals.

Das morsche Bett knarrte. Nabil lachte, sein Gesicht ganz nahe über dem ihren. Einen Augenblick lang versuchte Anny in der Dunkelheit seine Augen zu erkennen und gab schließlich auf.

Es war einerlei. Es war der passende Ort für eine umwerfende Liebesnacht. Eine laue Nacht, die alles versprechen konnte, auch die Ewigkeit.

Sie konnte ohnehin nicht dauern. Sie mußte enden wie

alle Nächte in den gebrechlichen Hotelbetten der Welt. Spätestens bei Morgengrauen.

➤➤➤ ✸ ⮜⮜⮜

Mit den ersten Sonnenstrahlen des Tages drang der klagende Gesang eines Muezzin durch das geöffnete Fenster. Anny erwachte. Als sie nach rechts tastete, landete ihre Hand auf ihrer Armbanduhr, die auf dem Holzboden übernachtet hatte.

5 Uhr 45 zeigte sie an.

Anny richtete sich halb auf, um die Uhr auf den Nachttisch zu legen, dabei fiel ihr Blick auf Nabils Galabiya, die ebenfalls am Boden lag. Aus der Brusttasche ragte ein Zipfel von Nabils Ausweis. Anny zog vorsichtig daran und drehte die Vorderseite leicht nach rechts, bis etwas Licht auf die fettgedruckten Buchstaben fiel.

Royal Tennis Club.

Zögernd beugte sich Anny weiter vor und zog den Ausweis ganz heraus. Mit zugekniffenen Augen musterte sie die zwei runden Stempel unter dem Schriftzug, die eigenartig verschnörkelt waren. Es waren arabische Schriftzüge. Ganz gut gelungen für einen britischen Tennisclub. Anny steckte den Ausweis zurück und ließ sich fallen.

Es war unverkennbar Nabils Werk.

Das Fälschen von Ausweisen war schon auf der Universität sein liebstes Hobby gewesen. Es erfreute sich bei den Studenten größter Beliebtheit. Wie kein anderer konnte Nabil Ersatzführerscheine herstellen. Täuschend echt. Die Polizei war nie auf seine Tricks gekommen.

Alle hatten getrauert, als Nabil eines Tages New York verlassen mußte, um in England weiterzustudieren und weiterzufälschen. Seine Familie hatte auf dem Umzug bestanden. Die Mutter war Engländerin. Ein sudanesischer Geschäftsmann sein Vater. Der Sohn sollte Karriere machen. In einer Botschaft. Einer Bank.

Bei den Frauen war Nabil aus anderen Gründen beliebt gewesen. Er war frech. Er war smart. Ein Sonntagskind. Anfangs war ihm Anny aus dem Weg gegangen. Dann nicht mehr. Acht Monate lang.

Anny schlief ein.

Als sie wieder erwachte, wagte sie nicht, die Augen zu öffnen. Es war nichts, sagte sie sich. Nur ein Traum. Alles wird sich in nichts auflösen. Nabil und der ***Royal Tennis Club***.

Nach einer Weile blinzelte sie zur Zimmerdecke hinauf, während ihre Hand vorsichtig umhertastete. Diesmal nach links. Sie landete auf einem zerdrückten Leintuch, Annys Blick folgte ihrem Arm.

Nabil war nicht mehr da.

Mit einem Ruck erhob sie sich und eilte zum Fenster. Der Türsteher wanderte auf dem Vorplatz des Hotels herum. Sie beobachtete ihn eine Zeitlang.

Als Nabil unten auftauchte, trat Anny einen Schritt zurück.

Sie zog die Vorhänge fester zusammen und hielt sie nur einen Spalt auseinander, während sie Nabil zusah, wie er federnden Schrittes auf den Türsteher zuging. Eine Hand hielt er in der Tasche seiner Galabiya, in der anderen tanzte der Schlüssel des Wagens. Als eine Militärkontrolle heranfuhr, streckte er dem Mann seinen Ausweis entgegen. Der Soldat salutierte, gehorsam wie es alle anderen Soldaten von Khartum auch getan hatten.

Nabil marschierte in Richtung des liegengebliebenen Landrovers los. Anny kehrte zum Bett zurück. Sie nahm sich vor, Edward Brown in London anzurufen.

16. Kapitel

Nur drei Stunden später sah sie den Schläfer und auch Nabil in der Hotelhalle wieder, ausgestattet mit einer frischen Galabiya und einem ebensolchen Gesicht.

Sie staunte über beides gleichermaßen und gähnte im Wagen vor sich hin. Beim dritten Luftholen fragte sie der Schläfer, ob sie auch verletzt sei. Anny verneinte empört. Unbeteiligt blickte Nabil durch das Fenster, während der Landrover entlang des Nils rollte. Die Feluken begleiteten ihn.

Ihr Ziel, das Innenministerium, lag nicht weit entfernt, im Nordosten der schnurgeraden *Sharia el Nil.* Eine Holztafel hing über der Eingangstür des Gebäudes.

Ministry of Interior, Police-Headquarter and Aliens Registration Office stand in gut lesbarer Schrift darauf gemalt.

Ministerium für Inneres, Polizeihauptquartier und Ausländerbehörde.

Auf den Stufen, die zum Eingang des Superministeriums führten, stand ein Polizist. Er war mager und steckte in einer übergroßen Uniform.

Nabil stieg aus.

Als die Tür ins Schloß fiel, sah der Schläfer kurz auf, packte seine Kamera unter den Arm und folgte ihm. Er hinkte erbärmlich. Anny beobachtete, wie ein Mann, der westlich gekleidet war, auf die beiden zueilte und Nabil mehrmals auf beide Wangen küßte. Unter seinem Arm trug er eine prallgefüllte Aktenmappe. Er lächelte unentwegt sanft, bevor er in einer wartenden schwarzen Limousine verschwand.

Anny wartete.

Die Idee für einen überraschenden Besuch in dem Ministerium war Nabil gekommen. Er wollte versuchen, beim

Untersuchungsrichter, der mit dem Mord an der Mickey Mouse beauftragt worden war, die Genehmigung für eine Akteneinsicht einzuholen.

Ein schriftliches Ansuchen um ein Interview mit dem Beamten, wie ihnen von Hegel inständig nahegelegt worden war, hatte er auf der Stelle verworfen.

»Machen Sie keine unüberlegten Schritte«, hatte Hegel am Telefon gewarnt, als Anny am frühen Morgen um einen Rat gebeten hatte.

»Natürlich nicht«, hatte sie geantwortet. Natürlich schrieben sie keinen Brief, sondern fuhren sofort los.

Anny gähnte. Nach zwanzig Minuten kehrten die beiden Männer zurück. An der Seite des hinkenden Schläfers hinkte nun auch Nabil auffällig schwer. Er schien Magenschmerzen zu haben, denn seine Arme waren fest an den Oberkörper gepreßt.

»Wie war es?« fragte Anny.

»Unaufregend«, antwortete der Schläfer, grinste und schwang sich auf den Rücksitz.

»Wie unaufregend?«

»Er war nicht da.«

Mit quietschenden Reifen wendete Nabil den Wagen.

»Lieber Himmel«, stöhnte Anny.

Der Schläfer grinste weiter. »Wir haben also gewartet«, fuhr er nach einer Weile fort.

»Worauf?« fragte Anny genervt.

»Auf den Untersuchungsrichter.«

»Und?«

»Er kam nicht.«

»Das sagtest du schon.« Sein ewiges Grinsen ärgerte sie.

»Es war langweilig«, fuhr er fort. »Wir haben uns also im Büro umgesehen.«

»Das kann nicht aufregend gewesen sein.«

»Das wiederum würde ich nicht sagen.«

In der Ferne tauchten die Umrisse des *Grand-Hotel* auf. Die Feluken reisten wieder mit. Diesmal auf der rechten Seite.

»Was war denn daran so aufregend?« fragte Anny.

»Eine Akte auf dem Regal.«

»Ihr habt sie mitgenommen ...« Sie entspannte sich.

Vor dem Hotel brachte Nabil den Wagen zum Stehen. Andächtig drehte er den Schlüssel im Zündschloß, lehnte sich nach hinten und griff in den Halsausschnitt seiner Galabiya. Eine graue Mappe, verziert mit unzähligen Schmutzflecken und zusammengehalten von zwei breiten Gummibändern, kam zum Vorschein.

»Die Akte Al Durnhalmer«, sagte er.

Anny lächelte. Der Schläfer strahlte.

Als Nabil die beiden Bänder entfernte, fielen ein paar lose Blätter heraus. Sie waren leer.

»Scheiße«, sagte der Schläfer und stieg aus.

Wortlos gingen die drei nebeneinander in Richtung Hoteleingang. Der Türsteher eilte ihnen mit freundlichem Gesicht entgegen, aber sie beachteten ihn nicht.

Kurz vor dem Eingang blieb Nabil stehen. »Ich glaube, wir müssen woanders beginnen.«

Anny sah ihn fragend an.

»Im Hotel *Acropole*.«

⮞⮞⮞ ✸ ⮜⮜⮜

Nabil klang verärgert. »Er will nicht.«

Hilflos blickte Anny in der Hotelhalle herum. Der Schuhputzjunge trottete daraufhin heran. Nabil steckte ihm ein paar Münzen zu und vertrieb ihn wieder.

»Warum nicht?« fragte sie.

»Er hat keine Zeit.«

»Jeder Politiker hat Zeit für ein Interview.«

»Er ist kein Politiker. Er ist der Mahdi.«

»Das ist dasselbe.« Anny rieb sich die Schläfen. Nabil lehnte sich zurück und schloß kurz die Augen. Der Schuhputzer nahm offenbar an, er wäre eingeschlafen und schlich mit Unschuldsmiene an Anny heran. Nabil stand auf.

Kurz vor der Tür drehte er sich um und versprach, in ein paar Stunden wiederzukommen. Anny unterdrückte ein Gähnen, nickte und ging auf ihr Zimmer. Sie konnte nicht einschlafen, bestellte Tee und drehte dann am Fernsehgerät. Nur ein Kanal funktionierte. Er zeigte ständig dieselben Bilder, eine Art Blutoper, Kampfszenen, bei denen Soldaten in Stücke gerissen wurden, bevor sie hinter einem rosaroten Nebel verschwanden. Martialische Musik begleitete ihr Sterben.

Anny trat ans Fenster und blickte hinaus. Der Fernsehapparat dröhnte in ihrem Rücken.

Es klopfte. Der Kellner, der eine Kanne Tee und mehrere Tassen brachte, warf einen Blick auf den Apparat und nickte zufrieden. »Sahat el Fidaa«, sagte er.

»Was ist das?« fragte Anny.

»Das Feld des Opfers«, erklärte er stolz. »Turabis Kampf gegen unsere Feinde im Süden des Landes.«

Nabil stand plötzlich wieder in der Tür und steckte dem Mann ein paar Münzen zu, aber der rührte sich nicht von der Stelle.

Anny goß den Tee in die Tassen. »Kein Wunder, daß er keine Zeit hat, wenn er immer nur kämpft.« Sie blickte wieder zu dem Fernsehapparat. Soldaten schwenkten alte Schießprügel wie Trophäen durch die Luft. Die Szene erinnerte Anny an die Eisenstöcke, die auf die Köpfe der Demonstranten vor dem Hotel niedergesaust waren.

»Er führt einen Heiligen Krieg«, erwiderte der Mann.

Nabil suchte nach weiteren Münzen.

Mit neugierigem Blick sah Anny den Kellner an. »Gehört Prügeln auch zum Programm des Heiligen Kriegs?«

Ungeduldig schob Nabil den Mann zur Tür, der daraufhin gemächlich hinaustrottete, ohne sie zu schließen.

»Jeder führt hier Krieg«, sagte Nabil, schoß die Tür und schaltete den Fernseher aus. Sein Gesicht war angespannt.

Anny sah ihn an. »Du auch?«

»Anders. Ganz anders.«

Mit einem Ruck drehte sich Nabil um und ging ins Badezimmer. Anny hörte, wie er den Wasserhahn voll aufdrehte. Lautes Rauschen und Quietschen erfüllte den Raum.

»Hast du was erreichen können?« rief sie. Keine Antwort. Sie schlenderte zum Badezimmer.

Nabil stand in der Tür und rieb sich die Augen. »Sei nicht zu mutig«, sagte er mit belegter Stimme.

»Warum?« fragte Anny und sah ihn entgeistert an. Er ging zur Badewanne und drehte den Hahn weiter auf. Das Rauschen wurde noch lauter.

»Sie haben keinerlei Skrupel«, sagte Nabil.

Während das Wasser unaufhörlich floß, hob er Anny auf und trug sie zum Bett. »Du bist schwerer geworden.«

»Schwächling«, antwortete Anny.

»Gut, dann eben nicht.« Er setzte sie ab.

»Doch«, sagte sie.

»Nur wenn du aufhörst, mir zu widersprechen.«

»Niemals.«

Er faßte an die oberen Knöpfe ihrer Bluse und begann, einen nach dem anderen zu schließen. »Niemals, hast du gesagt?«

Anny schwieg.

Er öffnete die Knöpfe wieder. »Du mußt mir noch eine Frage beantworten«, sagte er. »Was ist das?« Er fuhr mit dem rechten Zeigefinger andächtig über Annys Stirn.

»Eine Narbe«, sagte sie.

»Das sehe ich.«

»Warum fragst du dann?«

»Wer war das?«

»Einer von denen, die keine Skrupel haben«, erwiderte Anny.

Unentwegt lärmte es aus dem Badezimmer, während das Bett bei jeder ihrer Bewegungen bedrohlich knarrte.

Vor dem Fenster wurde es dunkel.

Als Anny aus dem Bett stieg, trat sie in eine Pfütze. Sie hob ihre durchnäßte Bluse vom Holzboden, auf dem sich ein seichter See ausgebreitet hatte, lief ins Badezimmer und drehte den Wasserhahn zu.

Im Zimmer hörte sie Nabil zum Telefon greifen und wählen.

»Morgen?« fragte er, und nach einer Pause, »um wieviel Uhr?« Seine Stimme klang unnachgiebig. »Gut, wir warten auf Ihren Rückruf.«

Sie hörte, wie der Hörer auf die Gabel krachte.

➤➤➤ ✸ ➤➤➤

Mehrmals rief der Schläfer mit leidender Stimme an. Er sagte, er habe Hunger. Und Durst. Sie verabredeten sich in dem Restaurant im ersten Stock. Anny ließ Nabil vorgehen und verschwand in Richtung Seitengang. Der Schläfer kam ihr entgegen. Sie bat ihn, sein Zimmer aufzuschließen, ging hinein und ergriff den schwarzen Koffer. Dann trug sie das Satellitentelefon in ihr Zimmer und drehte den Schlüssel zweimal um.

Im Restaurant fehlten an zwei Fenstern die Gardinen und an allen Tischen die Gäste. Ein Kellner lehnte an der Tür zur Küche, leblos, als wäre er ein Teil der Einrichtung.

Anny hatte keinen besonderen Appetit. Sie starrte stumm auf die verkohlten Fleischstücke, die ihr der Kellner hingestellt hatte. Der Schläfer stopfte unwillig Fleisch und Brot in sich hinein. Er hatte Lust auf ein Bier. Es gab keins. Nur drei Flaschen mit warmer und klebriger Cola.

Das *Acropole* hatte erwartungsgemäß noch nicht zurückgerufen. Jedesmal, wenn sich die Schwingtür bewegte, blickten alle drei auf. Meistens war es nur der Kellner, der weitere Speisen, Reis, Bohnen und Salate, herbeibrachte. Einmal kamen vier Gestalten mit hochgeschlossenen Hemdkrägen und Bärten und setzten sich an einen Nebentisch. Anny beobachtete sie, bis die Männer sich erhoben und verschwanden.

»Die Reste von Turabis islamischer Konferenz«, kommentierte Nabil.

»Wer ist dieser Turabi?« fragte der Schläfer kauend.

»Ein intelligenter Mann«, erwiderte Nabil. »Sogar sehr intelligent.«

»So intelligent kann er nicht sein, wenn er so altmodisch herrscht«, sagte der Schläfer. Verärgert blickte er auf die Cola-Flasche.

Einer der krawattenlosen Männer kam zurück und sah Anny kurz mit leerem Blick an.

»Er ist überhaupt nicht altmodisch«, sagte Nabil. »Er ist sogar sehr fortschrittlich.«

»Jeder Diktator behauptet das«, warf Anny ein und sah herausfordernd in Richtung des Iraners. Der Mann schaute weg.

»Turabi ist anders. Er kennt den Westen«, erklärte Nabil, wobei seine Stimme wieder belegt klang. Der Mann am Nebentisch rutschte unruhig auf seinem Stuhl herum, sah auf seine Uhr und verschwand wieder.

»Woher?« fragte Anny.

»Er kennt ihn gut«, erwiderte Nabil nur. »Und er haßt ihn.«

Mit fliegenden Armen kam ihr Kellner angelaufen. »Miss!« keuchte er. »Telefooon!«

Anny folgte ihm hinunter in die Halle. Die vier Iraner standen am Empfang und wichen unmerklich zurück, als Anny sich neben sie stellte.

»Hallo«, sagte sie in den Hörer, den ihr der aufgeregte Kellner entgegenstreckte.

»Heeegel«, tönte es am anderen Ende.

»Guten Abend«, sagte Anny. Sie fand die Stimme des Konsuls ölig.

»Guten Abend«, antwortete er.

Sie lauschte.

»Jaaaa...« fuhr Hegel fort.

»Was ist?« unterbrach sie ihn.

»Sie haben ein Interview mit Seiner Exzellenz?«

»Wer ist das?« fragte sie zurück.

»Der Führer.«

»Wer?«

»Der Führer der islamischen Front. Hassan Turabi.«

»Ach, der.«

»Ein sehr wichtiger Mann.«

»Ich weiß.«

Die Gruppe entfernte sich in Richtung Ausgang. Anny blickte ihnen nach. Aus dem hinteren Teil der Halle tauchten verschleierte Frauen auf und tippelten mit kleinen Schritten den Männern hinterher.

»Was wollen Sie von ihm wissen?« fragte Hegel.

»Ob er es war, der meinen Kollegen umbringen ließ.« Anny hörte ein tiefes Keuchen am anderen Ende des Apparats. »Ist was?« fragte sie.

»Das Telefon wird abgehört«, flüsterte Hegel, als wäre ihm der Geheimdienst bereits auf den Fersen.

»Das wundert mich nicht.« Am anderen Ende stöhnte der Konsul.

»Machen Sie mir keine Schwierigkeiten«, flehte Hegel.

»Kann ich leider nicht versprechen«, antwortete Anny und legte auf. Als sie ins Restaurant zurückkehrte, waren Nabil und der Schläfer verschwunden.

Sie ging auf ihr Zimmer und drehte das Licht an. Nachdem sie den schwarzen Koffer auf das Fensterbrett gehoben hatte, öffnete sie ihn, hob die Platte aus dem aufgeklappten Teil und stellte sie auf. Sie betrachtete den Kompaß auf der Innenseite des Koffers.

Nordnordost zeigte er an.

Anny suchte eine Steckdose, schloß das Satellitentelefon an, kippte den Schalter am linken Rand des Apparats um und nahm den Hörer aus der Verankerung. Über den Drucktasten befand sich ein rechteckiges Sichtfenster. Ein grünliches Licht leuchtete darin auf, aber es regte sich nichts.

Sie schob die Platte weiter nach vorn, bis die Antenne hinaus auf den dunklen Himmel zeigte. Im Fenster des Hörers tat sich immer noch nichts.

Sie durchsuchte die Reisetasche. In einem Seitenfach fand sie die Gebrauchsanweisung für das Telefon und blätterte darin. Die Liste, die sie brauchte, befand sich im hinteren Teil des schmalen Buches.

Singapur
Slowakei
Somalia
Sudan

Hinter jedem Landesnamen standen kurze Anweisungen zum Anpeilen des Satelliten. Hinter dem Sudan waren es zwei.

Südsüdost (Indian Ocean)

Nordnordwest (North Atlantic)

Anny drehte die Antenne leicht nach links, woraufhin die Nadel im Kompaß zitterte und nach rechts wanderte.

Nordnordwest

Im Sichtfenster des Hörers blinkte es auf.

O.K.

Sie wählte die Nummer von Edward Brown und wartete. Ein heller, kurzer Piepton erklang. Die Verbindung funktionierte.

Brown hob sofort ab. »Haben Sie es sich nochmals überlegt?« fragte er.

Anny schwieg. Ihr Blick fiel aus dem Fenster. Zwei Schatten, die wie Nabil und der Schläfer aussahen, spazierten entlang der Uferstraße und redeten miteinander. »Ja«, sagte Anny.

»Das freut mich.«

»Der Artikel ist nur für Ihr Institut?«

»Nur für den Hausgebrauch.«

»Und nur über die Arbeit der Journalisten in Afghanistan?«

»Nur darüber.«

Anny atmete tief durch. »Wer ist Hassan Turabi?« fragte sie.

Am anderen Ende blieb es still. Anny versuchte sich Browns Gesicht vorzustellen. Der Stimme nach zu schließen, mußte er ungefähr fünfzig sein. Mager. Ein Kettenraucher. Und nicht unintelligent.

Das hatte er Anny bereits dreimal bewiesen. Brown hatte ihr am Telefon viel erzählt. Zweimal zu Bosnien. Einmal zum Nahen Osten. Alles brauchbare Sachen.

Schon der britische Kollege, der Anny die Nummer des Chefs des Londoner Instituts für Politische Studien gegeben hatte, war deutlich genug gewesen. Er weiß alles, hatte er gesagt. Manchmal merkt man das. Manchmal nicht. Anny hatte verstanden. In der Sekunde.

Entferntes Tippen war zu hören, bevor Brown wieder zu erzählen begann. Turabi sei 1955 nach Oxford gekommen. Später ging er an die Pariser Sorbonne. Am Ende seiner Ausbildung in Europa war er, wie so viele seiner Studienkollegen, ein Gegner des Westens und ein überzeugter Marxist. Der damalige sudanesische Militärdiktator, General Numeiri, war ein Mann der Amerikaner, Turabi hingegen ein Revolutionär, aber einer von der zurückhaltenden Sorte. Drei Jahre nach dem Sturz des Generals, im Jahre 1989, nahm er an einem Putsch teil, blieb aber im Hintergrund. Offiziell hielt er kein Amt inne. Er war der Führer der einflußreichen »Nationalen Islamischen Front«, die ihre Ohren überall hatte. Das genügte.

Anny spähte aus dem Fenster. Nabil und der Schläfer waren noch da.

»Ist er so intelligent, wie man sagt?« fragte Anny.

Brown lachte. »Er ist der intelligenteste Terrorist des Jahrhunderts.«

»Kaum zu glauben.«

»Doch«, fuhr Brown lachend fort. »Das hat er mit der Auslieferung von Ilias Sanchez, genannt Carlos, vor zwei Jahren bewiesen. Turabi hat ihn jahrelang beherbergt, um ihn dann eines schönen Tages den Franzosen zu übergeben.«

»Und was hat das mit Intelligenz zu tun?«

»Er sicherte sich damit das Wohlwollen des französischen Innenministers. Seither darf er die Fundamentalisten in Algerien ungestört unterstützen.«

Brown machte eine Pause. Er schien etwas in einen Computer zu tippen. »Die Fundamentalisten sind die neuen Freunde des ehemaligen Marxisten Turabi.«

»Alle Fundamentalisten?«

»Alle.«

»Auch die saudischen, die pakistanischen und die afghanischen?«

»Wie kommen Sie darauf?« fragte Brown.

»Nur so«, erwiderte Anny.

Sie sah wieder hinaus. Die beiden Männer waren verschwunden. »Haben Sie weitere Beweise für seine Intelligenz?« fragte sie.

»Den Sicherheitsapparat«, antwortete Brown.

»Was ist an dem so intelligent?«

»Er hat ihn völlig umgebaut. Alle wichtigen Stellen sind mit Leuten besetzt, die im Westen studiert haben.«

Nochmals blickte Anny hinaus. Die Uferstraße blieb leer. »Alle?« fragte sie.

»Alle«, erwiderte Brown. »Vor allem mit den *old boys*, ehemaligen Studenten aus Oxford.«

Es klopfte an der Tür. Anny verabschiedete sich schnell.

Es war der Türsteher. Mit einem allwissenden Blick reichte er ihr ein Tuch aus feinem Stoff.

»Nabil«, sagte er stolz.

Anny blickte zuerst auf das Geschenk, dann auf den Mann. Sie nahm ihm das Tuch aus der Hand. Als sie versuchte, die Tür wieder zu schließen, merkte sie, daß er seinen Fuß in den Türrahmen gestellt hatte.

»Was ist?« fragte sie unwirsch.

»Bakschisch?« antwortete der Türsteher.

Anny griff nach ihrer Tasche, kramte nach einer Dollarnote und fand keine. Sie nahm ihren Kugelschreiber vom Tisch. Ein bunter Stift, das Werbegeschenk des Senders. Sie streckte ihn dem Türsteher hin, dessen Gesicht sofort zu leuchten begann. Die Tür fiel ins Schloß. Anny ging zum Fenster und warf das Tuch hinaus.

17. Kapitel

Nabils Anruf weckte sie. Es war noch nicht einmal sieben. Der Termin für das Interview sei um acht, sagte er. Er habe den Schläfer bereits alarmiert und werde sofort zum Hotel kommen. Anny gähnte und stieg schlaftrunken aus dem morschen Bett. Unten in der Halle streckte ihr der Schläfer, der bestens gelaunt war, die geschlossene Faust hin.

»Mach auf«, sagte er fröhlich.

»Was ist das?« murmelte Anny und griff nach seiner Faust, die sich in Zeitlupe öffnete. Nabils Geschenk lag darin.

»Hat der Türsteher gefunden. Es muß dir aus dem Fenster gefallen sein«, sagte der Schläfer mit wissender Miene.

In der Tür erschienen die Umrisse einer Galabiya, Nabil. Anny griff nach dem Tuch und versteckte es in ihrer Tasche.

Sie war jetzt hellwach.

Sie verstauten das Stativ und den Aluminiumkoffer mit den Lampen im Wagen und fuhren los. Anny rollte sich auf dem Rücksitz ein. Nabil warf nur einmal einen unauffälligen Blick nach hinten.

Es wurde zehn. Dann elf, und sie warteten noch, gegen die frisch gestrichenen Wände des Korridors im siebten Stock des Hotels *Acropole* gelehnt. Offenbar kannte keiner im Reich des Hassan Turabi die Eile. Jedenfalls nicht die verschlafene Schar, die irgendwann aufgetaucht war. Schwerbewaffnete Jugendliche, fast Kinder. Mit trägen Bewegungen hatten sie die Kameraausrüstung durchsucht. Gleich mehrmals. Vor allem die Batterien waren ihnen verdächtig gewesen.

Der Schläfer hatte alle Mühe, sie von deren Ungefährlichkeit und Notwendigkeit zu überzeugen. Anny hatte sicherheitshalber auch das Carnet mitgebracht, aber niemand wollte in das Heft schauen.

Nach der ausführlichen Kontrolle der Technik zog ein Junge, der ständig mit seinem Gewehr spielte, Nabil diskret in eine Ecke. Anny warf er einen mißtrauischen Blick zu. Sie ahnte, worum es ging. Nach dem Ende des Gesprächs war das Problem offenbar gelöst. Sie blieb ohne Kopfbedeckung.

Eine weitere Stunde später tauchte der Mann auf, den sie schon einmal vor dem Ministerium getroffen hatten. Er ging auf Nabil zu und küßte ihm wieder mehrmals die Wangen. Sein Anzug war gut geschnitten. Die Krawatte dezent.

»Verzeihen Sie«, sagte er in feinstem Englisch, »es wird noch etwas dauern.« Seine Stimme klang auffallend weich und sanft.

Anny fragte sich, welcher Eliteuniversität er seine makellose Aussprache verdankte und folgte ihm in ein Zimmer. An der gegenüberliegenden Wand befand sich eine Tür, die in ein weiteres Zimmer führte. Sie war geschlossen. Eine Sitzgruppe in einer Ecke schien die britische Kolonialzeit genauso schlecht überlebt zu haben wie die Möbel im *Grand-Hotel*. Sie sah trostlos aus.

»Sie hatten die beste Visitenkarte«, sagte der sanfte Mann, blickte auf Nabil und bedeutete ihm mit einer Handbewegung, Platz zu nehmen. Ein Jugendlicher schlurfte mit einigen übervollen Teegläsern herbei. Als er sie auf einen Hocker stellte, fiel das Gewehr, das er umgehängt hatte, zu Boden. Der Sanfte schien unangenehm berührt zu sein.

»Erzählen Sie mir von Ihrem Sender«, sagte er schnell.

»Da gibt es nicht viel zu erzählen«, antwortete Anny. »Man nennt ihn das Ministerium für keine Information.«

»Wir nennen unser Fernsehen Ministerium für Desinformation«, erwiderte er.

Alle lachten. Anny dachte an die Blutoper im sudanesischen Fernsehen und fand, daß er recht hatte.

Eine Stunde später öffnete sich die Tür und sie wurden hereingebeten. Hassan Turabi saß seelenruhig hinter einem mächtigen Schreibtisch. Anny ging auf ihn zu und streckte ihm die Hand hin. In diesem Moment wandte er sich dem Sanften zu. Anny ließ die Hand wieder sinken.

Sie sah den Messias prüfend an.

Er hatte ein feingeschnittenes Gesicht, beinahe faltenlos und ohne jede Regung. Nicht einmal seine Augenlider zuckten, während er dem Sanften zuhörte. Von Zeit zu Zeit strich er sich über seinen Bart. Keine unschöne Geste. Wie in Trance.

Irgendwann schien Turabi aus seinem Traum zu erwachen und streckte Anny die Hand hin. Er lächelte. Nichts schien ihn zu stören. Nicht einmal ein unbedeckter Frauenkopf.

Während der Schläfer mit bewährter Gleichgültigkeit Scheinwerfer, Stativ und Kamera aufbaute, unterhielt sich Turabi mit Nabil. Unauffällig spähte Anny in ihre Richtung. Der Sanfte trat in ihr Blickfeld.

Er bat sie um die Fragen. Sie schüttelte gerade den Kopf, als der Schläfer sich dazwischendrängte, um Anny ein Mikrophon anzustecken.

Turabi hatte seines schon an seinem blütenweißen Hemd. »One, two, three«, sagte er in den schwarzen Knopf mit dem Schaumgummiüberzug.

Sein Englisch war perfekt. Der Sanfte verzog sich hinter Annys Rücken.

Sie begann. »Herr Turabi, mein Kollege ist in Ihrem Land ermordet worden.«

»Ich habe davon erfahren und bedauere diesen Zwischenfall«, antwortete er leise. »Ich habe angeordnet, über die Untersuchungen auf dem laufenden gehalten zu werden. Ich versichere Ihnen, daß die Täter gefunden und bestraft werden.«

Mit unbewegtem Gesicht hörte Anny ihm zu. Sie unterbrach ihn nicht.

»Unser Land ist ein armes, unterentwickeltes Land. Es

steht erst am Beginn seiner eigenen Geschichte. Sie wurde bisher nur vom Westen geschrieben. Dieser Prozeß ist schwierig. Er hat viele Feinde. Wir wissen, unsere Gegner versuchen, uns mit allen Mitteln zu schwächen. Sie wollen nicht, daß wir unsere wahre Unabhängigkeit bekommen.«

»Das war nicht meine Frage, Herr Turabi«, sagte sie.

»Ich komme noch zu Ihrer Frage.« Er machte eine Pause.

Sie glaubte zu merken, wie er die Stille genoß. Seine Stille.

Aus den Augenwinkeln beobachtete Anny den Sanften, der sich gegen einen Wandschrank gelehnt hatte. Er blickte zufrieden auf seinen Herrn.

Turabi fuhr fort. »Wenn Sie die Geschichte unseres Landes kennen, und ich nehme an, Sie kennen sie, dann wissen Sie, daß nicht wir die Angreifer sind, sondern die andere Seite. Ausländische Kräfte versuchen uns zu schaden. Wir haben Anzeichen dafür, daß auch Ihr Kollege Opfer dieser fremden Machenschaften geworden ist.«

Anny unterbrach ihn. »Haben Sie Beweise dafür?«

»Die Beweise werden wir Ihnen bald vorlegen können. Aber Sie müssen verstehen, in unserem Land herrscht Krieg. Und wie jeder Krieg zeiht auch dieser Kampf alle möglichen Kräfte an. Ihr Kollege ist wahrscheinlich Opfer von kriminellen, ausländischen Elementen geworden.« Er dehnte das Wort *ausländisch* wie ein Stück Gummi.

»Herr Turabi«, sagte Anny ähnlich gedehnt.

Ja? schienen seine Augenbrauen zu fragen.

»Ihre Behörden halten bereits alle Beweise in Händen.« Anny schwieg, um die Wirkung ihrer Worte voll auszukosten.

Er fragte sie wieder mit Hilfe seiner Augenbrauen.

»Es gibt einen Film von der Ermordung. Die Militärs haben ihn sichergestellt«, sagte sie.

»Das ist mir nicht bekannt«, antwortete er.

»Ich dachte, man hält Sie auf dem laufenden?«

»Ich dachte das auch.« Er lächelte.

Anny drückte ihr Kreuz durch. Eins zu null für Turabi. Dann eröffnete sie die nächste Runde. »Die Behörden«, fuhr sie fort, »führen also Untersuchungen, über die auch Sie, obwohl Sie angeordnet haben, auf dem laufenden gehalten zu werden, nicht informiert sind.«

»Sie halten sich nur an die Gesetze«, erwiderte er. Nichts in seinem Gesicht bewegte sich.

»Gehört es zu Ihren Gesetzen, Journalisten bei ihren Recherchen zu ermorden?«

»Ich sagte Ihnen schon, daß wir die Täter finden und bestrafen werden.«

Annys Ton wurde härter. »Obwohl der wichtigste Beweis, die Aufnahmen von der Ermordung verschwunden sind?«

»Wenn dieser Beweis existiert«, entgegnete er schnell, »werden wir ihn finden.«

Spannung legte sich über den Raum. Anny drehte sich zur Seite. Der Sanfte war offenbar hinter ihren Rücken gewandert. Turabi legte die Hände auf den Tisch.

Sie beugte sich leicht vor. »In Ihrem Land werden nicht nur Journalisten umgebracht. Auch Ihre politischen Gegner«, sagte sie.

»Ich sagte Ihnen schon, in unserem Land herrscht Krieg.«

»Und welche Rolle spielen Sie in diesem Krieg?«

»Keine besondere. Ich bin nur ein Diener Allahs.« Bei diesen Worten lehnte sich Turabi nach hinten, wobei er den Kopf hob.

Er ist vielleicht auf der Suche nach seinem Gott, dachte Anny. »Man sagt, Sie seien mehr als nur ein Diener. Sie seien der wahre Herr des Sudan.«

»Wer der wahre Herr des Sudan ist, hat keinerlei Bedeutung. Unser Land hat sich entschieden, den Weg, den Allah den Gläubigen vorgegeben hat, zu gehen.«

Sie unterbrach ihn. »Hat er Ihnen auch vorgegeben, gesuchte Terroristen zu beherbergen, wie Carlos, der in Ihrem Land jahrelang Unterschlupf gefunden hat?«

Wieder suchte Turabi seinen Gott. »Unsere Haltung gegenüber dem Terrorismus ist bekannt. Wir verurteilen jede Gewaltanwendung gegen Unschuldige.«

»Gegen alle Unschuldigen?«

»Ja.«

»Auch gegen Ungläubige?«

Er zögerte nicht länger als einen kurzen Augenblick. »Ja.«

»Auch gegen ungläubige Journalisten wie meinen Kollegen?«

Turabi rückte vor und legte seine Arme auf den Tisch. »Wir bedauern den Tod Ihres Kollegen zutiefst. Das habe ich Ihnen schon gesagt«, erwiderte er.

»Verurteilen Sie seine Ermordung?«

»Wir haben das Ihrem Konsul gegenüber bereits getan.«

»Er hat Ihre Verurteilung der Tat nicht bekommen«, log Anny.

Hegel hatte von keinem Schreiben erzählt. Ein Brief »Seiner Exzellenz« hätte ihn sicherlich beeindruckt.

Langsam zog Turabi seine Hände vom Tisch. »Wir haben in der Vergangenheit bereits viele Terrorakte verurteilt. Unsere Haltung zu diesem Thema ist bekannt.«

Ein Gefühl der Genugtuung erfaßte Anny. »Wenn Sie bereits viele Terrorakte verurteilt haben, dann wäre es doch ein Leichtes für Sie, auch den Tod meines Kollegen zu verurteilen. Tun Sie mir den Gefallen!«

Er zögerte. Die Spannung stieg. »Wenn es Ihnen Freude bereitet, gern«, entgegnete er noch leiser als zuvor. »Natürlich verurteilen wir den Mord an Ihrem Kollegen.«

Anny verstand ihn kaum und beugte sich weiter vor, aber Turabi stand schon auf.

Als sie sich umwandte, sah sie, wie der Schläfer bereits dabei war, die Kamera vom Stativ zu heben. Sie schien zu klemmen. Er drehte sie und hantierte an ihr herum, bis er es schließlich aufgab und die Scheinwerfer zusammenklappte. Er warf sie, ohne die Kabel einzurollen, in den Koffer.

Turabi hatte sein Ansteckmikrophon bereits abgenommen, auf den Tisch gelegt und seine edlen Züge in einige Blätter Papier vertieft. Anny schien für ihn nicht mehr zu existieren.

»Herr Turabi«, sagte sie.

Er sah kurz auf.

»Wer führt die Untersuchungen in dem Mordfall an meinem Kollegen?«

»Das Innenministerium«, antwortete er.

Der Sanfte deutete zur Tür. Anny folgte ihm, drehte sich aber noch einmal um. Gelassen blätterte Turabi weiter in seinen Papieren. Der Schläfer war weiter mit seiner klemmenden Kamera beschäftigt.

Das Vorzimmer war voll. Drei krawattenlose Iraner aus dem *Grand-Hotel* saßen in der imperialen Sitzecke. In einer anderen Ecke diskutierten mehrere Männer dunklerer Hautfarbe mit einer kleingewachsenen Gestalt, die mit dem Rücken zum Raum stand. Sofort ging der Sanfte auf die Gruppe zu.

Langsam rollte Anny ein Kabel auf, das ihr der Schläfer, der inzwischen Turabis Zimmer verlassen hatte, gereicht hatte. Nabil stand in einer Ecke, das Stativ unter dem Arm. Der Schläfer hielt die Kamera und stellte sich neben ihn. In der Ecke hörte Anny ein grimmiges Lachen. Sie sah genauer hin. Die kleine Gestalt zeigte nur den Rücken.

Der Sanfte verließ die Gruppe, kam auf Anny zu und streckte ihr die Hand entgegen, unverändert freundlich.

»Haben Sie alles verstanden?« säuselte er.

Sie lächelte ihn freundlich an. »Was gab es da zu verstehen?«

Die Gruppe aus der Ecke ging auf Turabis Zimmer zu.

Die kleine Gestalt drehte sich um, ein älterer Mann, der einen gutgeschnittenen Anzug aus feinem anthrazitfarbenem Garn trug. Den Kopf hielt er gesenkt. Nur eine Sekunde lang blickte er flüchtig auf. Anny sah in das Gesicht. Es sah fahl und gelblich aus wie das Gesicht eines Leberkranken. Sie blieb überrascht stehen.

➢➢➢ ✹ ➣➣➣

Niemand sprach auf der Fahrt zurück ins Hotel. Nabil nicht, weil er mit einem Lastwagen zu tun hatte, der ständig auf der linken Spur fuhr und den Landrover bedrohte. Der Schläfer stöhnte auf dem Rücksitz. Anny drehte sich um und warf ihm einen fragenden Blick zu.

Die Dunkelheit kroch schon in die Stadt der Paläste und begleitete sie zurück ins Hotel. Nabil parkte den Wagen quer über dem Gehsteig. Sie stiegen aus.

Beflissen hielt der Hüter des Eingangs die Tür auf und wartete, bis sie Kamera, Stativ und Aluminiumkoffer in die Halle gebracht hatten.

»Gehen wir essen?« fragte Anny. Sie spürte ihren leeren Magen.

»Ich nicht«, sagte der Schläfer müde. Der Klang seiner Stimme war irgendwie hohl. Anny horchte auf.

Er hinkte zur Sitzecke in der Halle und ließ sich fallen.

Bevor sie ihm folgen konnte, faßte ein Angestellter sie am Arm, deutete zum Empfang und drängte sie mit einem Wortschwall zu gehen. Ein Stück Papier lag da. Eine Telefonnummer stand fein säuberlich darauf geschrieben, aber ohne Namen. Unter der Nummer waren lediglich ein paar Worte. Kaum zu entziffern.

Cal pack, eny tame.

Es mußte Hegel sein, der sich um seinen Ruf sorgte. Achtlos steckte Anny den Zettel in die Tasche. Sie ging zur Sitzgruppe zurück. Der Schläfer war völlig in sich zusammengesunken.

Anny näherte sich ihm. Er sah sie nicht an, sondern winkte nur den Türsteher herbei und bat um Tee. Dann verschränkte er die Arme.

»Was ist los?« fragte Anny nach einer Weile.

Es war keine angenehme Stimme, die ihr antwortete. »Warum tust du das?«

»Warum tue ich was?« fragte sie.

»Warum führst du Interviews, als wärst du im Krieg?« fragte er angriffslustig.

»Soll ich Turabi etwa die Füße küssen?«

»Zwischen Küssen und Keifen liegt der Atlantik.« Er schrie fast.

Sie atmete tief durch und betrachtete ihn von der Seite. »Ich mußte ihn nach dem Film fragen.«

»Du mußt den Film bekommen«, erwiderte er. »Das ist nicht dasselbe.«

Anny schwieg.

Er setzte wieder an, stockte, überlegte, und stieß schließlich unwillig hervor: »Glaubst du, irgend jemand wird nach diesem Interview noch mit dir reden? Geschweige denn einen Mikrofilm herausrücken?« Er war in Fahrt gekommen. »Laß mich nicht dabei sein, wenn sie dich umlegen!«

Anny blickte zum Tisch. Nabil wartete dort. »Beruhige dich«, sagte sie. »Es wird uns schon nichts passieren.«

Der Schläfer schüttelte nur den Kopf, woraufhin der Türsteher, der soeben angelaufen kam, wieder umdrehen wollte. Mit einem Murren winkte der Schläfer ihn heran. Gierig trank er das dampfende Glas in einem Zug aus, erhob sich und ließ Anny stehen.

Der Schläfer ging auf Nabil zu, redete kurz auf ihn ein und nickte mehrmals. Beide verschwanden im Treppenaufgang.

Anny blickte ihnen nach. Der Gang des Schläfers war plötzlich anders. Zu aufrecht.

Voller Energie.

Kurz darauf kehrte der Schläfer zurück und packte seine Kamera, die er, an die Empfangstheke gelehnt, zurückgelassen hatte. Er schaltete sie ein und drückte einen der Knöpfe auf dem Rücken der Kamera. Die Kassette sprang heraus. Er steckte sie unter den Arm und ging erneut zum Treppenaufgang. Er nahm zwei Stufen auf einmal.

Anny stand auf.

Genauso war er in Salvador die Treppe hinaufgelaufen. In die Bar des *Camino Real*, wo Abend für Abend seine Freunde, zwei glatzköpfige Militärs, schon seiner harrten. Die verlockende Schönheit hinter der Theke versorgte ihn mit Whiskey. Seine Saufbrüder mit Stoff. Heroin.

Eines Morgens war er nicht aus dem Zimmer gekommen. Anny brachte ihn in die Klinik und zahlte zweitausend Dollar Schmiergeld an die Armee, damit sie ihn ohne Anklage aus dem Land ließen. Diktaturen lieben keine schwachen Menschen.

Schon bei der Ankunft am Flughafen von Khartum hatte sich Anny an Salvador erinnert. Als die Zollbehörden den Koffer mit dem Satellitentelefon umschlichen. Er war nicht das einzig Ungewöhnliche in ihrem Gepäck. In der Reiseapotheke des Schläfers befand sich eine Großpackung Methadon. Jedenfalls hoffte Anny, daß der Schläfer sie dabeihatte. Die zwei Entziehungskuren hatten ihm kaum geholfen.

Erschöpft lehnte sich Anny gegen die Theke. Der Schlüssel wanderte aus der Hand des lächelnden Angestellten in ihre, aber sie rührte sich nicht. Einen, zwei Momente lehnte sie da. Der Angestellte versuchte, sie nicht zu beobachten.

Ein Geräusch ließ sie hochschrecken.

Nabil stand neben ihr. »Er ist bald wieder in Ordnung«, sagte er.

Sie sah ihn an. »Ihm fehlt eben die Disziplin eines Absolventen aus Cambridge.«

»Oxford«, sagte er. »Ich war in Oxford.«

Anny ließ ihn stehen.

Ihr Zimmer war noch trostloser als sonst. Kleidungsstücke lagen herum. Das Personal hatte den Holzboden kaum aufgewischt, er war noch feucht.

Draußen sang ein Muezzin. Die einzige Begleitung für eine einsame Nacht.

Anny sammelte die leeren Teegläser ein.

Vielleicht hatte der Schläfer recht. Vielleicht hatte der verdammte Mikrofilm in der Schublade des Schreibtischs bereitgelegen. Bitte, Frau Bonner, hier ist der gewünschte Mord. Ein wahres Märchen. Seien Sie doch nur nicht so widerspenstig. Gefügiger. Angenehm.

Anny ging um den Tisch herum. Einmal. Zweimal. In seinem Zimmer stürzte der Schläfer inzwischen in ohnmächtige Tiefen, und Nabil fuhr seelenruhig nach Hause.

Wo ist er eigentlich zu Hause? Der Fälscher, der mit einem Tennisausweis die Militärs täuscht?

Sie schaltete das Licht aus, Dunkelheit legte sich auf ihre Augen.

»Bring den Mikrofilm«, hatte Stalin verlangt. »Bring mir ein Interview mit Turabi«, hatte er nicht verlangt. Da er über das beste Gedächtnis verfügte, ahnte Anny schon, wie unbeeindruckt seine Stimme klingen würde, wenn sie mit dem Messias und ohne Mickey Mouse zurückkehrte.

Hassan Turabi interessiert mich nicht.

Ebensowenig wie Algerien.

Anny schaltete die Nachttischlampe an, dann griff sie nach ihrer Tasche und suchte nach dem Stück Papier mit der Telefonnummer. Sie sah auf ihre Armbanduhr. 0 Uhr 40. Eine späte Stunde.

Auf dem Bett sitzend zog sie den Hotelapparat zu sich. Die Wählscheibe war gelockert. Nachdem sie den Hörer abgehoben hatte, war nur ein hoher Ton zu hören, der wie die Sirene einer Feuerwehr klang. Sie legte den Hörer auf die Gabel und versuchte es noch einmal. Erst beim fünften Abheben bekam sie ein Freizeichen. Sie wählte. Der Muezzin hatte aufgehört zu klagen. Lange blieb es still, bis sich eine aufgeregte Stimme meldete.

»Hallo. Hallo. Hallo ...«

Anny zuckte zusammen. »Was machst *du* hier?« antwortete sie unter Anspannung all ihrer Kräfte.

»Urlaub.«

Die Stimme klang wie ein aufgezogenes Spielzeug, das nie zur Ruhe kommt. Ärger überfiel Anny über ihre eigene Schlaflosigkeit. »Wie originell«, sagte sie trocken.

»Gehen wir frühstücken?« Der Vorschlag kam wie aus der Pistole geschossen. »Um sieben?«

»Wir gehen Mittagessen, Richard«, erwiderte Anny. »Um eins.«

18. Kapitel

Am nächsten Morgen meldeten sich weder Nabil noch der Schläfer, und Anny blieb auf ihrem Zimmer. Das geschlossene Fenster hielt den Ansturm der Hitze kaum ab. Anny duschte zweimal und ging um Viertel vor eins hinunter in die Hotelhalle. Ein aufgeregter Richard wartete schon. Er empfing sie mit einladendem Grinsen und führte sie zu einem schwarzen Mercedes.

Als der Chauffeur ihr die Tür zum Rücksitz mit beiden Händen öffnete, merkte Anny, daß der Wagen gepanzert war. Der freundliche Schwarze blieb lächelnd stehen, bevor er sich auf den Fahrersitz schwang. Die schwere Tür fiel langsam ins Schloß. Richard saß schon auf dem Platz hinter dem Fahrer.

Sie fuhren in Richtung Osten der Stadt, vorbei an nur wenigen Militärkontrollen. Entlang der Straße standen hohe Mauern, die die Sicht auf Villen versperrten, in denen einmal Beamte des British Empire ihren Reichtum versteckt hatten. Arabische und westliche Botschafter sowie Geschäftsleute, angelockt von Turabis Krieg gegen den Südsudan, hatten sie abgelöst.

An den Zufahrten zu den Häusern hockten weißgekleidete Gestalten in der Hitze, deren Augen dem Mercedes sehnsüchtig folgten. Richard strafte sie mit Nichtachtung. Er redete. Unaufhörlich.

Die ersten Minuten seines Monologs galten dem miserablen Service im *Grand-Hotel*, dann kamen die holprigen Straßen an die Reihe und schließlich die staubige Luft. Die Frage, was für ein Schmerzensgeld er für sein Siechtum verlange, brannte Anny auf der Zunge, aber sie schwieg.

Erst als der Fahrer ruckartig bremste und die Tür öffnete,

um einen Alten zu verjagen, dessen Karren ihre Fahrt behinderte, gönnte Richard der Welt draußen einen ersten Blick. Er verstummte. Anny war erleichtert.

Seine Geschäftigkeit, die nicht einmal regelmäßige Besuche beim Psychiater bremsen konnten, war unverändert, seit sie einander zum letztenmal gesehen und gestritten hatten. Im üblichen Rahmen, bei Lizas Geburtstagsessen.

Richard Gershy gehörte eben, wie er bei dem Essen im Kreise von Familie und Freunden stolz hinausposaunte, zu jenen Menschen, die »nicht völlig gesund« waren. Tiefe Schlaflosigkeit zählte zu seinen unheilbaren Krankheiten. Anny kannte niemanden, der zu jeder beliebigen Tages- und Nachtstunde so frisch und unverbraucht klingen konnte. Es war enervierend.

Richard drückte die Wagentür auf und stürzte mit einem Aufschrei hinaus. Anny beobachtete, wie er den Alten mit dem Karren erbarmungslos beschimpfte. Dessen gekrümmter Rücken wurde noch runder.

»Was für eine Rücksichtslosigkeit«, sagte Richard, als er hochzufrieden zum Wagen zurückkehrte. Der Fahrer folgte ihm mit.

Mit quietschenden Reifen preschte der Mercedes weiter. Der Alte mußte fast in den Graben. Nur einige Straßen weiter fuhren sie auf eine Einfahrt zu. Zwei Männer standen Wache. Sie öffneten das Tor, nachdem sie ihre uralten Schießprügel an die Mauer gelehnt hatten. Einer der beiden lief neben dem Wagen einen gekiesten Weg entlang bis zu einem Gebäude, rechteckig und mit grauweißen Fassaden. Der Chauffeur blickte sich fragend um, und der Mann wies ihn neben einen anderen Mercedes ein. Als Richard ausstieg, salutierte der Wachtposten, aber Richard beachtete ihn kaum. Anny bekam nur ein Nicken.

In der Villa war es angenehm kühl. Die Klimaanlage funktionierte perfekt. Ein weitläufiger Raum lag zur Linken, während am Ende des Gangs das blitzblaue Wasser eines Swimmingpools durch eine geöffnete Terrassentür zu erkennen war. Dahinter lagen zwei Tennisplätze.

Von einem Tisch am Fenster des weitläufigen Raumes blickten mehrere Augenpaare überrascht auf, als sie eintraten. Richard deutete auf einen Tisch in einer entfernten Ecke, während ein Mann in einer weißen Jacke ihnen unter leisem Protest folgte. Unsicher verschwand er wieder.

Anny sah sich um. Es mußte der *American Club* sein. Während des Flugs von Kairo nach Khartum hatte der Schläfer, offenbar mit dem Hintergedanken, die bevorstehende alkoholfreie Diät zu unterbrechen, von den privaten Clubs in Khartum geschwärmt. Die Briten hatten den besten in der Stadt, den *Sudan Club*. Er besaß einen ausgezeichneten nubischen Koch und einen französischen Weinkeller. Bei den Amerikanern bekam man hingegen Gin und brauchbaren kalifornischen Cabernet.

Ein dicklicher Mann in einem engsitzenden Anzug mit zu kurzen Hosenbeinen wackelte heran. Richard griff in die Brusttasche seines maßgeschneiderten Tropenhemdes und wedelte mit einem Ausweis. Seinem amerikanischen Paß.

»Great.« Der übergewichtige Amerikaner nickte und verschwand wieder. Einer vom Fenstertisch rief ein fröhliches Hallo in ihre Richtung. »Ein Waffenhändler«, murmelte Richard verächtlich, nachdem er hocherfreut zurückgeschrien hatte.

Nach den zahlreichen Cola-Flaschen auf dem Tisch zu schließen, waren es ebenfalls Amerikaner. Amerikanische Waffenhändler. Zu Richards Freundeskreis gehörte nur das Feinste.

Auf dem sauberen Tischtuch vor ihnen warteten bereits Teller, Besteck und Weingläser.

»Keine schlechte Adresse«, sagte Anny.

»Ein Geheimtip«, meinte Richard lakonisch.

Sie bohrte nicht weiter.

Richard legte wieder los. »Du recherchierst den Tod deines Kollegen?«

»Woher weißt du das?«

»So was spricht sich herum in einer kleinen Stadt wie Khartum.« Er zeigte ihr sein allerschönstes Grinsen.

»Spricht sich auch herum, daß Turabi an seinem Tod schuld ist?«

Seine künstliche gute Laune mahnte sie zur Vorsicht, obwohl sie insgeheim froh war über die Abwechslung.

»Turabi«, sagte er gedehnt.

Während er den Namen genüßlich auf der Zunge zergehen ließ, stellte der Mann mit der weißen Jacke Teller mit gebratenen Auberginen, zerkochten Bohnen, dunklen Oliven, Salat und Kichererbsenbrei hin. Richard brach ein Stück aus dem warmen Brotfladen und steckte es mit etwas Brei in den Mund. Nachdem er sein Piratenkinn verzogen hatte, bellte er nach dem Kellner.

»Einen Hamburger«, befahl er. »Medium. Und Wein. Dieselbe Marke wie letztes Mal.«

Der Kellner verschwand.

Anny aß.

Ungeduldig trommelte Richard mit den Fingern auf den Tisch.

»Dein Kollege ist selbst schuld an seinem Tod gewesen«, erklärte er hastig. »Nicht Turabi.«

Anny aß unbeeindruckt weiter.

Sie lächelte ihn an. »Und was führt dich hierher?« fragte sie schließlich.

»Urlaub«, antwortete Richard.

»Das hast du schon einmal gesagt.«

»Nichts als ein kurzer Urlaub.« Er lehnte sich zurück und rieb sich die Oberschenkel. Der Diener eilte mit einer Karaffe Wasser und einer Flasche Rotwein heran. Kalifornischer

Cabernet, wie erwartet. Richard goß das Glas halb voll, kostete, nickte gnädig und füllte beide Gläser. Seine Hände zitterten leicht. Er war nervös. Trotz seiner Fröhlichkeit.

Anny zog ihr Weinglas zur Seite und bat den Kellner um ein Glas für das Wasser. Sie wollte einen klaren Kopf behalten.

»Hat Liza dir nicht erzählt, was ich derzeit mache?« fragte er, wobei er sich zurücklehnte.

Anny sah Richard an. »Nur, daß sie dich verlassen hat.«

»Unsinn«, erwiderte er. »Sie hat sich längst wieder mit mir versöhnt.« Er nahm einen Schluck. »Sie liebt mich doch so sehr.«

Anny räusperte sich. »Was machst du also derzeit?«

»Ich arbeite für Hodrum«, sagte Richard. »Ich bin sein Berater.«

»Nicht sein Urlaubspartner?« fragte Anny. Sie fuhr nochmals mit einem Stück Brot in das Bohnengericht.

»Wieso?«

»Er ist auch hier. Weißt du das nicht?«

Richards Blick versank in dem Tischtuch. Er schwieg.

»Ich habe ihn gesehen«, fuhr Anny genüßlich fort. »Er hatte einen Termin bei Turabi. Gleich nach unserem Interview.« Sie beugte sich vor. »Obwohl er nur auf Urlaub hier ist.«

Der Kellner eilte heran. Entsetzt beäugte Richard das kohlschwarze Stück Fleisch, das der Mann vor ihn hingestellt hatte. Er packte den Teller und hielt ihn dem Mann wieder hin. »Medium«, befahl er. »Ich sagte medium.«

Er verzog das Gesicht zu einer Leidensmiene. »Und Ketchup!«

Sein »medium« und die Tomatensauce kamen fünf Minuten später. Richard war besänftigt.

Anny nutzte den Moment seiner vollsten Zufriedenheit. »Warum urlauben die beiden Richards ausgerechnet in einer kleinen Stadt wie Khartum?«

»Sie ist schön«, brachte er wortkarg hervor und kaute dabei inständig. »Wir kümmern uns gern um die dritte Welt«, sagte er voller Stolz auf sich und den anderen Richard. »Reine Selbstlosigkeit.«

»Selbstverständlich«, erwiderte Anny spöttisch. »Selbstverständlich.«

Der Kellner kehrte zurück und nahm Annys Teller mit.

»Manchmal sind auch Armenhäuser recht ergiebig«, sagte sie vor sich hin. »Fragt sich nur, für wen?«

Richards Redesucht kam in eine Krise. »Für alle Seiten«, antwortete er kurz angebunden.

Als der Kellner Annys Hauptgericht, scharf gewürzte Rindfleischstücke, vor ihr abgesetzt und frisches Wasser nachgeschenkt hatte, lief Richard erneut zur Hochform auf, wobei er hingebungsvoll schmatzte. Zwei Ketchupflecken schmückten bereits das Tischtuch. »Ein hochintelligenter Mann«, sagte er.

»Wie bitte?« Anny verstand ihn kaum.

»Ein hochintelligenter Mann«, wiederholte er etwas hörbarer.

»Wer?« fragte sie. »Turabi?«

»Der auch«, bestätigte er. »Aber ich meine Hodrum.«

»Wenn man Großartigkeit in Millionen mißt, gebe ich dir recht.«

Er verzog leicht verächtlich den Mund und griff nach der Weinflasche.

Anny musterte ihn.

In seinem Inneren lebte ein so unverrückbarer Glaube an seine Kraft. *Jeder muß sich selbst helfen, wie er kann*, lautete sein bedeutendster philosophischer Gedanke. Er sprach ihn bei jeder Gelegenheit aus. Auch nach seinen geschäftlichen Niederlagen, die zumeist damit endeten, daß die anderen verloren und er sich selbst half. Wie er eben konnte.

Daß einige seiner aufregendsten Abenteuer immerhin als Untersuchungsakte bei amerikanischen Gerichtshöfen lagen, sorgte Richard nicht besonders. Ein Betrugsdelikt konnte ihn nicht erschüttern.

Nichts konnte ihn erschüttern. Nicht besorgte Politiker, die Männer wie ihn als moderne Raubritter bezeichneten. Von diesen Stimmenfängern hielt er noch weniger als von Sklaven wie Anny, die im Schweiße ihres Angesichts ihr Brot verdienten und keine Schwäche für Geld hatten. Richard hatte sie.

Sie bereitete ihm keinerlei Probleme. Sie war mit seinem Sinn für Moral ohne weiteres vereinbar. Insgeheim verachtete er Schwächlinge wie Anny und bewunderte Leute wie Richard.

Richard Hodrum. Ein australischer Medienmogul, der die Welt aufkaufte.

Er hatte mit der Zeitung seines Vaters begonnen, dann einige andere dazu erworben. In England besaß er inzwischen nicht nur Zeitungen, sondern auch Fernsehstationen. Sonst gab es über den Mann aus Melbourne nichts Bemerkenswertes zu berichten. Hodrum war durch sein Imperium nicht gewachsen. Er war immer noch ein sehr kleiner Mann, immer grau gekleidet und gelblich im Gesicht. Einfach durchschnittlich. Abgesehen von seinen überdurchschnittlichen Millionen.

Nachdem der Tisch abgeräumt worden war, wurde Tee gebracht. Er dampfte in den Gläsern. Mit einer hastigen Bewegung schob Richard sein Glas zur Seite, als hätte er keine Sekunde mehr Zeit.

Anny war erleichtert.

»Wie lange bleibst du noch?« fragte er ungeduldig.

»Bis ich den Film gefunden habe.«

»Also ewig.« Er lachte lauthals auf.

Vom Fenstertisch flog ein verwunderter Blick herüber.

»Du vergeudest deine Zeit«, sagte er.

»Im Vergleich zu deinen Aktivitäten, ja.« Sie bereute diesmal nicht ihren scharfen Ton. Richard hatte ihn verdient.

Er rückte näher. »Dein Kollege hat sich auf ein gefährliches Spiel eingelassen.«

Sie antwortete nicht.

»Ein gefährliches Spiel«, wiederholte er, seine Ungeduld war nicht mehr zu bremsen. Er beugte sich noch weiter vor. »Und er hat Pech gehabt.«

Es klang, als hätte er sich mit Botschaftsrat Hegel abgesprochen. Anny schwieg. Sie betrachtete ihn, unverhohlene Verachtung in den Augen.

»In Khartum«, fuhr Richard leise fort, »kannst du alles kaufen. Waffen und Drogen und Mädchen und Jungs. Sogar kleine süße *boys*. Du kannst auch in einem unaussprechlichen Vorort ... wie heißt er gleich?«

»Omdurman«, sagte Anny.

»Omduran.« Er grinste zufrieden. »Du kannst auch in Omduran einen Abendspaziergang machen. Dann steckst du einem Zehnjährigen eine Handvoll Dollarscheine in die Hosentasche ...«

Er rückte noch weiter vor. »Mit der halben Bevölkerung als Zeugen.«

Irgendwie hatte er vergessen, daß er gerade noch in Eile gewesen war.

Nachdem er das Teeglas gefaßt und einen Schluck getrunken hatte, verzog er das Gesicht zu einer Grimasse des Abscheus. »Du kannst es sogar wagen, die zufällig vorbeikommende Militärstreife zu bestechen.«

Sein Gesicht beruhigte sich wieder. »Wenn aber dein Liebling ganz zufällig mit einem der Soldaten verwandt ist, der wiederum aus dem Clan al Mahagoni, oder so ähnlich, stammt, der zu einem der mächtigsten des Landes zählt, dann ...«

Mit verschwörerischem Grinsen blickte er sich um. Die Waffenhändler waren verschwunden. Das Restaurant war leer. »Dann hast du Pech gehabt.« Er flüsterte nur noch.

In seiner vorgebeugten Haltung verharrend, rutschte er auf

seinem Stuhl, der bei jeder Bewegung quietschte, hin und her. Anny hoffte, er würde zusammenbrechen.

Sie stand auf. Richard auch. Noch bevor sie an der Tür war, hatte er sie überholt. Der Chauffeur stand bei den zwei Männern am Tor. Richard winkte ihm zu und stieg sofort ein, während Anny an ihrer geschlossenen Wagentür zerrte. Im Wagen regte sich nichts. Richard schien sie nicht einmal zu bemerken. Jeder soll sich helfen, wie er kann.

»Es gibt schlimmere Tode im Sudan als in Omduran erstochen zu werden«, sagte er, als der Mercedes losrollte. »Zum Beispiel nach einem Schauprozeß öffentlich hingerichtet zu werden.«

Anny schloß die Augen.

»Du weißt, hier gilt das islamische Gesetz, die Shadia.«

»Sharia«, verbesserte sie und ließ die Augen geschlossen. Er hörte nicht zu, sondern klagte über die hygienischen Mängel in der Stadt. Sie schwieg den ganzen Rückweg lang, er aber redete ohne Pause.

Erst als sie am *Grand-Hotel* ankamen, verstummte er. Der Chauffeur stieg aus und zog andächtig die Tür auf Annys Seite auf.

»Noch etwas«, sagte Richard.

Anny stieg aus.

»Es betrifft dein Interview mit Turabi.« Sie beugte sich hinunter.

»Was ist damit?«

»Er möchte die Kassette haben. Und alle Kopien.«

»Wer?«

»Turabi.«

»Warum?« wollte Anny wissen.

»Turabi findet, er sei unkonzentriert gewesen. Zu müde«, erklärte Richard mit Unschuldsmiene. »Du verstehst?« Er hob dabei leicht die Augenbrauen, als wollte er den unkonzentrierten, übermüdeten Turabi imitieren.

Anny überlegte keine Sekunde. »Nein«, schoß sie zurück. »Verstehe ich nicht.« Sie wollte die schwere Tür zuschlagen, aber Richard griff danach und hielt sie offen.

»Es ist doch ganz einfach!«

Sie schüttelte den Kopf und ging los. »Er bekommt sie nicht«, schrie sie nach einigen Metern, während sie sich umdrehte. Ein warmes Gefühl durchflutete sie. Ihm eine kleine Niederlage beigebracht zu haben, machte sie nicht gerade unglücklich.

»Du bekommst einen neuen Termin«, rief Richard ihr hinterher. »Wann du willst.«

Sie drehte sich noch einmal um. »Nein.«

Unbeirrt ging sie weiter auf den Hoteleingang zu. Noch bevor sie ihn erreichte, hörte sie den Mercedes davonfahren.

Der Schläfer war nicht da. Anny hatte mehrmals an seine Zimmertür geklopft, ohne Erfolg.

Sie ging auf ihr Zimmer, lehnte sich ans Fenster und blickte auf die Uferstraße. Ein Taxi fuhr vor und blieb stehen. Anny beugte sich weit hinaus. Neue Gäste waren eingetroffen, anscheinend eine Großfamilie. Noch ein Auto kam, aber auch in dem saß der Schläfer nicht. Nabils Landrover tauchte auch nicht auf.

Als sie vom Korridor ein Poltern hörte, eilte Anny zur Tür und riß sie auf. Der Türsteher stand schnaufend vor ihr, voller Verzweiflung die Treppen betrachtend, die in den nächsten Stock führten. Um ihn herum lagen mehrere Lederkoffer. Er packte sie unter tiefem Luftholen und stieg weiter hinauf. Anny wartete, bis er verschwunden war, und sah in Richtung des Seitengangs.

Sie schloß ihr Zimmer ab und ging los, wobei sie ihren eigenen Schritten auf dem Holzboden hinterherlauschte. In der Bar des *Camino Real* in San Salvador war wegen des weichen, graublauen Spannteppichs kein Geräusch zu vernehmen gewesen. Kein einziges.

Anny verjagte den Gedanken.

Mehrmals klopfte sie an die Zimmertür des Schläfers. Einmal leise, zweimal kräftiger. Nichts. Bevor sie kehrtmachte, hielt sie noch einmal inne und griff nach der Klinke. Das Zimmer war unverschlossen, und sie trat ein. Die Vorhänge waren vorgezogen. Es war stockdunkel. Als sie in Richtung Fenster schlich, stolperte sie über einen Gegenstand, der quer im Zimmer lag. Sie rieb sich das Schienbein. Vorsichtig tastete sie sich weiter vor und zog die Vorhänge einen Spalt auseinander. Im Schein eines Lichtstrahls sah sie, daß alles an seinem Platz stand, außer einem Stuhl. Er war umgeworfen. Die Kamera lehnte hingegen ordentlich an der Wand, neben dem Ladegerät für die Batterien, das aber nicht angeschlossen war.

Daneben standen die beiden Aluminiumkoffer aufeinandergestapelt. Der Bettüberwurf war leicht zerdrückt, als hätte jemand dort gelegen. Davor, am Boden, lag ein zerknülltes Handtuch.

Anny suchte den Schalter für die Badezimmerbeleuchtung und machte Licht.

Im Waschbecken lag ein kleineres grauweißes Handtuch mit zwei Flecken am Rand. Winzige, rote, kaum sichtbare Flecken. In einer Seifendose aus Plastik steckte ein Gummiband. Eine Einwegspritze lag unter dem Waschbecken, auf dem Boden.

Anny hob die Spritze auf, drehte das Licht aus und verließ das Zimmer des Schläfers.

Unten in der Halle ließ sie sich in einen Sessel fallen. Vom Empfang her hörte sie aufgeregte Kinderstimmen, weitere Mitglieder der Großfamilie, die ausgelassen lachend eintrafen.

Zwei Männer kamen herein und stellten sich dem atemlosen Türsteher in den Weg, der ständig nur Koffer heranschleppte. Nachdem er verschreckt in Annys Richtung gedeutet hatte, schlenderten die beiden auf sie zu. Das Paar trug schlechtsitzende Anzüge. Einer hatte ein Gesicht wie aus Stein gemeißelt. Anny schloß ihre linke Hand fest zu einer Faust und versuchte, sich dabei nicht mit der Nadel zu verletzen.

»Miss Pona?« fragte das Pokerface. Anny nickte gelassen.

»Kommen Sie mit.«

Als sich Anny erhob und zum Empfang ging, merkte sie, daß die beiden Männer ihr mit einigen Metern Abstand folgten, als gehörten sie nicht zu ihr.

»Zimmer 218«, sagte Anny, wartete, bis die Frau neben ihr einen Zimmerschlüssel für den dritten Stock bekommen hatte, und griff mit der rechten Hand nach dem Schlüssel mit der Nummer 218.

»Ich komme gleich.« Sie drehte sich um und lächelte das Pokerface unschuldig an. Er nickte nicht.

Gemächlich schritt Anny zum Treppenaufgang. Sie spürte die Blicke der Männer in ihrem Rücken und erreichte die ersten Stufen. Sie stieg hinauf. Erst als sie außer Sicht war, atmete sie durch und nahm zwei Stufen auf einmal.

Sie stand vor ihrer Zimmertür. Der Schlüssel paßte nicht. Sie versuchte es noch einmal ohne Hast, aber er hakte wieder. Schnell drehte sie die beiden metallenen Plaketten um. Der rechte war die 218. Sie steckte den anderen Schlüssel ins Loch. Er paßte.

Als die Tür hinter ihr zufiel, war sie schon beim Bett. Ein voller Mond leuchtete durch das Fenster herein. Ohne das Licht anzumachen, riß sie den Hörer vom Hausapparat und wählte die Nummer des deutschen Konsulats. Keine Verbindung. Nach dem dritten Versuch gab sie auf und eilte zum Fenster.

Mit raschem Blick prüfte sie die Kompaßzeiger auf der Innenseite des Koffers. Die Antennenplatte lehnte noch am Fensterrahmen. Sie schaltete den Apparat ein und riß den

Hörer aus der Verankerung. Das Licht im Sichtfenster auf dem Hörer leuchtete auf.

O.K.

Die Antenne stand richtig.

Von der Straße her hörte sie Stimmen. Unmerklich lehnte sich Anny aus dem Fenster und sah, wie das Pokerface und sein Begleiter vor dem Hotel eine Runde zogen.

Schnell kippte sie die Antennenplatte um.

Nachdem sie den Koffer mit dem Satellitentelefon verschlossen hatte, stellte sie ihn an die Tür und riß ihre Reisetasche an sich. Aus dem Seitenfach nahm sie Dornhelmers Fotos und aus der Handtasche ihren Paß.

Als sie die Tür bereits geschlossen hatte, stockte sie und stieß sie erneut auf. Die Einwegspritze war neben dem Telefon liegengeblieben. Sie nahm sie mit.

Leise schlich sie zum Zimmer 218, dessen Tür nur einige Meter entfernt lag. Der Schlüssel paßte. Wie erwartet roch das Zimmer muffig und schien seit einer Ewigkeit unbewohnt.

Ohne das Licht anzumachen, stellte Anny das Satellitentelefon in den Schrank und legte Fotos und Spritze daneben. Den Paß steckte sie unter die Matratze des Betts.

Sie schloß das Zimmer sorgfältig ab und steckte beide Schlüssel in die Hosentasche.

Die beiden Männer lehnten links und rechts von der Eingangstür, während der Türsteher seinen Kopf im Takt einer fernen Musik wiegte.

Ein Wagen wartete mit Fahrer und laufendem Motor.

➤➤➤ • ➤➤➤

Während der Fahrt schwiegen die Männer. Das Pokerface blickte starr in das Nichts der hellen Nacht, zeigte jedoch keinerlei Anzeichen von Feindschaft. Kaum ein Wagen war auf der Straße.

Nachdem sie lange Zeit eine der schnurgeraden Straßen hinuntergefahren waren, bog der Wagen scharf links ab und überquerte einen Platz, auf dem ein Gebäude stand, das wie ein Bahnhof aussah. Dann folgten sie einem steinigen Weg, entlang von Geleisen.

Anny sah sich um. Die Gegend kam ihr unbekannt vor. Nach einer langen Linkskurve stoppte der Fahrer. Anny sah aus dem Fenster. Ein Schatten näherte sich dem Wagen. Als er vor der Kühlerhaube stand, glich er einem Riesen. Aus einem flachen Betonbau, nur einige Meter entfernt, löste sich ein zweiter Schatten. Noch ein Koloß.

Das Pokerface befahl Anny, auszusteigen, und griff ihr unter den Arm. Sie befreite sich, aber er schob sie unbeeindruckt in Richtung des Hauses. Anny warf einen Blick auf eine Metall-Tafel neben dem Eingang. Es stand kein Name darauf. Nichts.

Im Gebäude drängte das Pokerface sie in einen engen Korridor, der von grün scheinendem Neonlicht erhellt war. Die Plastiksohlen seiner Schuhe quietschten auf dem Linoleumboden. Während Anny den Gang betont langsam hinunterging, drehte er sich ständig um, alle paar Meter, und wartete, bis sie nachkam.

Vor der letzten Tür am Ende des Flurs blieb er stehen und stieß Anny in einen Raum.

Links hinter der Tür lag im Halbdunkeln eine Gestalt auf einer Bank. Der Schläfer. Er regte sich nicht. Als sich Anny der Pritsche näherte, sah sie, daß ein Paar verrostete Handschellen seine Handgelenke zusammenhielten. Seine Sonnenbrille lag am Boden, eines der beiden Gläser war zersplittert.

Ein Licht ging an. Der Schläfer versuchte die Augen zu öffnen. Seine rechte Braue war aufgeschlagen, und eine Blutspur rieselte über seinen linken Wangenknochen hinunter bis zum Mundwinkel.

Anny trat näher an ihn heran. »Alles in Ordnung?«

Unter Stöhnen setzte er sich auf und versuchte sich über das verletzte Auge zu streichen, das angeschwollen war. Sie zog ihre Bluse aus der Hose und hielt ihm einen Zipfel des Stoffes hin. Er griff danach, ließ sich dann aber wieder fallen.

»Es tut mir leid«, sagte er.

»Dafür ist es jetzt zu spät«, antwortete Anny und beugte sich über ihn. Vorsichtig strich sie über die Wunde. Er verzog nur das Gesicht. Auf dem Hemdkragen waren die Blutspuren schon getrocknet.

»Ich weiß«, sagte er. »Es tut mir trotzdem leid.«

Sie schwieg.

Als Anny in ihrem Rücken ein Murmeln vernahm, wandte sie sich um.

Im Schein einer Glühbirne, die von der Decke hing, war eine Gruppe von Männern zu erkennen. Sie schlürften Tee. Alle steckten in schäbigen Uniformen, nur einer war in Zivil. Der Taxifahrer, der sie nach Omdurman gebracht hatte. Beflissen nickte er Anny zu. Sie schaute weg.

Mit geballter linker Faust kam das Pokerface auf Anny zu und öffnete, als er vor ihr stand, die Hand. Ein winziger Plastiksack, prall gefüllt mit einem weißlichen Pulver, lag darin.

»Drugs«, sagte er. Seine eindruckslosen Augen waren dabei auf den Schläfer gerichtet. »Drogen sind bei uns verboten.« Er baute sich vor Anny auf.

»Viele Dinge sind bei Ihnen verboten«, antwortete sie und blickte auf die Wand hinter ihm, an der ein Bild Turabis hing. Das Pokerface folgte ihrem Blick und schwieg andächtig.

»Sie haben meinen Kollegen geschlagen«, sagte Anny ruhig.

»Er ist die Treppe hinuntergefallen«, erwiderte das Pokerface, den Blick nur auf seinen Messias geheftet.

»Lauter Lügen«, erwiderte sie und griff dem Schläfer unter die Arme. »Steh auf«, befahl sie.

»Lassen Sie das bleiben«, warnte das Pokerface und war mit

einem Satz bei ihr. In seiner rechten Hand lag eine Beretta. Anny ließ den Schläfer nicht los. Das Murmeln im Hintergrund war verstummt.

Der Taxifahrer trat an das vergitterte Fenster und starrte in die Nacht. Die anderen waren verschwunden. Die Hand des Pokerface umfaßte ruhig die Pistole.

»Sie werden Schwierigkeiten bekommen«, sagte Anny, aber das Pokerface rührte sich nicht.

»Laß es bleiben«, hörte sie den Schläfer murmeln. Sie blickte ihm streng ins Gesicht. Er sah elend aus.

Während Anny zur Tür ging, drehte sie sich noch einmal um. »Ich sagte Ihnen schon, Sie werden Schwierigkeiten bekommen«, rief sie dem Pokerface zu und warf einen verächtlichen Blick auf seine Waffe, bevor sie mit der Hand auf das Bild an der Wand deutete. »Mit dem da.«

Als sie schon den Gang zurückging, hörte sie eine Stimme. »Versuchen Sie nicht, mir zu drohen!«

Anny drehte sich nicht um.

»Sie haben keinerlei Beweise«, brüllte sie gegen die hallenden Wände. Ein dröhnendes Lachen kam als Antwort.

Draußen wartete kein Wagen. Anny ging mit festen Schritten entlang der Geleise durch die Nacht. Sie hörte nichts. Erst als in der Nähe ein Hund zu jaulen begann, ging sie schneller.

Als sie eine der geraden Hauptstraßen erreicht hatte, winkte sie einen Militärwagen heran und bat, zum *Grand-Hotel* gebracht zu werden. Der Fahrer beäugte sie argwöhnisch. Sie lächelte. Er änderte zwar nicht seinen Gesichtsausdruck, nahm sie aber mit.

Im zweiten Stock holte Anny die beiden Schlüssel aus der Hosentasche und sperrte zuerst Zimmer 218 auf. Sie tappte im Dunkeln zum Schrank. Das Satellitentelefon war noch da, aber Spritze und Fotos waren verschwunden. Sie stürzte zum Bett und zog erleichtert den Paß unter der Matratze hervor.

Zurück in ihrem eigenen Zimmer, schob sie die Vorhänge auseinander, schaltete das Licht an und wartete eine Zeitlang.

Schließlich löschte sie das Licht wieder und durchstöberte die Reisetasche nach ihrer Taschenlampe, aber sie konnte sie nicht finden. Sie erinnerte sich, daß die Lampe im Badezimmer ihrer Wohnung liegengeblieben war.

Bevor Anny ihr Zimmer noch einmal verließ, zog sie die Schuhe aus und schlich in Richtung des Seitengangs.

Das Zimmer des Schläfers war noch unverschlossen, die Vorhänge nur einen Spaltbreit offen. Sie ertastete den oberen Aluminiumkoffer und fand in der Werkzeugtasche eine Taschenlampe.

In ihrem Zimmer stellte sie den Satellitenkoffer ans Fenster. Ein ungewöhnlich scharfer Wind blies die Vorhänge auseinander. Der Mond war zu sehen. Er wanderte hoch über dem Fluß, der wie ein riesiger, unruhiger Spiegel glänzte. Als unten auf der Straße ein Militärwagen vorbeikam, hielt Anny atemlos die Vorhänge zu und wartete, bis das Motorgeräusch nicht mehr zu hören war.

Im Schein der Taschenlampe stellte sie die Antennenplatte auf, kontrollierte den Kompaß, wählte, steckte dann aber den Hörer zurück in die Verankerung.

Sie ging zum Bett, ertastete den Hotelapparat und nahm leise den Hörer ab. Nichts, kein Ton war zu hören. Heftig schlug sie mit der Hand gegen die Wählscheibe. Das Freizeichen erklang. Sie strahlte die Wählscheibe mit der Taschenlampe kurz an und wählte.

Während sie auf die Verbindung wartete, drang aus dem Hörer ein leises Knacken.

Anny lauschte gespannt. Der intelligente Sicherheitsdienst.

Es läutete nur zweimal, dann hob Richard bereits ab. »Hallo«, meldete er sich mit seiner ewig wachen Stimme.

»Können wir ein Geschäft machen?« fragte Anny.

»Jederzeit«, erwiderte er, während in seinem Mund ein Kaugummi hörbar von einer Seite zur anderen wanderte.

»Mein Kameramann wurde in einen Autounfall verwickelt und verhaftet.«

»Was du nicht sagst!« Richard klang betroffen wie ein Kind, dem man sein Spielzeug weggenommen hatte. Fast wollte Anny wieder auflegen. Er mußte von der Verhaftung des Schläfers erfahren haben. In einer kleinen Stadt wie Khartum.

»Richard«, sagte sie.

»Ja!« ertönte es unvermindert fröhlich, bevor ein Schmatzen folgte.

»Wenn er freikommt«, fuhr Anny fort, »bekommst du das Original des Interviews mit Turabi.«

Ein aufgeregtes Schnalzen war zu hören. Es klang nach Zustimmung.

»Ich will sehen, was sich tun läßt«, erwiderte Richard.

»Gut.«

Stille.

»Gut. Gut«, bestätigte Richard schließlich und kaute wieder. »Wir können das alles erledigen.«

»Alles?«

»Alles.«

➤➤➤ ✹ ➤➤➤

Etwas beruhigter nahm Anny die Taschenlampe, ging zum Satellitentelefon, hob den Hörer ab und wählte. »Mr. Brown?«

»Was kann ich für Sie tun?« fragte der Spion mit der krächzenden Stimme zurück.

Anny schaltete die Lampe wieder aus. »Was haben Sie über Richard Hodrum?«

»Wieviel Zeit haben Sie?«

Durch die Vorhänge hindurch betrachtete Anny die weiße Scheibe am Himmel. Leises Tippen drang aus der Leitung. Browns zweites Gedächtnis, der Computer, arbeitete.

»Ich habe viel über ihn«, sagte er, nachdem das Tippen verstummt war.

»Die Geschichte mit Australien und England kenne ich«, sagte sie.

Brown tippte weiter. »Im April 1991, zwei Monate nach dem Golfkrieg, erwarb Hodrum ein kleineres Aktienpaket des Senders *arab-sat*. Er gehört der saudischen Königsfamilie. In den Wochen darauf baute Hodrum eine eigene Nachrichtenredaktion in London und Rom auf, die den Nahen Osten mit Informationen beglücken sollte. Vergangenes Jahr ist er wieder ausgestiegen.«

»Warum? Konnte er kein Geld damit verdienen?«

»Im Gegenteil.«

Anny wartete.

»Der Sender läuft gut«, fuhr Brown fort. »Es war wegen einer anderen Geschichte.«

Er schwieg und tippte. »Jetzt habe ich es«, sagte er schließlich. »Es war wegen seiner Tochter. Sie war seit langem mit einem Bankier liiert, den Hodrum in einem Anfall von Sentimentalität am Sender beteiligen wollte. Die Saudis wollten das aber nicht.«

»Ist das alles?« fragte sie.

»Das ist alles.«

»Danke.«

Anny hatte den Hörer fast schon aufgelegt, als sie hörte, daß Brown noch einmal zu sprechen begann.

»Bleiben Sie dran!«

Anny drückte den Hörer wieder an ihr Ohr.

»Ich habe noch etwas gefunden.«

»Was Wichtiges?«

»Er will Amerikaner werden.«

»Amerikaner?«

»Ja. Er bemüht sich derzeit um die amerikanische Staatsbürgerschaft, um in den USA eine Fernsehstation kaufen zu können. Das geht nicht mit seiner australischen Staatsbürgerschaft.«

»Wo will er denn noch überall Geschäfte machen?« fragte Anny.

»In China.«

»Und?«

»Das ist vorerst alles.«

»Der arabische Raum interessiert ihn nicht mehr?«

»Nein«, erwiderte Brown im Brustton der Überzeugung.

»Überhaupt nicht?«

»Überhaupt nicht.«

»Es gibt keinerlei Hinweise?«

»Keine.«

19. Kapitel

»Noch Eiswürfel da?« fragte Anny.

Der Schläfer sah sie erstaunt an. »Wozu braucht *du* die?«

»Du schlägst dich mit Polizisten herum. Ich mich mit Märchenerzählern«, antwortete sie und rieb sich mit der Hand die Stirn. Sie hatte Kopfschmerzen.

»Seit wann bekommst du davon einen schweren Kopf?«

Während er sich unter Stöhnen auf sein Bett legte, ging sie ins Badezimmer. Das Handtuch mit den Blutflecken lag noch im Waschbecken. Sie warf es beiseite. Ein frisches lag auf dem Sockel der Badewanne. Anny griff in den Bleceimer, den ein Kellner aus dem Hotelrestaurant gebracht hatte, aber die Eiswürfel waren fast schon geschmolzen. Schnell legte sie das verbliebene Eis in das saubere Tuch und drückte es sich in den Nacken.

Nach dem Gespräch mit Brown hatte sie schlecht geschlafen. Mehrmals war sie aufgewacht, hatte den Mond betrachtet und geraucht. Gegen sieben Uhr hatte der Schläfer sie aus dem Halbschlaf geweckt. Aufgeregt war sie in sein Zimmer geeilt. Sie wollten gemeinsam frühstücken. Der Kellner, der an diesem Morgen Dienst hatte, schlief aber nach Auskunft der Rezeption noch tief und fest.

Der Schläfer erzählte, daß ihn die Polizisten die Nacht über auf der Pritsche hatten liegenlassen. Bei Morgengrauen aber hatte ihn ein nicht unfreundlicher Uniformierter ins Hotel gefahren. Ohne jede Erklärung. Das Pokerface ließ Anny sogar Grüße ausrichten.

Während Anny im Badezimmer den Umschlag auf den brennenden Nacken, auf die Stirn und die Schläfen legte, hörte sie den Schläfer im Zimmer auf und ab gehen. Er legte sich eine Ausrede für seine Verhaftung zurecht. Aber sie interessierte Anny nicht besonders. Er hatte sich mit Drogen erwischen lassen. Ausgerechnet in diesem Land. Ausgerechnet im Sudan, wo sogar Alkohol verboten war und der Schläfer riskierte, daß ihm eine Hand abgeschlagen wurde. Oder auch zwei. Oder die Hinrichtung. Wegen der Shadia, wie der weltgewandte Richard sagen würde.

Die Kälte tat ihr gut. Als Anny sich zur Tür drehte, stand der Schläfer auf der Schwelle.

»Es war eine Falle«, sagte er in sachlichem Ton.

Sie wollte nicht antworten.

»Es war der Türsteher. Er hat mir Stoff angeboten. Gestern nachmittag kamen vier Typen auf mein Zimmer.«

»Warum hat der Türsteher dir Stoff angeboten?« fragte sie gereizt. »Warum nicht mir?« Sie versuchte, sich an ihm vorbeizuschieben.

Er blieb im Türrahmen stehen. »Ich nehme an, daß die Herren, die dein Zimmer durchsuchten, in deiner Tasche nur Aspirin gefunden haben.«

»Und in deiner Kräutertee?«

»Nein.« Er blickte unbeteiligt auf den Wasserhahn. »Heroin.«

Anny schloß die Augen.

You have liquors? hatte der Zöllner am Flughafen von Khartum wissen wollen. Nein, keinen Alkohol. Nur Aspirin und Heroin.

»Es tut mir leid«, sagte er.

Seine wehleidige Stimme reizte sie. »Das hast du gestern nacht schon gesagt«, brüllte sie los. »Warum begnügst du dich nicht mit den Tabletten?«

»Das Methadon hab' ich in der Wohnung vergessen.«

»In welcher Wohnung?«

»In der Wohnung meiner Freundin.«

»Verstehe ich nicht.«

»Sie hat mich rausgeschmissen. Kurz vor unserer Abfahrt.«

»Und die Tabletten am Flughafen, was war das?«

»Aspirin. Gegen meine Kopfschmerzen.«

Annys Kopf glühte. Sie preßte das Handtuch gegen den Nacken, aber die Eisstücke waren zu Wasser geschmolzen, das ihr den Rücken hinunterlief. Sie beugte sich vor.

»Gib mir die Kassette mit Turabi«, sagte sie, während sie den Hahn aufdrehte und in den Wasserstrahl griff. Er war lauwarm. Unerträglich lauwarm.

Der Schläfer antwortete ihr nicht. Anny drehte sich zur Tür, er stand nicht mehr da.

»Gib mir die Kassette«, rief sie, um das Quietschen des Wasserhahns zu übertönen. »Gib mir die Kassette mit dem Interview!« wiederholte sie.

Keine Antwort.

Anny drehte den Wasserhahn zu und ging ins Zimmer.

Der Schläfer stand am Fenster, ein verstohlenes Grinsen im Gesicht. »Wir haben sie den Spitzeln nicht einfach überlassen wollen«, flüsterte er und versuchte zu lächeln. Sein geschwollenes Gesicht verwandelte sich in eine Grimasse. »Nabil hat die Kassette zum Konsul gebracht.«

Anny wollte aufschreien, aber sie rieb sich nur heftig die Schläfen.

Den Rest des Vormittags hockte sie auf der Bettkante, den Blick auf den Telefonapparat gerichtet. Mehrmals nahm sie den Hörer ab, drehte die Wahlscheibe, lauschte und gab auf.

Im Konsulat antwortete nur ein Band im Befehlston, daß die Vertretung an allen Wochenenden und Feiertagen geschlossen sei und nur in dringendsten Fällen solle man eine Nachricht hinterlassen. Schließlich sprach Anny doch eine Nachricht auf das Band. Dann noch drei. Hegel meldete sich nicht.

Die Privatnummer des Konsuls war nicht herauszufinden.

Abgesehen davon vermutete Anny ihn an Wochenenden und Feiertagen bei einer Kurunterbrechung im unterhaltsameren Kairo.

Durch das offene Fenster drangen Rufe. Sie stammten aus den Mündern von Jugendlichen, die mit erhobenen Fäusten und grünen Tüchern, auf denen Parolen in arabischer Schrift standen, vor dem Hotel auf und ab marschierten.

Anders als die Menge am Morgen nach ihrer Ankunft formierten sich die Demonstranten in einem Halbkreis um den Eingang, während die Militärs ihnen tatenlos zusahen.

Es war eine Gegendemonstration, organisiert für Turabi. Und wahrscheinlich auch von ihm.

Anny wählte noch einmal. Noch immer nichts. Als die Jubelrufe draußen stärker wurden, kam der Schläfer mit der Kamera angelaufen. Er sah fast wieder wie ein menschliches Wesen aus, die Schwellung am rechten Auge war zurückgegangen.

Er schob das Objektiv zwischen die Vorhänge und filmte aus dem Fenster hinaus.

Um die Mittagszeit brachte der Zimmerservice einige Teller mit lauwarmen Fleischstücken, dazu lauwarme Cola. Mineralwasser war im Moment nicht mehr zu haben. Sie aßen schweigend. Anny starrte den Apparat auf dem Nachttisch an, als könnte ihr Blick ihn zum Leben erwecken. Er konnte es nicht.

Erst gegen 22 Uhr rief Hegel zurück. Erschöpft von der bleiernen Hitze, die trotz der hereingebrochenen Nacht nicht aus dem Zimmer weichen wollte, war Anny bereits eingeschlafen, sprang dennoch beim ersten Klingelton hoch.

»Hegel«, meldete sich der Konsul gewohnt ölig. »Ich bin eigentlich nicht im Dienst.«

Sofort war Anny hellwach und bat um die Privatnummer. Sie ließ Hegel die Nummer nochmals wiederholen und versprach sofort zurückzurufen.

Sie lief ans Fenster. Nachdem sie den schwarzen Koffer aufgeklappt und die Antennenplatte ausgerichtet hatte, überprüfte sie den Kompaß und griff zum Hörer.

»Hegel.«

»Ich hole die Kassette morgen ab«, sagte Anny.

Er antwortete nicht sofort. »Welche Kassette?« fragte er nach einer endlos langen Pause.

»*Die* Kassette«, wiederholte Anny. Der Konsul schien noch unter dem Eindruck eines angenehmen Wochenendes zu stehen.

»*Welche* Kassette?« fragte er wieder. Seine Stimme klang nicht mehr ölig, sondern ängstlich.

»Herr Hegel«, begann Anny im ruhigsten Tonfall, den sie zustande brachte.

Er fiel ihr ins Wort. »Welche Kassette?« schrie er.

»Beruhigen Sie sich. Ich rufe von einem Satellitentelefon an«, sagte Anny. »Es ist abhörsicher.«

Konsul Hegel ließ sich nicht beruhigen. »Ich weiß nicht, wovon Sie sprechen«, schrie er aufgebracht.

»Ich spreche von einem Satellitentelefon«, belehrte sie ihn.

»Ich weiß nicht, wovon Sie sprechen«, wiederholte er. »Ich habe keine Kassette!«

20. Kapitel

Am nächsten Morgen führte Hegel sie durch den verwinkelten Gang in sein abgelegenes Büro.

»Na bitte«, sagte er triumphierend, als sie bei seinem Schreibtisch angelangt waren. »Wie ich gesagt habe!«

Anny suchte das Zimmer ab. Nirgendwo lag eine Videokassette.

»Vielleicht ist sie in der Garage gelandet?« fragte der Schläfer.

Hegel ließ sich in den Sessel fallen. »Sie kann nicht in der Garage gelandet sein. Ich habe nämlich gar keine«, behauptete er.

»Können wir nicht noch irgend etwas tun?« fragte Anny und sah ihn hilfesuchend an.

Hegel erbarmte sich. Nachdem er einen kurzen Anruf getätigt hatte, schlich ein verschlafener Alter herein. Unter dem Arm trug er ein dickes Buch.

»Geben Sie her«, befahl Hegel. Er blätterte die Seiten um und ließ das Buch aufgeschlagen auf den Tisch fallen. »Donnerstag, 18 Uhr«, las er laut vor. »Der letzte Eintrag.«

Anny trat näher.

»Herr Mohammed Sahnun«, las Hegel weiter und blickte auf. »Ist das Ihr Mann?«

Anny schüttelte nicht einmal mehr den Kopf.

Eine Stunde später fuhren sie in einem nachtblauen, altersschwachen Ford den Fluß entlang. Anny starrte hinaus auf die dunkle Masse. Der Nil schien sich nicht zu bewegen. Die Straße war leer, bis auf einen Wagen, der weit in der Ferne auftauchte.

Anny sah auf die dürren Hände, die das Lenkrad umfaßten und unaufhörlich zitterten.

»Problem«, sagte der Mann mit den dürren Händen und nahm den Fuß vom Gaspedal, während er seine Augen nicht von dem herankommenden Wagen ließ. Es war ein Militärjeep.

»No problem«, antwortete Anny und befahl ihm mit einer schnellen Handbewegung, weiterzufahren. Das Militärfahrzeug kam näher.

»Big problem«, wiederholte der Mann. Auch seine Stimme begann zu zittern, während die Federung des Rücksitzes knarrte. Der Schläfer wurde unruhig.

Nur wenige Meter vor ihnen schwenkte der Jeep auf ihre Spur und blockierte sie. Der Ford bremste scharf ab. Ein Mann stieg aus dem Jeep und kam auf sie zu. Er trug keine Uniform und seine Gesichtszüge waren auffallend gleichmäßig.

Anny hob ihre Tasche hoch.

»Salam-aleikum«, sagte sie, griff in die Tasche und hielt einen Ausweis an dem zitternden Fahrer vorbei aus dem Fenster.

Der Mann sah kurz darauf. »Wo wollen Sie hin?« fragte er höflich.

»In den amerikanischen Club«, antwortete Anny.

»Er ist heute geschlossen«, antwortete der Mann und gab ihr mit einem Lächeln den Ausweis zurück. Nachdem er sich schon abgewandt hatte, drehte er sich noch einmal zu dem Ford um und kam auf Annys Seite zu. Sie kurbelte das Fenster herunter und wartete.

»Noch etwas«, sagte der Mann freundlich.

»Was denn?« fragte Anny und lächelte.

»Ihr Ausweis ist abgelaufen«, sagte er und lachte auf. »Außerdem ist er hier ungültig.« Mit ruhigen Schritten kehrte er zum Jeep zurück und schwang sich auf den Beifahrersitz. Der Wagen fuhr los.

Anny atmete tief durch.

Der Schläfer packte sie von hinten an der Schulter. »Ich habe dich gewarnt, daß ein abgelaufener UN-Ausweis aus Bosnien hier nicht funktionieren wird«, brummte er.

»Du hast recht«, antwortete sie. »Ausweise von Tennisclubs funktionieren besser.« Sie befahl dem Fahrer zu starten, und der klapprige Wagen fuhr weiter die Uferstraße entlang, über die Brücke nach Omdurman.

»Glaubst du, der arbeitet auch für die Polizei?« fragte der Schläfer und hielt sich an Annys Rückenlehne fest.

»Bestimmt«, erwiderte sie mit einem Blick auf das Lenkrad. »Er ist der Bruder des Türstehers.«

Der Schläfer deutete auf die Benzinanzeige. Der Zeiger pendelte weit unter Null herum.

»Not working«, beruhigte ihn der Fahrer und grinste verlegen.

Der Schläfer ließ die Lehne los. »Mit dem Bakschisch, das du ihm versprochen hast, kann er sich ohnehin ein neues Auto kaufen.«

»Sei still«, befahl Anny.

Plötzlich waren irgendwo Schüsse zu hören.

Als sie diesmal an den zerstörten Hütten in Zagalona vorbeikamen, spielten keine Kinder in den Trümmern. Anny bedeutete dem Fahrer, in einen Seitenweg einzubiegen. Er tat es, und sie sah sich um. Keine Menschenseele. »Go back«, befahl sie.

Umständlich wendete er den Wagen und fuhr in die entgegengesetzte Richtung.

»Falsche Richtung«, sagte der Schläfer und deutete hinaus. Sie waren auf der Straße gelandet, die zu dem Feld führte, auf dem die Derwische getanzt hatten.

Anny schüttelte beunruhigt den Kopf. »Go back«, sagte sie ganz ruhig. »Just go back!«

Als erster sah der Schläfer den Marktstand. Nabils Onkel schlief, fast verborgen, im Schatten. Als der Ford knapp vor ihm stoppte, erschrak er und stand blitzschnell auf. Er rieb sich die Augen, erkannte Anny und versuchte zu lächeln. Erleichtert stieg sie aus und ging auf ihn zu.

»Nabil?« fragte sie, aber er sah sie nur verwirrt an.

»Nabil?« wiederholte Anny. Der Alte sah ihr verstört ins Gesicht.

Erst nachdem der Schläfer ausgestiegen war und seine Arabischkenntnisse mit den Englischkenntnissen des Fahrers verbunden hatte, schien der Alte zu begreifen. Zur Antwort schüttelte er nur den Kopf.

Wieder fiel ein Schuß, diesmal ganz in der Nähe. Der Alte packte Anny am Arm und zerrte sie in sein Haus. Durch einen Türvorhang spähte das verschleierte Mädchen, das ihnen Tee serviert hatte.

»Hello«, begrüßte Anny sie auf englisch. »Wo ist Nabil?«

Sie zuckte nur die Schultern, bevor sie hinter dem Vorhang verschwand.

Von draußen hörte sie den Schläfer mit fordernder Stimme rufen. Als Anny einen Blick hinauswarf, stand neben dem Ford ein zweiter Wagen. Der Militärjeep.

»Ich dachte, Sie wollten zum amerikanischen Club«, sagte der Mann mit dem schönen Gesicht. Er sah anders aus. Weniger angenehm. Auch seine Stimme klang verändert.

»Er war leider geschlossen«, erwiderte Anny.

»Das habe ich Ihnen ja gesagt.«

»Wir wollten deshalb hier eine Kleinigkeit essen.«

Er ging nicht darauf ein und deutete mit dem Kopf in Richtung Jeep.

Der Schläfer saß schon drin.

Die Rückfahrt durch die ausgestorbene Stadt dauerte nicht lange. An den Militärkontrollen, die sie bei der Hinfahrt umgangen hatten, wurden sie durchgewunken. Es genügte, daß der Schönling sein Gesicht hinaushielt. Er war offenbar ein höheres Tier.

Als sie beim *Grand-Hotel* ankamen, packte er den Schläfer an den Schultern, stieß ihn aus dem Wagen, ergriff seinen Unterarm und führte ihn zum Eingang. Hinkend versuchte der Schläfer mit ihm Schritt zu halten.

Neben dem Hoteleingang parkte ein zweites Militärfahrzeug, vor der Tür schoben zwei Uniformierte Wache.

Anny ließ sich Zeit. Umständlich stieg sie aus und ging gemächlich durch die brütende Mittagshitze auf die Wachen zu.

Aus der Hoteltür trat ihr Begleiter, stellte sich Anny in den Weg und sah sie kalt an. »Schneller, ich habe nicht viel Zeit.«

»Wieso, müssen Sie heute noch ein paar Leute umbringen?« fragte sie.

In seinen Augen war Leere, als er ausholte und die Hand erst knapp vor ihrem Gesicht fallen ließ. Als Anny an den Wachen vorbeikam, begann sie zu zittern und ging hinein.

Richard lehnte an der Empfangstheke und redete verschwörerisch auf den Türsteher ein.

»Was für ein Zufall!« rief er, als er Anny sah.

Sie gönnte ihm keinen Blick und versuchte, an ihm vorbeizukommen, aber er packte sie fest am Arm und zerrte sie in eine Ecke der Halle.

»Wir sollten endlich unser Geschäft zu Ende bringen«, schlug er vor. Anny sah zuerst auf seinen Arm und dann auf sein Gesicht. »Ich bin ganz deiner Meinung«, sagte sie, riß sich los und ging auf die Treppe zu.

Richard folgte ihr, wobei er sich nahe an sie herandrängte. Sie versuchte ihm auszuweichen, der Treppenaufgang war jedoch zu eng.

»Wir sollten unser Geschäft erledigen«, wiederholte er.

Anny nickte. »Du hast recht.«

»Sofort«, antwortete er und drängte sich an ihr vorbei, um in der nächsten Sekunde stehenzubleiben. Genau auf der Stufe über ihr. Anny trat eine Stufe zurück.

»Eine Frage, Richard«, sagte sie und merkte, daß ihre Stimme zu zittern begann. »Warum sorgst du dich so sehr um die Kassette?«

»Aus Freundschaft«, antwortete er ruhig.

»Für den Führer?«

»Natürlich.«

Anny preßte die Lippen zusammen.

»Und aus purer Sorge«, fuhr er fort und blickte ihr ins Gesicht. Anny sah zur Seite. »Aus Sorge um wen?«

»Um dich!« erwiderte Richard und grinste.

»Wie aufmerksam«, sagte sie und versuchte weiterzugehen, aber er ließ sie nicht vorbei.

»Wir müssen die Sache erledigen, bevor ...«

Sie unterbrach ihn. »Bevor was?«

»Bevor ihr ausgewiesen werdet«, sagte er traurig. »Morgen.« Seine Miene wurde wieder völlig ernst. »Wegen Spionage«, fügte er leise hinzu.

Anny versuchte zu lächeln und trat auf die nächste Stufe. »Das trifft sich gut«, flüsterte sie zurück, sein Gesicht knapp über ihrem.

Richard sah sie voller Erwartung an.

»Dann können wir ja die Sache im ruhigen Europa zu Ende bringen.«

Er starrte sie mit offenem Mund an. Sie nutzte die Gelegenheit und stieß ihn zur Seite.

»Selbstverständlich erst, wenn ich dir auch die Kopie des Interviews übergeben kann. Ich weiß, du legst Wert darauf«, fuhr sie dabei fort und rannte die krachende Holztreppe hoch.

»Wovon redest du?« hörte sie ihn in ihrem Rücken bellen. »Was für eine Kopie des Interviews?«

»Ich spreche von der Kopie, die schon außer Landes ist«, rief sie und blieb stehen.

Richard kam keuchend herbei, einen fast verzweifelten Ausdruck im Gesicht.

»Du bekommst alles«, sagte sie ernst. »Aber erst, wenn wir in Sicherheit sind.« Anny ging langsam weiter. »Du weißt, wo ich zu erreichen bin.«

Als sie im zweiten Stock ankam, hörte sie noch einmal Richards Stimme. Sie klang gefaßt. »Die Rezeption will den Schlüssel zurückhaben!« rief er. »Den von Zimmer 218.«

Der Schläfer lag ausgestreckt auf dem Bett, die zerbrochene Sonnenbrille vor den Augen. Er schien zu schlafen.

Anny nahm einen Schluck aus der Cola-Flasche neben dem Bett und schaltete den Fernsehapparat ein. Die letzten Klänge von Turabis Blutoper ertönten. Sie drehte den Ton lauter. Unmerklich öffnete der Schläfer die Lider und griff nach der Flasche.

»Ich habe ihm erzählt, daß eine Sicherheitskopie des Interviews bereits in Europa ist«, sagte Anny.

»Wie bitte?« fragte er und setzte sich auf.

Sie kam näher und wiederholte den Satz. Der Fernseher dröhnte zum Erbarmen.

»Wem?«

»Richard.«

»Wer ist das?«

Einen Augenblick lang dachte Anny nach. »Ein Waffenhändler«, sagte sie.

»Du kennst Leute!« Er nahm einen Schluck Cola und stellte die Flasche angewidert wieder hin. »Hat er es geglaubt?« fragte er und ließ sich wieder fallen.

»Das werden wir morgen feststellen«, erwiderte Anny, während sie eine Zigarette aus der Schachtel in ihrer Tasche nahm und sie anzündete.

Fragend zog der Schläfer die Brauen hoch.

»Wir werden ausgewiesen«, antwortete sie, aber er schien wieder nicht zu verstehen.

»Was?«

»Ausgewiesen!« schrie sie.

Er regte sich nicht auf seinem Bett. »Macht nichts«, antwortete er. »Er wird sie uns schicken.«

»Wer?« fragte sie.

»Nabil.«

Anny begann auf und ab zu gehen.

»Hast du mich verstanden?« schrie der Schläfer.

»Ja.« Sie blieb stehen. »Ich brauche die Kassette mit dem Turabi-Interview nicht.«

»Sag das nicht«, erwiderte er mit geschlossenen Augen und einem Lächeln um den Mund.

Anny ging nahe an das Bett heran. »Ich brauche sie nicht«, wiederholte sie.

Der Schläfer verzog nur leicht die Lippen. »Du kannst sie gegen die Mikrokassette eintauschen.«

»Ich habe schon getauscht.«

»Wogegen?«

»Gegen dich«, brüllte sie.

Im Fernsehapparat wurde die Todesorgie wiederholt. Zum drittenmal.

»Nabil meinte, daß du im Austausch für Hodrum die Mikrokassette bekommst«, erwiderte der Schläfer. »Er sagte, daß sei der einfachste Weg.«

Anny lachte auf. »Einfach so?«

»Ja.«

»Nur, weil er im Vorzimmer von Turabi war?«

»Ja.«

»Wie naiv.«

»Nabil glaubt, er macht mit Turabi heimliche Geschäfte.«

»Alle machen heimliche Geschäfte.«

Der Schläfer reckte sich, stand auf und verschwand im Badezimmer. »Ist mir auch egal, jedenfalls habe ich ihn gefilmt.«

»Wen hast du gefilmt?« schrie Anny.

»Hodrum.«

Sie ging ihm nach. Er suchte in dem Blecheimer vergeblich nach restlichen Eisstücken.

»Und wo sind diese Aufnahmen?« fragte Anny weiter.
»Auf der verschwundenen Kassette«, erwiderte er.

⮞⮞⮞ ✸ ⮜⮜⮜

Nachdem Anny in ihr Zimmer zurückgekehrt war, zog sie die Reisetasche unter dem Schrank hervor, legte sie aufs Bett und lauschte in die Nacht hinaus. Eine Melodie kam und verschwand. Anny ging ins Bad.

Zahnbürste, Seife, zwei Cremes und Schminkutensilien wanderten in die Toilettentasche. Draußen kehrte die Musik etwas lauter zurück. Schnelle, rhythmische Schläge.

Zurück im Zimmer beugte sie sich aus dem Fenster und sah, wie eine klapprige Limousine vorfuhr. Zwei Frauen in Seidenkleidern stiegen aus, eine in einem roten, die andere trug helles Grün. Die beiden lachten ausgelassen.

Anny begann ihre Kleider einzusammeln, die auf den Stühlen und im Schrank verteilt lagen. Noch immer konnte sie die beiden Frauen hören, bis ihre Stimmen schließlich von einem lauten Hupen übertönt wurden.

Gedankenverloren nahm Anny ihren Notizblock vom Tisch, dann das amerikanische Wochenmagazin, das Geschenk Zweisteins für Nabil. Ohne Interesse überflog sie noch einmal das Inhaltsverzeichnis. Arbeitslosigkeit. Bosnien. Ein kurzer Bericht über Pakistan war darunter angekündigt. Über Allahs vergessene Krieger.

Während sie blätterte, erhob sich das ohrenbetäubende Hupen erneut. Genervt eilte Anny zum Fenster und stieß fest dagegen, um es zu schließen.

Es herrschte Stille.

Die leeren Teegläser standen auf dem Tisch. Zwei Cola-Flaschen lagen in einer Ecke. Kein Kellner hatte sich ihrer erbarmt. Ein Paar Schuhe lugten unter dem Bett hervor. Als Anny sie hervorziehen wollte, entdeckte sie daneben Nabils Geschenk, das Tuch.

Anny nahm ihre Handtasche unter den Arm und verließ das Zimmer.

Fröhlich blickende Mädchen tanzten ihr im Treppenhaus entgegen, aus dem Restaurant im ersten Stock war Musik zu hören. Eine Schönheit war ganz in Weiß gekleidet.

Eine Treppe tiefer drängte sich ein Kellner an ihr vorbei, der mit einem Berg gegrillter Fleischstücke unterwegs war, gefolgt von einem zweiten. Der trug eine Reistafel.

Die Halle war voller Menschen, Mädchen, Frauen und Männer, die alle an Anny vorbei in den ersten Stock wollten. Der Türsteher, der in einer neuen Uniform mit zwei Schulterspangen steckte, hielt ergeben die Eingangstür auf. Neue Gesichter tauchten darin auf. Durch die halboffene Tür sah Anny, daß die beiden Soldaten draußen unverändert Wache standen.

»Marriage«, sagte der Türsteher, als sich Anny neben ihn stellte. Eine Hochzeit. Einer der Wachsoldaten spähte herein und sah Anny streng an.

»People from Kairo«, fuhr der Türsteher mit wissender Miene fort.

Anny zupfte ihn kurz am Ärmel und bedeutete ihm, mitzukommen. Im hinteren Teil der Halle, vor einem der Fenster, weit genug vom Eingang und den Wächtern entfernt, sah sie ihn an. »Die Nummer von Nabil«, sagte sie.

Er legte zur Antwort die Stirn in Falten.

»Die Telefonnummer«, wiederholte sie. »Die Telefonnummer von Nabil.«

Die Musik, begleitet und unterbrochen von Lachern, wurde lauter. Eine Gruppe von Männern tauchte im Treppenaufgang auf. Der Sanfte aus Turabis Büro war darunter. Unentwegt schüttelte der Türsteher den Kopf.

Anny zog ihn am Ärmel in die Nische des Schuhputzjungen.

Nur eine Sekunde lang öffnete sie ihre linke Faust. Gerade lange genug, damit er einen Blick auf den Geldschein werfen konnte. Zwanzig Dollar. Der Türsteher sah sie immer noch stumm an. Anny griff in die Tasche und zog zwei Kugelschreiber sowie ein buntes Feuerzeug heraus, alle mit dem Logo des Senders geschmückt.

»Telefon?« fragte der Türsteher plötzlich mit gesteigertem Interesse und faßte zuerst nach den Werbegeschenken, bevor er den Geldschein in der Hosentasche verschwinden ließ. »Nabil?«

Anny nickte und warf einen Blick zum Empfang, wo der Sanfte zusammen mit den anderen Männern stand und diskutierte.

»Wait«, murmelte der Türsteher.

Wie zufällig schlenderte er zur Rezeption, beugte sich vor zu einem der Angestellten und flüsterte ihm etwas ins Ohr. Der schüttelte den Kopf. Der Türsteher flüsterte wieder, woraufhin der andere hinter dem Vorhang verschwand.

Nach einer Weile schlüpfte er wieder hervor und reichte dem Türsteher eine Menükarte aus dem Hotelrestaurant. Der brachte sie Anny.

Sie steckte sie in ihre Tasche und wartete in ihrer Ecke.

Nachdem der Sanfte samt Begleitung im Treppenhaus verschwunden war, ging auch Anny zur Rezeption und legte den Schlüssel zu Zimmer 218 hin.

Der Angestellte nahm ihn mit unbewegtem Gesicht entgegen und hängte ihn in den Rahmen.

Im zweiten Stock angekommen, suchte Anny ihren Schlüssel, als sie im Rücken ein atemloses Keuchen hörte. Der Bruder des Türstehers war ihr nachgelaufen, zitternd stand er hinter ihr.

»Bakschisch?« flehte er.

Mitleidig sah Anny ihn an, griff in die Tasche, holte einen Schein heraus und hielt ihn dem Mann hin, aber der schüttelte nur den Kopf. Anny griff noch einmal in die Tasche. Er schüttelte nur beleidigt den Kopf. Erst als sie einen dritten Schein hervorzog, nahm er die dreihundert Dollar und entfernte sich. Die ausgemachte Summe für die Fahrt nach Omdurman.

Im Zimmer schob Anny die Reisetasche schnell beiseite, setzte sich aufs Bett und drehte die Menükarte um. Nur vier Zahlen waren auf die Rückseite geschrieben. Ihr Telefon schien repariert worden zu sein, es funktionierte auf Anhieb. Langsam wählte Anny.

Zwei

Drei

Drei

Sieben

Eine krächzende Männerstimme meldete sich, nicht die von Nabil. »Narâm.«

Anny antwortete nicht.

»Narâm«, bellte der Mann nach einer Pause noch einmal.

Anny blieb stumm und hielt den Atem an. Hinter der Stimme des Mannes hörte sie die eines zweiten und dann die eines dritten. Sie klangen alle tief und unfreundlich.

Nachdem Anny den Hörer auf die Gabel gelegt hatte, ging sie zum Fenster und stieß es auf. Es war zu stickig geworden im Zimmer.

21. Kapitel

Während Anny die glühendheiße Luft einatmete, die über der Flughafenhalle lag, versuchte sie sich an ihr Zimmer im *Grand-Hotel* zu erinnern. Den geleerten Schrank. Das ungemachte Bett. Es war so weit weg. Eine Ewigkeit weit weg. Mindestens einige Stunde.

Neben ihr stand plötzlich einer der beiden Wächter auf und schrie den schlafenden Schläfer an.

»Papers«, befahl er. Der Schläfer rührte sich nicht, und sie reichte ihm Pässe und Carnet, während der andere Wächter schlaftrunken hochgeschreckt war. Das Brüllen hatte auch ihn geweckt.

Anny sah auf die Uhr. Es war Mittag. Windböen erhoben sich und trieben den Sand über das Flugfeld. Es verwandelte sich in ein goldfarbenes Nichts.

Mehr als fünf Stunden waren bereits vergangen, seit sie von ihren Begleitern in die trostlose Wartehalle gebracht worden waren. Schon gegen sechs waren sie geweckt worden. Nachdem die Hotelrechnung beglichen war, deuteten die Wachsoldaten auf einen wartenden beigefarbenen Toyota-Geländewagen. Auf der Fahrt zum Flughafen war kein einziges Wort gesprochen worden.

Anny hatte auf dem Rücksitz gedöst, während der Schläfer neben ihr ununterbrochen fluchte. Sie waren ohne Frühstück abgefahren. Nicht einmal eine Cola hatte es noch im Hotel gegeben. Die Hochzeitsgesellschaft hatte die letzten Reserven verbraucht.

Auf dem Flugfeld regte sich etwas. Eine Gestalt lief schreiend in Richtung der Landebahn. Turbinengeräusche waren zu hören. Sie kamen näher. Kurz darauf rollte die Maschine der *Sudan-Air*, die seit zwei Stunden erwartet wurde, majestätisch heran. Ein heftiger Windstoß folgte.

Während die Wächter sich unwillig erhoben, packte der Schläfer seine Kamera, setzte seine kaputte Brille auf und folgte ihnen hinkend durch die Halle, in der fast keine Menschenseele war. Anny trottete ihnen hinterher. Der Chef der Zöllner nickte ihnen zu und sah mißtrauisch auf ihr Gepäck.

Draußen rieb sich der Schläfer sein Knie und warf einen Blick in die Ferne. Die Maschine stand am äußersten Ende der Piste.

Anny setzte den schwarzen Koffer ab. Aluminiumkisten, Stativkoffer und das Privatgepäck wurden bereits auf einem Wagen, der von einer Gruppe zankender Männer gezogen wurde, zur Maschine gebracht.

Der Schläfer rieb nochmals an seiner Kniekehle und marschierte los, die Kamera unter den Arm geklemmt und einen der Wächter an seiner Seite.

Der andere stellte sich neben Anny auf. Sie hob den Koffer mit dem Satellitentelefon hoch und folgte den beiden. Sofort setzte sich ihr Schatten auch in Bewegung.

Ein Schrei ertönte. »Anny!«

Sie blieb stehen, drehte den Kopf nach hinten und sah, wie eine Gestalt gegen den Wind kämpfend ihr hinterhergelaufen kam.

Sie wandte sich ab und ging weiter.

»Warte«, schrie Richard, als er näher gekommen war. »Warte!«

Sie beschleunigte ihren Schritt.

Der Schläfer wandte sich kurz um und blieb stehen.

»Wie schön, daß euer Flugzeug schon hier ist«, sagte Richard außer Atem.

Anny sah stur geradeaus. »Sehr schön«, antwortete sie und ging noch schneller. Der Wind trieb ihr den Sand in die Augen.

»Ich habe euch zwei Fensterplätze reservieren lassen.«

Anny blieb nicht stehen. »Wie aufmerksam.«

Richard atmete heftig. »Ich melde mich bald bei dir«, keuchte er.

»Warum?« fragte sie. Die *Sudan-Air* war noch weit entfernt.

»Wegen unseres Geschäfts.«

»Ich freue mich schon darauf.«

»Ich auch.«

»Freut er sich auch?«

»Wer?«

»Hodrum.«

Sein Keuchen wurde heftiger. »Er arbeitet im Moment sehr viel.«

»Ich dachte, er macht Urlaub?«

Richard konnte nicht mehr Schritt halten. »Eine Kleinigkeit noch«, rief er.

Anny hatte den Schläfer eingeholt. »Der Typ nervt«, sagte er.

»Wem sagst du das.« Sie drehte sich um.

»Nur eine Kleinigkeit«, rief ihr Richard zu und blieb stehen, um Atem zu schöpfen. »Turabi hat uns einen Freundschaftsdienst erweisen wollen.«

Der Schläfer stellte seine Kamera ab, nahm die Sonnenbrille herunter und musterte mit zugekniffenen Augen den Unbekannten, aber Richard beachtete ihn nicht. Die zwei Wächter sahen sich ratlos an.

»Bis wir unser Geschäft erledigt haben.« Richard rang um Luft. »Bis wir also unser Geschäft erledigt haben, stellt er Nabil unter den Schutz des sudanesischen Sicherheitsdienstes.« Er versuchte eine Unschuldsmiene aufzusetzen. »Deinen Liebhaber.«

Mit einem Ruck nahm der Schläfer die Kamera hoch und ging wieder los. Die beiden Wächter folgten ihm. Anny blieb allein stehen, während Sandkörner sich in ihrem Haar, dem

Gesicht und den Kleidern festsetzten. Sie versuchte das Muster auf Richards Krawatte zu erkennen. Es sah aus, als würden unzählige bunte Fische in einem kühlen Ozean herumschwimmen.

Er folgte ihrem Blick und hielt die herumfliegende Krawatte mit beiden Händen fest. Dann drehte er sich um.

»Warte«, rief Anny ihm hinterher.

Er stoppte und sah sie erwartungsvoll an.

»Ich habe auch noch ein paar Kleinigkeiten«, erklärte sie. »Zwei, um genau zu sein.«

Unentwegt hielt Richard seine bunten Fische fest.

»Du solltest Turabi um einen weiteren Freundschaftsdienst bitten«, rief Anny. »Um die Mikrokassette.«

»Was ist das?«

»Frag Hodrum, der kennt sich beim Fernsehen bestens aus.«

Mit beleidigtem Gesicht wandte er sich zum Gehen.

Anny legte die Hände an den Mund. »Und noch eine Kleinigkeit, Richard!«

Er drehte sich nicht mehr um.

»Gibt es diese Krawatten auch für Männer?«

Die Wächter und der Schläfer erwarteten sie an der Gangway.

»Wer ist dieser Idiot?« fragte der Schläfer.

»Richard, der Waffenhändler.«

Schon als sie längst in der Maschine saßen und die Türen bereits geschlossen waren, standen die beiden Wächter noch auf dem Flugfeld. Erst als die Turbinen angelassen wurden, verschwanden sie.

Anny lehnte sich zurück, schloß kurz die Augen und blickte dann aus dem Fenster.

Unten bewegten sich, fast unsichtbar hinter Sandböen, die beiden Flüsse, vereint zu einem Nil, hinaus aus Khartum. Die unruhige Wüste verschlang schon die Ränder der Stadt.

22. Kapitel

Anny sprang auf. Völlige Finsternis umgab sie. Schlaftrunken tappte sie ins Wohnzimmer und suchte nach einer Zigarette, aber sie fand keine. Die unausgepackte Reisetasche lehnte wie ein vergessener Gast gegen den Holztisch, auf dem die ungeöffnete Post lag.

Sie öffnete das Fenster. Ein Frühlingsduft lag in der Luft. Von der Straße her drängte der Verkehrslärm herauf. Kein Sandkorn. Nichts. Kein Nil war zu sehen, nur die Blechlawine mit ihrem Lärm.

Wie ruhig es doch im *Grand-Hotel* gewesen war, überlegte Anny. Ruhig und etwas gefährlich.

Eine Nachricht von Richard hatte bereits auf ihrem Anrufbeantworter gewartet. Genauer gesagt war es nicht eine, es waren fünf, die er von verschiedenen Orten aus aufgesprochen hatte.

Bei seinen ersten zwei Anrufen schlug er ein Treffen in Paris vor, aber gleich danach rief er wieder an und wünschte ein Zusammenkommen in Amsterdam. Mit seinem vierten Anruf bestätigte er das Treffen in Amsterdam, allerdings zu einer anderen Uhrzeit, während er in seinem fünften Anruf verlangte, daß die alte Uhrzeit beibehalten werde. Dafür hatte sich der Ort geändert.

Trotzdem war Anny zutiefst erleichtert.

Als wollte sie sichergehen, daß sie alles verstanden hatte, drückte sie nochmals den Wiedergabeknopf. Der Apparat quälte sich durch unzähliges Piepsen, unterbrochen von längst vergangenen Einladungen, vollzogenen Hochzeiten und mehreren Anrufen der Frühredaktion, der ihre Abwesenheit im Sender offenbar entgangen war.

»Kommst du am Nachmittag bei uns vorbei?« wollte eine unbekannte Stimme wissen.

Gern, dachte sie, aber an welchem Nachmittag?

Sie spulte das Band noch einmal zurück, übersprang Grüße und Küsse sowie die Einladung der »Frühstückseier«, wie die Morgenredaktion in der Sendersprache genannt wurde. Richards Stimme, stellte sie fest, war von unvermindert aufdringlicher Fröhlichkeit und erklang einmal, zweimal, dreimal, viermal und schließlich zum letztenmal.

Sie suchte nach einem Stück Papier und notierte.

Sonntag. 13 Uhr. Im Restaurant in der Halle B des Frankfurter Flughafens.

Noch drei Tage Schonfrist. Eine lange Zeit.

Anny kehrte zum Fenster zurück. Nur ein klarer Frühlingshimmel war zu sehen, kein heißes, unwirkliches Khartum. Sie schloß die Fenster und ließ die Jalousien herunter.

Im Schlafzimmer, auf dem Bett liegend, fielen ihr die Augen zu, aber die Anspannung wollte nicht verschwinden. Sie starrte verloren ins Nichts, sprang auf und suchte wieder nach einer Zigarette. Auf dem Holztisch, unter den Briefen, fand sie eine Packung, aber sie war leer. In der Reisetasche entdeckte sie schließlich ein halbvolles Paket, nahm eine Zigarette heraus und machte einen tiefen Zug.

Sie blickte der Rauchschwade nach.

Gleich am Morgen wollte sie noch einmal das deutsche Konsulat in Khartum kontaktieren. Vielleicht lag ihre Kassette doch neben alten Akten und leeren Süßstoffdosen. Und vielleicht hatte sich auch Nabil längst gemeldet. Richard, so beruhigte sie sich, neigte manchmal zu Übertreibungen.

Anny strich sich über die Stirn. In der Küche öffnete sie den Kühlschrank. Nichts mehr da. Nicht einmal eine Pakkung Gemüse mit abgelaufenem Verfallsdatum.

Enttäuscht trottete Anny zurück ins Schlafzimmer, aber die Anspannung war noch da und trieb ihr ständig Erinnerungsfetzen durch den Kopf.

Den nächtlichen Besuch auf der Polizeistation, und wie der Schläfer versuchte, sein blutiges Gesicht zu reinigen. Die Derwische und die Bärtigen von Omdurman. Nabils altes Hobby, das Fälschen von Ausweisen. Sein neues, Anny auf ein morsches Bett zu legen.

Abrupt stand sie auf, packte den Plastikbeutel mit dem Badeanzug und fuhr hinunter ins Erdgeschoß.

Die Schwimmhalle mit ihren schmutziggrünen Kachelwänden, die das Becken an drei Seiten einrahmten, sah trostlos aus. Die vierte Wand war aus Glas. Die Fenster zeigten jedoch nur auf den hauseigenen Parkplatz.

Annys Schritte hallten von den Wänden wider. Sie stellte sich an den Beckenrand und sprang ins Wasser, während die Hausbesorgerin, ein begnadeter Putzengel, ausgestattet mit Kübel und Scheuermittel, in der Tür auftauchte.

»Springen ist verboten!« rief sie Anny zu.

Anny schwamm ihre erste Bahn.

Erst nachdem die Frau wieder verschwunden war, stieg sie atemlos aus dem Wasser, nahm ihren Bademantel und starrte durch das Fenster auf die parkenden Autos. Eine Gestalt ging gerade mit federnden Schritten auf ein Auto zu.

Anny wischte sich mit einem Zipfel ihres Bademantels über die Augen.

Es konnte nicht Nabil sein, und sie war nicht mehr in Khartum. Es war zu frühlingshaft. Nicht ruhig genug. Und es war auch nicht Richard oder der Messias oder das Pokerface.

In einem mußte sie Nabil recht geben. Sie hatten wirklich keine Skrupel.

Während sie hinausstarrte, strich sich Anny wieder mit dem Rand des Bademantels über die Augen. Einmal. Noch einmal. Einige Tropfen fielen unentwegt auf ihre Lippen. Sie schmeckten salzig.

23. Kapitel

Die Stimmung in der Redaktion war prächtig. Nachdem am Vortag die Quote der Abendnachrichten ein bisher unerreichtes Hoch erreicht hatte, blickte die Mannschaft voller Heiterkeit in den neuen Kampftag. Stalin hatte die Protokolle bereits zum Frühstück eingefordert und daraufhin die Schneideräume zum erstenmal völlig entspannt inspiziert.

Die Cutterinnen erschraken.

Schnell hatte sich das Gerücht über den Sendeerfolg ausgebreitet, und eine Schar Mitarbeiter drängte in das Sitzungszimmer, während Anny in die entgegengesetzte Richtung spazierte, an ihren Schreibtisch. Sie war unausgeschlafen. Von Zeit zu Zeit nahm sie einen Schluck aus dem Becher, auf den das dreifarbige Senderlogo gemalt war. Ein Weihnachtsgeschenk der Leitung der Information. Kostspieligere Gaben oder auch einfache Dankesschreiben galten in der modernen Fernsehwelt als veraltet.

Der Professor tauchte auf. »Kommen Sie mit«, sagte er. »Es tun sich einige interessante Dinge.«

Anny folgte ihm in Richtung Sitzungszimmer und begann zu singen: *»57 channels and nothin' on ...«*

Kurz vor dem Sitzungszimmer kamen ihnen drei bullige Männer entgegen. Einer hatte eine prallgefüllte Aktentasche unter dem Arm. Alle sahen blaß und besorgt aus und stellten sich dem Professor in den Weg.

»Herr Haltbach?« fragte der Hüne mit der Tasche, der offenbar kein treuer Zuschauer des Senders war. Das Gesicht des Professors war im allgemeinen gut bekannt.

»Falsch«, antwortete der und deutete in Richtung von Stalins Büro. Anny, die unbeirrt weitergesungen hatte, blickte den Männern hinterher. Wie der dürre Zwerg, den die Führer befragt hatte, trugen die drei verschmutzte Schuhe.

»Die Auserwählten Gottes«, erklärte der Professor, als die Männer um die Ecke verschwunden waren, und hielt die Tür zum Sitzungszimmer auf. Anny sang noch immer.

Als Stalin ihre Stimme vernahm, sah er ungehalten auf. Anny verstummte und ließ die Tür ins Schloß fallen.

»Auch wieder im Lande?« stieß er zwischen halb geöffneten Lippen hervor. Anny nickte ihm zu, während sich der Professor ihm gegenüber auf den freien Sessel niederließ. Die Arme auf den Tisch gestützt, sah er Stalin an.

»Eine ausgezeichnete Sendung«, erklärte der sofort trokken. »Reden wir über die nächste.«

Einige Köpfe nickten. Anny, die sich einen Sessel von der Wand an den Tisch gezogen hatte, setzte sich und lehnte sich zurück.

Die Königskobra, schon zu früher Stunde makellos geschminkt, warf Stalin einen ihrer menschlichen Blicke zu, aber er beachtete sie nicht.

Die Augen der anderen Mitarbeiter hingen ebenfalls an Stalins Gesicht, der aber nur seine Quotenprotokolle bewunderte und darin unentwegt blätterte.

Noch bevor der Chef vom Dienst die geplanten Reportagen für die Mittags- und Abendnachrichten des Tages vorgetragen hatte, wurde Stalin schon unruhig und sah auf die Uhr. »Ich muß weg«, murmelte er.

Der Professor nahm endlich die Arme vom Tisch, den Blick unentwegt auf Stalin gerichtet. »Wir sollten die Sache noch einmal überdenken«, sagte er ruhig. Sofort wanderten mehrere Augenpaare in seine Richtung.

Gekonnt spielte die Königskobra mit ihrem edlen Kugelschreiber. Annys Nachbar, ein rothaariger Mann, neu erworben, blickte sie mit fragendem Gesicht an. Sie sah ebenso zurück.

»Was heißt das?« flüsterte er.
»Keine Ahnung!«
»Warum singen Sie es dann?«
»Sie meinen das Lied?«
»Genau.«
»57 Kanäle und nichts zu sehen.«
»Verstehe.«
»Ich bin derselben Meinung«, ertönte es aus einer Ecke. Marlene, die Cutterin, saß dort.
»Können wir am Nachmittag darüber reden?« erwiderte Stalin, wobei er sich schnell über die Krawatte strich. Keine Fische in einem Ozean wie bei Richard. Ein klassisches Muster, das von gewisser Erfahrung bei der Auswahl zeugte.
»Wir sollten uns nicht auf die Geschichte einlassen«, fuhr der Professor fort. »Sie ist zu gefährlich.«
Unentwegt drehte die Königskobra ihren Stift zwischen den Fingern, bis er herunterfiel, aber sie hob ihn nicht auf, sondern strich sich nur über die Haare. Irgendwie schien sie angespannt. »Was geht Sie das überhaupt an?« fauchte sie in Richtung des Professors.
»Es geht alle an«, erwiderte er.
Stalin stand auf. Die Sitzung war beendet. Als er durch die Tür verschwand, eilten ihm einige Mitarbeiter sofort hinterher, mit hungrigen Mienen, als zögen sie in die Schlacht. Der Rest der Mannschaft ging betroffen hinaus.
Der Professor blieb als einziger sitzen.
Mit verschränkten Armen saß er noch auf seinem Platz, als Anny einige Minuten später mit einer Tasse Kaffee zurückkehrte. Sie setzte sich an seine Seite und betrachtete die Hochglanzfotos der Stars des Senders auf der gegenüberliegenden Wand. Dornhelmers Bild, das seit seinem meisterlichen Auftritt während der Golfkrise dort gehangen hatte, war bereits durch den frischerworbenen Wetterfrosch ersetzt worden. Der trug ein buntes Hawaiihemd, das vorzutäuschen schien, es herrsche auch in Deutschland ewiger Sommer.

»Was ist eigentlich los?« fragte Anny teilnahmslos. Die Müdigkeit in ihrem Kopf wollte einfach nicht verschwinden.

Verdrossen nahm der Professor seine Brille ab. »Sie bereiten eine Reportage vor«, antwortete er.

»Was für eine Reportage?«

»Eine Reportage über eine Sekte.«

»Es gibt Schlimmeres«, antwortete Anny, etwas enttäuscht über die Antwort.

»Sicherlich«, stimmte er zu. »Diese Reportage könnte aber gefährlich werden.«

Anny rückte näher.

»Ein Lehrer, der jahrelang der Buchhalter einer Sekte war, wurde von der Führer interviewt«, fuhr er nach einer Pause fort. »Eigentlich war es gar kein Interview. Es war ein Verhör.«

»Kann ich mir vorstellen«, erwiderte Anny.

»Er hat viel erzählt.«

»Ich weiß. Von Waffenlagern.«

»Er hat Haltbach auch eine Kassette zugeschickt.«

»Die liegt bei der Dicken Berta«, sagte Anny.

»Mehrere Geheimtreffen der Sekte sind darauf zu sehen. Der Buchhalter hat die Kassette aber nicht, wie versprochen, zurückbekommen.«

Der Professor stand auf. »Heute hat Stalin die Auserwählten Gottes in den Sender geladen. Sie bekommen das Geständnis des Buchhalters vorgeführt.«

Anny unterdrückte ein Gähnen.

»Im Gegenzug für diesen Gefallen haben sie der Führer versprochen, ein Kamerateam auf ihren Bauernhof zu lassen«, sagte er mit aufkeimendem Zorn in der Stimme. »Sie leben alle irgendwo auf dem Land. Ohne Wasser und Strom.«

Auch ohne Schuhputzzeug. Anny sah die verstaubten Schuhpaare vor sich und blickte auf das Bild des Wetterfroschs auf der Wand gegenüber. Er lachte. Draußen begann es leicht zu tröpfeln.

»Wie lange kennen Sie ihn eigentlich schon?« fragte sie.

Der Professor stand an der Tür. »Schon sehr lange«, antwortete er. »Ungefähr zwanzig Jahre.«

»War er immer so?« fragte Anny und nahm einen großen Schluck aus der Tasse.

»Immer.«

»Er ist nie ein ganz normaler Mensch gewesen?«

»Doch«, sagte der Professor und wollte gehen.

»Für jemanden, der so viel weiß, reden Sie aber wenig«, sagte Anny. Sie gähnte wieder.

➢➢➢ ✸ ≺≺≺

Sie gingen den Rhein entlang, der aufkommende Mittagsverkehr strömte an ihnen vorbei. Es nieselte.

»Kennen Sie die ganze Geschichte seiner Familie?« fragte der Professor.

»Nur die mit dem Vater«, antwortete Anny.

»Die mit der Zeitung nicht?«

»Nein.«

Der Professor lächelte.

»Seine Familie besaß eine kleine Zeitung in Nürnberg. Altes Geld. Alter Besitz. Verkaufte sich lange Zeit ganz gut. Gerd war der Erbe. Ich war Lokalreporter. Wir waren gute Freunde.« Er verstummte eine Zeitlang.

Die Müdigkeit verschwand aus Annys Gliedern, der Spaziergang tat ihr gut. Der Regen fiel ihr ins Gesicht.

»Nach einiger Zeit bekam ich ein Angebot von einem Radiosender, verließ die Stadt und verlor ihn aus den Augen«, fuhr der Professor schließlich fort. Ein schweres Motorrad fuhr mit aufbrüllendem Motor vorbei.

»Das war, bevor Sie zum Sender kamen?«

Er nickte. »Vor ungefähr anderthalb Jahren traf ich einen ehemaligen Mitarbeiter der Zeitung«, sagte er hastiger und zog den Kragen seines Mantels fester. Der Regen war stärker geworden.

»Er erzählte mir, daß Gerd in Amerika war und in New York bei einem Verlag arbeitete.«

Anny sah ihn von der Seite an. Also nicht Großbritannien, sondern Amerika.

»Vor einer Dienstreise nach New York rief ich in der Zeitung an, um seine Telefonnummer zu erfahren«, unterbrach die Stimme des Professors ihre Gedanken. »Niemand kannte sie. Ich hatte noch die Nummer der Familie. Ein mürrischer Mann sagte mir, Gerd Haltbach sei nicht erreichbar. Ich habe die Stimme erkannt. Es war sein Vater.«

»Der gelähmte Vater?« fragte sie.

»Ja«, entgegnete er und blieb stehen.

»Ich habe Gerd aber trotzdem gefunden.«

Sie gingen weiter. »Er wohnte in einem baufälligen Haus an der East Side und war betrunken.«

Anny ging schneller. »Das kann ihm heute nicht mehr passieren.«

Jetzt sah er sie von der Seite an. »Die Zeitung war verkauft worden. An eine Verlagsgruppe, die sie in ein Boulevardblatt verwandelt hatte. Die Mutter war tot. Die Verlobte weg. Und Gerd war gefeuert worden, nachdem der neue Herausgeber ihn als unbeweglichen Linken beschimpft hatte.«

»Das kann ihm heute auch nicht mehr passieren.«

Der Professor nickte nicht. »Der Vater, den er abgöttisch verehrte, bekam einen Herzinfarkt.«

»Hat er das gesagt?«

»Ja. Nach einer weiteren Flasche Whiskey. Er war völlig außer sich. Er lallte nur noch vor sich hin. Daß er es allen heimzahlen werde. Oder so ähnlich. Unverständliches Zeug.«

Anny blieb wieder stehen. »Mir hat er erzählt, daß er in London gewesen sei.«

Ohne zu antworten, ging der Professor weiter.

»Und daß der Vater seit einem Autounfall gelähmt wäre.«

»Wann war das?«

»In der Nacht nach meiner Scheidung.«

Als sie am Ende des asphaltierten Wegs angekommen waren, blickte der Professor argwöhnisch auf das aufgeweichte Erdreich vor ihnen.

»Sie fragen gar nicht, was der Grund für die Scheidung war«, sagte Anny und folgte seinem Blick. »Er war es nicht.«

Die Sache wurde langsam unerträglich, dachte Anny und wich einer Regenpfütze aus. Sie mußte sich auf alle Fälle bei ihm melden. Wegen der Wohnung und wegen der Hochzeit, zu der sie nicht kommen wollte. Er wird es nicht so schwer nehmen. Er war glücklicher mit seiner neuen Frau.

»Er hätte aber der Grund sein können«, lachte der Professor und machte eine halbe Kehrtwendung.

»Ich weiß.«

»Er läuft allen Frauen hinterher.«

»Fast allen.«

»Mit Ihnen kommt er aber irgendwie nicht zurecht.«

»Nein«, sagte Anny. »Irgendwie kommt er mit mir nicht zurecht.«

Sie gingen weiter durch den Regen, bis der Professor auf die Uhr sah und seine Schritte beschleunigte. »Schickt er Ihnen oft Blumen?«

»Woher wissen Sie das?«

Er verzog den Mund. »Er hatte vergangene Woche keine Zeit für die Bestellung und bat mich, es zu erledigen.«

Als sie am Wagen des Professors angekommen waren, griff er in den Mantel und suchte nach dem Schlüssel. »Irgendwie verstehe ich Ihre Wut auf ihn«, sagte er und schob den Schlüssel ins Schloß. Wie auf Befehl wurden alle vier Türen des Audi auf einmal entriegelt.

»Nein«, sagte Anny. »Sie verstehen sie nicht.« Sie trat einen Schritt zurück. »Ich komme nicht mit«, sagte sie. »Ich habe noch etwas zu erledigen.«

Der Professor nickte, setzte sich in den Wagen und fuhr los.

Anny schrie ihm nach: »Warum haben Sie ihn nicht in New York gelassen?«

24. Kapitel

Anny blieb stehen und beobachtete lächelnd, wie sich der rothaarige Kollege vorsichtig durch den Korridor zwischen Großraumbüro und Technik heranschlich. Der schmale Verbindungsgang lag außerhalb der Sicht von Stalins Büro. Er wurde der »Ho-Chi-Minh-Pfad« genannt. Unter der Jacke des Rotschopfs lugte eine Papiertüte hervor, in der einige Flaschen versteckt waren. Nachschub für die erschöpfte Mannschaft. Der Mensch lebt nicht von Quoten allein.

Nach einem Blick auf Stalins Hausordnung, die während ihrer Abwesenheit auch an der Tür zum Großraumbüro befestigt worden war, ging sie an ihren Schreibtisch. Das Alkoholverbot war mit einem breiten Balken durchgestrichen worden.

»War ein Vietcong«, kommentierte der Neue trocken und bot ihr ein Glas an.

Anny schüttelte den Kopf, zog sich das Telefon heran und wählte. Als die Verbindung endlich zustande kam, lauschte sie erleichtert in den Hörer. Das Klingeln ertönte dreimal, viermal, aber niemand hob ab. Sie versuchte es noch einmal. Ohne Erfolg.

Um sie herum feierten die Kollegen den Quotensieg vom Vortag. Auf einigen Tischen lagen schon leere Kartoffelchipspackungen und Cola-Dosen. Nur der Alkohol wurde in den Papiertüten gelassen.

Noch einmal griff Anny zum Telefon. Sie wählte die erste Zahl und wartete dann. Die zweite. Schon bei der vierten erklang das Besetztzeichen. Anny begann von neuem.

Beim fünften Versuch kam sie durch. Das dumpfe Geräusch am anderen Ende, auf einem anderen Kontinent, auf dem sich das versteckte Büro von Konsul Hegel befand, klang verloren. Es riß bald wieder ab.

Anny griff in ihre Tasche und zog die Menükarte des *Grand-Hotel* heraus, Nabils Nummer, aber es antwortete nicht einmal ein dumpfes Geräusch.

Die Papiertüte, die einige verräterische Spritzer schmückten, wanderte herum, und Anny versuchte sich die jungen aufgeweckten Gesichter zehn Jahre später vorzustellen. Es gelang ihr ohne größere Probleme.

Nach einer Weile verschwand die heitere Schar in Richtung Sitzungszimmer. Sie blieb allein zurück, nahm den Werbekalender zur Hand, das Neujahrsgeschenk des Senders, und riß die verfallenen Blätter ab.

Es war Samstag.

Ihr Telefon läutete. »Komm in mein Büro«, sagte Stalin.

»Wann?« fragte sie.

»Sofort.«

Die Tür zu seinem Vorzimmer stand halb offen, eine ungeduldige Stimme war zu hören.

»Baby«, sagte Stalin, »hör auf zu heulen.«

Wie ein ertappter Dieb blieb Anny stehen.

»Natürlich werden wir uns wiedersehen«, fuhr er fort.

Als sie eintrat, sah er auf, kaum überrascht.

»Nein«, sagte er in den Hörer. »Du darfst es ihm nicht sagen. Noch nicht.« Sie setzte sich hin und sah ihn an.

Baby. Stell dich doch nicht so an.

»Ja«, sagte er, während sie aufstand, zum Fenster ging und hinausblickte. Auf dem Parkplatz standen nur einige Wagen um die knorrige Eiche herum.

»Das weißt du doch«, hörte sie Stalin sagen.

Sie drehte sich um und ging zurück zum Tisch. Er begann, sie aus seinen schmalen Augen zu beobachten. »Natürlich sehen wir uns wieder.«

Anny rückte den Stuhl heran und summte ... *57 channels and nothin' on.*

»Nein. Ich bin allein«, sagte Stalin in den Apparat und warf ihr einen eisigen Blick zu. Anny summte weiter.

Er legte auf.

»Wie war es im Sudan?«

»Angenehm«, antwortete sie, seine Augen ruhten auf den kahlen Wänden.

»Du warst erfolgreich?«

»Sehr.«

Mit kreisenden Bewegungen kramte Stalin auf seinem Schreibtisch herum, als suche er etwas. Seine mächtige Hand stieß dabei eine Königin auf dem Schachbrett um. Unter den Quotenprotokollen fand er die Fernbedienung.

»Was ist auf dem Film zu sehen?« fragte er weiter, während er den roten Knopf drückte und eines der Fernsehgeräte zu summen begann.

»Ein Mord, wie gewünscht«, erwiderte sie ruhig.

»Das dachte ich mir.« Sein Mund war nicht mehr so schmal. »Was für ein Mord?«

Anny nahm sich vor, ihm sofort alles zu gestehen. Alles. Die Sache mit Hodrum. Das Interview mit dem Führer der »Nationalen Islamischen Front«. Omdurman. Die Derwische. Nabil nicht. Aber alle Mißerfolge. Es war Samstag. Die Dicke Berta konnte das Geständnis nicht mit Telefonaten stören. Stalin würde Geduld haben bis zu ihrem Treffen mit Richard im Frankfurter Flughafen. Bis die Mikrokassette angekommen war. Mit dem gewünschten Mord.

Sie sah auf und vergaß das Geständnis sofort wieder.

Stalins Lippen waren nur noch ein Strich. »Montag bist du dran«, sagte er und surfte durch die Programme.

»Warum nicht erst in einer Woche?«

»Der Termin ist schon vergeben.«

»An wen?«

»Streng geheim.«

»Ich schaffe es nicht«, antwortete sie.

»Solltest du aber.«

Anny sprang auf.

Immer wieder drückte Stalin auf die Fernbedienung, bis auf dem Bildschirm die Übertragung eines Boxkampfs zu sehen war. Ein blutüberströmter Hüne taumelte nach einem Schlag in die Seile. Gelassen betrachtete Stalin die Szene. Das johlende Publikum heizte den zählenden Ringrichter noch an. Der Riese wälzte sich am Boden. Er trug rote Shorts. Das Logo eines Autokonzerns war seitlich aufgedruckt.

»Warum kannst du das alles nicht einfach vergessen?« hörte sie Stalin mit gleichgültiger Stimme fragen.

»Ich kann, aber ich will nicht«, erwiderte Anny aus dem Vorzimmer.

25. Kapitel

Erleichtert faltete Anny die Zeitung zusammen und blickte auf. Wie von dem Mechaniker versprochen, stand ihr Auto am Straßenrand vor der geschlossenen Werkstatt. Sie ließ den Taxifahrer halten, bezahlte, stieg aus und ging mehrmals um ihren Wagen herum. Er war verdreckt. Der Mechaniker mußte ihn schon vor den Regenfällen abgestellt haben.

Gedankenverloren fuhr sie mit der Hand über die Scheiben und suchte dann in der Tasche nach dem Autoschlüssel. Ohne Erfolg. Sie breitete die Sonntagszeitung auf der Kühlerhaube aus und leerte den Inhalt der Tasche aus. Notizblöcke. Puderdose. Geldbörse und zwei Videokassetten. Sonst nichts. Kein Schlüssel.

Anny nahm die Videokassetten zur Hand. Auf dem Etikett der einen stand *OT Turabi*. Auf dem der zweiten *Kopie OT Turabi*.

Schnell packte sie alles zurück in die Tasche und sah auf die Uhr.

Nachdem sie die Straße überquert hatte, ging sie eilig die Hecken mit dem ersten Grün vor der Häuserreihe entlang. In einem Vorgarten wusch ein Mann, bekleidet mit einem Trainingsanzug, seinen Wagen.

»Hallo, Frau Bonner«, rief er ihr zu. »Auch wieder einmal hier?« Er näherte sich dem Gartentor, bereit zu einem Plausch, aber Anny hastete weiter.

Am Ende der Straße blieb sie vor einem gußeisernen Tor stehen, zog einen Schlüssel aus dem Bund und schloß auf. Im Erdgeschoß des einstöckigen Hauses brannte Licht. Anny bückte sich und schlich an dem Türfenster vorbei.

Im ersten Stock war es kalt. Der Geruch frischer Farbe

strömte Anny entgegen, als sie nach dem Lichtschalter tastete. Grelles Licht erfüllte das Zimmer, das ohne Möbel und Gardinen kalt wie Stalins Büro wirkte.

Auf dem Fensterbrett lag der zweite Autoschlüssel, hinterlegt vom Mechaniker, sowie eine Notiz vom Hausbesitzer. Er forderte sie auf, die noch ausstehende Stromrechnung zu bezahlen.

Am unteren Rand der Notiz hatte er hinzugefügt, daß er noch keinen Nachmieter gefunden hatte.

Langsam ging Anny durch die Wohnung. Die vier Zimmer, alle mit hohen Decken. Das Bad mit einer tiefen, riesigen Wanne.

Als Christian über Nacht ausgezogen war und ihr das gemeinsame Heim großzügigerweise überlassen hatte, war Anny noch dankbar gewesen über die 120 Quadratmeter Altbau. Aber schon nach zwei Monaten hatte sie den Hausbesitzer gebeten, einen Nachmieter für die Pracht zu finden. Es war nicht leicht, die Wohnung loszubringen. Sie war zu groß. Und teuer.

Während sie die Notiz einsteckte, blickte sie aus dem Fenster auf die Gartenlaube, die ohne jedes Blatt wie ein Käfig aussah.

»Traumhaft«, hatte Christian geschwärmt, als sie die Wohnung samt Garten noch vor ihrer Hochzeit vor sechs Jahren im tiefsten Winter besichtigt hatten. Er liebte die Natur zu jeder Jahreszeit und in allen Facetten. Naturkost, Naturwolle und Naturmöbel. Er war ein brauchbarer Innenarchitekt und ein miserabler Ehemann.

Viel zu langweilig, hatte der Schläfer behauptet, obwohl Anny ihm nicht immer zustimmte. Vor allem nicht nach Nächten, verbracht mit flüchtigen Bekanntschaften, in morschen Hotelbetten.

Am Ende hatte der langweilige Ehemann sie verlassen. Er bot Anny eines Morgens die Scheidung an, weil seine Geliebte schwanger war. Eine »sehr ruhige und nette Frau«.

Ein Dreiertreffen hatte Anny dankend abgelehnt. Solche Ideen konnten nur Christians seltsamer Phantasie entspringen. Wie die Idee, Anny zu seiner Hochzeit mit der hochschwangeren Dauerfreundin einzuladen.

Auf dem Fensterbrett stand ein angestaubter Anrufbeantworter, den Anny für Nachzügler dagelassen hatte. Das rote Licht auf der Maschine blinkte in schnellen Abständen. Anny drückte den Knopf für die Wiedergabe. Das Band spulte zuerst zurück, dann wieder vor, bis schließlich eine undeutliche Stimme zu hören war. Die Stimme des Sanften aus Hassan Turabis Büro.

Ich hoffe, es geht Ihnen gut.

Anny preßte ihr Ohr an den kleinen Lautsprecher.

Falls Sie von Nabil hören, rufen Sie folgende Nummer an.

Dann folgte eine Nummer. Sie lautete 00202876314.

Anny notierte gerade die Zahlen, als der Apparat piepste. Die Stimme des Sanften ertönte noch einmal.

Noch etwas. Er ist verschwunden.

Anny faßte in die Tasche, nahm ihr Handy heraus und tippte die Zahlenfolge ein.

00202876314

Es meldete sich niemand, sie wählte sie noch einmal. Keine Antwort. Sie sah auf die Uhr.

Schon 11 Uhr 5. Nur noch zwei Stunden.

➢➢➢ ✹ ⮘⮘⮘

Am Flughafen angekommen, parkte Anny den Golf in der Tiefgarage und eilte in die Halle B. Die Uhr neben der Anzeigetafel stand auf 13 Uhr 5.

Als sie atemlos das Restaurant erreichte, flog ihr Blick über die Tische. Alle waren besetzt. Nur einer, neben einem Urlauberpärchen mit einem riesigen Surfbrett, war noch frei. Anny setzte sich und wartete, aber Richard tauchte nicht auf. Sie legte den Kopf schräg und versuchte, die Stellung der Zeiger auf der Armbanduhr des Mannes am Nebentisch zu erkennen.

Dreizehn Uhr fünfzehn.

Noch bevor sie Richard erblickte, hörte sie ihn schon fluchen. Er versuchte sich an dem Surfbrett vorbeizuschieben, wobei er dessen Besitzern einen verächtlichen Blick gönnte. Gegen sein linkes Ohr hielt er ein Handy gepreßt.

Anny versenkte ihren Blick in ihr Glas Orangensaft.

»Laß uns hier weggehen«, sagte Richard, ohne zu grüßen.

Sie nahmen einige Ecken weiter in einer Bar neben dem Geschäft einer englischen Nobelmarke Platz und bestellten zwei Tassen Cappuccino. Richards Handy läutete wieder. Plötzlich wandte er sich um und rief nach dem Kellner.

»No Sahne«, brüllte er und warf einen maßregelnden Blick auf einen Mann, der am Nebentisch rauchte. Anny griff in ihre Tasche und holte sich eine Zigarette heraus.

»Muß das sein?« brummte Richard.

»Ja«, erwiderte sie.

Über den Austausch der Kassetten fiel kein einziges Wort. Bevor noch die Cappuccini ohne Sahne serviert waren, verschwand Richard in der gegenüberliegenden Apotheke.

Er kehrte mit einer Großpackung *Alka-Seltzer* zurück und rief nach einem Glas Wasser. Es kam zusammen mit dem Cappuccino. Richard löste zwei Tabletten in dem Glas auf, während Anny einen Schluck aus ihrer Tasse trank und ihn beobachtete. Sein braungebranntes Gesicht stach auffallend von seiner Krawatte ab. Sie war schwarzweiß gestreift. Mit leuchtend roten Mohnblumen in der Mitte.

Unmerklich tastete Anny ihre Tasche ab. Alles in Ordnung. Die beiden Kassetten waren noch da.

»Gehen wir?« fragte Richard. Noch war über den Anlaß ihres Treffens kein Wort gefallen. Anny zahlte.

Eine Gruppe japanischer Touristen hastete, bepackt mit Plastik- und Papiertüten, an ihnen vorbei.

»Menschheit ist Kundschaft«, kommentierte Richard.

Anny blieb stehen. »Was ist mit Nabil geschehen?«

»Weiß ich doch nicht.« Er ging weiter.

»Ist ihm was passiert?«

Er stampfte leicht mit dem rechten Fuß auf. »Aber nein.«

»Garantierst du das?«

»Selbstverständlich«, rief Richard. »Traust du mir etwa nicht?«

»Nein«, sagte Anny.

Er griff in seine Sakkotasche und reichte ihr ein Kuvert, in dem Anny mit einem Griff einen winzigen rechteckigen Gegenstand spürte. Sie fuhr mit der Hand in ihre Tasche, nahm die beiden Kassetten heraus und hielt sie ihm hin. Er riß sie ihr aus der Hand, stellte seinen Aktenkoffer auf dem Boden ab, öffnete ihn und schob sie hinein. Dann schaute er sich um.

»Ist noch was?« fragte er. Sein Handy läutete.

»Nein«, erwiderte sie und folgte ihm trotzdem.

Er blieb vor einem Schalter stehen, vor dem schon eine lange Schlange Reisender wartete. Richard drängte sich an allen vorbei. Zwei Männer, die vorn am Check-in standen, stieß er zur Seite.

»First class«, sagte er, faßte in die Innentasche seines Sakkos und knallte einen Flugschein auf den Counter. Verwirrt sah die Frau hinter dem Schalter auf. Anny stellte sich neben Richard, riß ein Blatt aus ihrem Notizblock und schrieb etwas auf, während Richard nach seinem Reisepaß suchte.

Nachdem Anny das Blatt herausgerissen hatte, reichte sie es der Frau, die ihre Augen unmerklich aufriß.

»Der da?« fragte sie und zeigte auf Richard.

Anny nickte. Bevor sie verschwand, sah sie noch, wie er nervös mit den Fingern der linken Hand auf das Pult trommelte. Dabei telefonierte er, das Handy in der rechten.

Vor der Anzeigetafel mit den Abflugzeiten in der Halle blieb Anny stehen.

Alles paßte.

Richards Flug ging um 14 Uhr 10. Lufthansa. Flugnummer 237 nach Abu Dhabi. Wahrscheinlich flog er sofort weiter. Anny hatte die Zeitangabe für den Weiterflug auf seinem Ticket nicht genau entziffern können. Nur den Namen des Zielflughafens. Islamabad. In Pakistan.

➤➤➤ ✹ ⮜⮜⮜

»Peststation«, sagte die frech klingende Stimme, sie gehörte dem Rothaarigen.

»Wie bitte?«

»Nur ein Scherz.«

»Bonner«, sagte Anny. »Das ist kein Scherz.«

Schnell trat sie auf die Bremse. Der sonntägliche Ausflugsverkehr war ausgebrochen. »Ich brauche etwas«, bat sie und nahm ihr Handy von der rechten in die linke Hand, bevor sie zurückschaltete und dabei das Lenkrad mit dem Ellbogen drehte.

»Wir verkaufen nichts«, scherzte er weiter.

»Pakistan«, fuhr sie unbeirrt fort. »Was ist los in Pakistan?«

In der Leitung wurde es still. Nach einer Pause kehrte der Kollege zurück. »Es gibt eine Menge Probleme«.

»Welcher Art?« fragte Anny.

»Cricket.«

»Wie bitte?«

»Die pakistanische Nationalmannschaft hat beim Cricket gegen Indien verloren.«

Anny atmete tief durch und schaltete hinunter in den dritten Gang. Der Golf zog an einem Sonntagsfahrer vorbei.

»Sonst noch was?«

»Hochzeiten.«

»Was?«

Die Leitung wurde schwächer. Die Stimme klang zerhackt. »Hochzeiten!« schrie ihr der Kollege ins Ohr.

»Habe verstanden«, erwiderte sie. »Was für Hochzeiten?«

»Eine pakistanische Hochzeit.«

»Wer heiratet?«

»Ein Pakistani. Er heißt Imir Khan.«

»Wer ist das?« fragte Anny. Vor ihr tauchte ein alter Mercedes auf. Sie fuhr auf die linke Spur und überholte ihn, während der Fahrer sie von der Seite mit einem strafenden Blick bedachte.

»Ein reicher Mann.«

»Wie reich?«

»Der reichste im Land.«

»Können Sie mir die Meldung nicht vorlesen?«

»Nein.«

»Warum nicht?«

»Ich habe bisher nur die Bilder über die Vorbereitungen bekommen. Super. Einfach super.«

Anny gab ihre Nummer durch und bat um einen Rückruf, sobald die ersten Agenturberichte eintrafen.

Zwanzig Minuten später rief der Rothaarige zurück.

Die Nachrichtenagenturen meldeten, daß ein gewisser Imir Khan, der als der reichste Mann Pakistans galt, sich am kommenden Dienstag mit Cathrin Hodrum vermählen wollte, der Tochter von Richard Hodrum. Sie war zum moslemischen Glauben übergetreten. Zu den Feierlichkeiten wurde auch der Vater erwartet.

Die pakistanische Presse hatte außerdem berichtet, daß Hodrum mit seinem Schwiegersohn eine enge berufliche Zusammenarbeit verbinde. Auch über Hodrums langjährige Lieblingsidee wurde gemunkelt. Global-TV. Ein Nachrichtensender, der weltweit senden sollte.

Zweistein legte den Zentralschalter um und riß den Mund auf, während er einen Zipfel seines Hemds umständlich in seine ungebügelte Hose stopfte. Ungeduldig trommelte Anny mit den Fingern auf der Tischplatte. Schneller, dachte sie. Das muß doch auch schneller gehen.

Zweistein gähnte.

Sofort nach der Rückkehr vom Flughafen hatte sie ihm eine Nachricht in seinem Büro hinterlassen, da sein privater Anschluß nicht funktionierte. Erst drei Stunden später hatte er sich auf ihrem Handy gemeldet.

Die Lichter in den Sichtfenstern der Maschinen leuchteten eines nach dem anderen auf, während Zweistein hinter den Tisch mit dem Mischpult kroch, wieder auftauchte und sich mit den Fingern durch seine unbezähmbare Haarpracht fuhr.

Dornhelmers Kameraausrüstung, Aufnahmegerät und Richtmikrophon, die seine Mutter an den Sender zurückgeschickt hatte, lag auf einem Beistelltisch. Die Ausrüstung war seit dem Tod der Mickey Mouse von niemand mehr benutzt worden. Anny hatte sie bei der technischen Abwicklung angefordert und problemlos bekommen.

Da sie ungestört sein wollten, hatte Zweistein vorgeschlagen, in sein ehemaliges Büro ins Untergeschoß zu gehen. Es war voll mit veraltetem, aber brauchbarem Technokram.

Nur alle Kabel fehlten.

Eine Verbindung für das Videosignal, das den Recorder der Minikamera mit den Beta-Maschinen verbinden sollte, hatte Zweistein aber bald gefunden. Das für den Ton nicht.

Unruhig bewegte Anny den Drehstuhl in alle Richtungen. Komm schon, sagte sie sich. Ich habe so lange darauf gewartet. Du bist doch ein Genie. Und ein Veteran.

»Kann ich dir helfen?« fragte sie.

»Ja«, antwortete Zweistein und riß den Mund weit auf.

Anny stand auf und beugte sich hinter den Schneidetisch. Sie seufzte und setzte sich wieder hin. »Ich glaube, ich will heute nicht«, sagte sie.

Mit einem Grinsen kroch Zweistein auf allen vieren noch einmal unter die Geräte, kam wieder hervor und verließ ohne ein erklärendes Wort den Raum.

Nach einigen Minuten ging Anny ebenfalls auf den stillen Korridor hinaus. Am äußersten Ende lagen die Abspielanlagen des Senders. Ein Lichtschein fiel aus einem Raum. Die Musik einer älteren amerikanischen Fernsehserie war zu hören.

Die übrigen Technik-Räume waren verschlossen. An Wochenenden schienen im Sender fast nur computergesteuerte Maschinen zu arbeiten, die einen Spielfilm nach dem anderen herunterspulten. Zur Freude der Menschheit und Kundschaft.

Ein Knäuel giftgelber Kabel in der Hand kehrte Zweistein schließlich zurück. Sein zufriedenes Gesicht verriet, daß er sie aus einem der Schneideräume im Obergeschoß gestohlen hatte. Wieder kroch er auf allen vieren hinter die Maschinen, kabelte den Beta-Recorder ab und verband Ton- und Videoeingänge neu.

Nichts passierte.

Anny beugte sich hinauf zu den Monitoren, die nebeneinander auf dem Regal über der Anlage standen. Sie drückte einen Schalter nach dem anderen. Auf einem der Bildschirme erschien ein kaum merkliches Zittern.

In der Mitte tauchte ein dunkelroter Fleck auf, der sich langsam ausbreitete, während der Bildrand hell blieb. Am rechten oberen Rand erschien ein Datum.

02/03/96

Anny drückte die Rewind-Taste auf dem Keyboard. Die Mikrokassette spulte zurück zum Anfang.

Zweistein stand hinter ihr, zwei der Tonkabel in der Hand, und zog sich einen Stuhl heran. Er unterdrückte ein Gähnen und setzte sich.

Anny drückte auf die Abspieltaste. Das Band rollte los.

Niedrige Lehmhütten zogen auf dem Bildschirm vorbei. Eine gebeugte Gestalt, die einen Karren zog, folgte. Die Kamera fuhr unruhig an einem Straßenrand in Omdurman entlang.

Rauschen war zu hören, unterbrochen von Dornhelmers hoher Alltagsstimme. »Let's go«, sagte er. »Let's go before it gets dark.« Laßt uns fahren, bevor es dunkel wird.

Anny blickte zu Zweistein, der gelangweilt auf die Szene sah.

Die Kamera schwenkte höher. Der Marktstand in Omdurman erschien im Bild, während die Stimme des Bruders des Türstehers vom *Grand-Hotel* zu hören war. »We are here«, sagte er.

Im nächsten Augenblick folgte ein Ruck, und das Bild erzitterte.

Anny rückte näher an den Monitor heran.

Dornhelmers Kamera, die wie eine simple Überwachungskamera funktionierte, war offenbar gegen einen Widerstand gestoßen. Die Linse an seiner Brusttasche tanzte ohnehin bei jedem Schritt mit. Die Kabelverbindung zum Aufnahmegerät, das am Gürtel hing, war nur mit Klebestreifen an das Hemd geklebt.

Am äußersten Rand des Bildschirms tauchte ganz nahe ein Gesicht auf, das durch das Weitwinkelobjektiv fast zu einer unkenntlichen Fratze verzerrt war. Nabils Onkel.

»Was sagt er?« fragte Anny, als der Alte den Mund bewegte.

Zweistein schreckte hoch. Er war eingeschlafen. Eine Haarsträhne fiel ihm ins Gesicht.

»Weiß ich nicht«, antwortete er und schüttelte den Kopf, wobei die Haarsträhne nach hinten flog.

Auf dem Bildschirm diskutierten der Alte und der Bruder des Türstehers offenbar heftig miteinander. Sie standen aber zu weit von Dornhelmers Mikrophon entfernt. Nur einzelne Worte waren zu hören.

Nach einer Weile hüpfte die Kamera wieder unruhig über den Marktplatz, begleitet von einer Frage Dornhelmers: »How much?«

»20 Dollars for him. 50 dollars for others«, antwortete der Bruder.

»Too much«, entgegnete Dornhelmer. Wieder folgten unverständliche Laute.

Es wurde dunkler, als der Bruder des Türstehers voll durch das Bild ging und die automatische Blende sich nicht sofort öffnen konnte.

»Too much«, wiederholte Dornhelmer, bevor im Hintergrund neue, hell klingende Stimmen zu hören waren. Auf der linken Seite des Bildschirms erschien das starre Gesicht eines Jugendlichen, dann auf der rechten das Gesicht eines zweiten. Beide waren hübsch. Stille trat ein.

Die Kamera wanderte unruhig am Marktstand vorbei und, entlang mehrerer Hütten, in einen dunklen Gang. Minutenlang waren nur wackelnde Mauern zu sehen, begleitet von einem krachenden Geräusch, das wie Schritte klang.

Es endete vor einer Holztür. Eine schwarze Wand erschien. Wieder korrigierte die Blende von selbst nach. Sie öffnete sich langsam.

»Nice, very nice.« Es war Dornhelmer.

Einige riesige Flecken, vielleicht Polster, tauchten auf, während nach einer Bewegung nach links eine türlose Öffnung im Bild erschien, geschmückt nur durch einen Vorhang von undefinierbarer Farbe.

Anny zog den Stuhl noch näher an den Bildschirm heran und warf einen Blick auf Zweistein. Er schnarchte.

Der Jugendliche mit dem starren Gesicht verschwand als erster hinter dem Vorhang. Der zweite folgte ihm, wobei Dornhelmers Kamera in seinem Rücken blieb.

Plötzlich wurde es stockdunkel, nur ein schmaler Lichtstrahl fiel von rechts ins Bild.

Nichts regte sich, bis Carl Dornhelmers linke Hand, geschmückt mit einer protzig aussehenden Uhr, aus dem Nichts auftauchte und auf der Wange des ersten Jugendlichen, der sich umgedreht hatte, landete. Der Junge lächelte seltsam verkrampft. Das Streicheln hörte nicht auf. Immer noch war, außer einem leichten Knacken, nichts zu hören, während der Junge tapfer sein Gesicht hinstreckte und weiterlächelte.

Einen Augenblick später verdeckte die Drehung seines Körpers vorübergehend die Linse. Dumpfe Geräusche folgten. Als es wieder heller wurde, war der Junge nackt.

Anny lehnte sich zurück. Dornhelmers spitzes Lachen erklang, während seine Hand erneut auftauchte und den schmächtigen Körper nach hinten schob. Unaufhörlich war das Lachen zu hören.

Ein Schwenk nach rechts folgte. Ein zweiter nackter Körper erschien, der andere Junge. Er war dünner als der erste.

Nach einer Minute verschwand er. Ein Paar beigefarbene Tropenstiefel waren plötzlich zu sehen, die von Dornhelmers Fingern geöffnet wurden. Zuerst der linke, dann der rechte. Die Finger verschwanden. Völlige Dunkelheit trat ein. Wieder krachte und quietschte es, gefolgt von dem hellen Lachen.

In den nächsten Minuten bewegte sich das Kameraobjektiv nicht mehr. Verzerrt in der Ferne auf einem tiefen Bett lagen drei Schatten. Offenbar an Dornhelmers Kleidung geheftet, lag die Ausrüstung in der Ecke, das Aufnahmegerät und das Mikrophon, das kaum mehr einen Laut einfing.

Stumm drehten sich die drei Schatten.

Anny drückte auf die Stop-Taste.

»Was ist das?« fragte Zweistein.

Anny sah ihn erstaunt an. »Die Justiz nennt es Pädophilie.«

»Ich nenne das eine Schweinerei«, stieß er mit gepreßter Stimme hervor. Sie erwiderte nichts und drückte auf die Taste am äußersten Rand des Keyboards. Forward.

Mit mehrfacher Geschwindigkeit lief das Band vor und versetzte die Schatten in bizarre Bewegungen, während es aus dem Lautsprecher quietschte und kreischte.

Als sich eine gleichmäßige Dunkelheit über den Bildschirm legte, ließ Anny das Band in normaler Geschwindigkeit weiterlaufen. Etwas kam von der Seite her. Dornhelmers Hose. Dann sein nackter Brustkorb, gefolgt von einer Drehung. Seine Finger an den Schuhen folgten.

Irgendwie mußte es Dornhelmer geschafft haben, Linse und Aufnahmegerät wieder an ihrem gewohnten Platz an der Jacke und am Gürtel zu befestigen. Ein kurzes eigenartiges Geräusch klang wie das Reiben an Klebebändern. Wahrscheinlich versuchte er, das dünne Kabel an der Innenseite des Hemds zu befestigen.

Von unten tauchte der Füllfederhalter im Bild auf und verschwand sofort am unteren linken Bildrand.

Dann war wieder der Marktstand zu sehen.

Die Umrisse des klapprigen Ford kamen näher. Der Bruder des Türstehers war nirgendwo zu entdecken.

Rasch ging Dornhelmer auf den Wagen zu. In das knarrende Geräusch seiner Stiefel mischten sich Stimmen. Aufgebrachte Stimmen, die durcheinanderredeten. Schreie folgten.

Zweistein rückte den Sessel näher und lauschte angespannt. »Sie scheinen über etwas zu streiten«, erklärte er.

Gerade als Anny nickte, wurde es leiser. Am linken Rand des Bildes tauchte ein Büschel schwarzer Haare auf. Dann ein zweites und ein drittes. Das letzte war rot. Feuerrot. Wie mit Henna gefärbt. Bärte, die sich gegen die Linsen drängten. Die Gesichter waren jedoch nicht zu erkennen.

Die Kamera fuhr zuerst nach links, wandte sich dann aber erneut dem Ford zu. Dornhelmer beschleunigte seine Schritte. Das Krachen seiner Stiefeltritte wurde lauter.

Er stand vor dem Wagen. Seine rechte Hand griff zur Tür. Hinter dem Wagenfenster tauchten die verstörten Züge des Bruders des Türstehers auf. Er beugte sich vor, als würde er versuchen, die Tür von innen zu öffnen. Sie klemmte. Er riß daran.

»Let's go«, befahl Dornhelmers Stimme.

Plötzlich drehte sich alles ruckartig nach links. Ein Gesicht mit einem schwarzen Bart erschien im Bild, weiter entfernt und deutlicher. Es war hager und langgestreckt. Dann folgte ein zweites, breites Gesicht. Der Mann mit dem roten Bart blieb verschwunden.

Ein ohrenbetäubendes Kreischen übertönte alles. Ein Geräusch, als hätte jemand das Mikrophon gestreift.

Zweistein hielt sich die Ohren zu.

Alles schwankte. Nach rechts, nach links, hin zu den Bärten. Die Gesichter der Männer erschienen für den Bruchteil einer Sekunde wieder im Bild. Alles bewegte sich. Rechts. Rechts.

Der Türgriff tauchte auf, Stimmen schrien durcheinander. Unaufhörlich rüttelte Dornhelmers Hand an dem Griff. Die Tür ging auf, und der Bruder des Türstehers beugte sich weit heraus. Seine Augen waren vor Schrecken geweitet.

Im Hintergrund begann ein Muezzin zum Gebet zu rufen.

Ein Schatten kam von rechts. Eine kurze, ruckartige Bewegung folgte. Dann ein heller Schrei.

Plötzlich war es still. Unendlich still.

Mit einem kaum merklichen Zittern beugte sich Dornhelmer, und mit ihm die Linse an seiner Brusttasche, langsam vornüber. Das Objektiv wanderte über die beigefarbenen Stiefel, auf denen nun zwei dunkle Flecken zu sehen waren. Ein dritter tropfte darauf. Die Linse neigte sich weiter vor, bis sie auf Dornhelmers Unterleib sah. Die Ränder des Hemdes, das über die Hose hing, waren noch beige. Aber in der Mitte war alles rot.

Wieder folgte ein Ruck.

Wie in Zeitlupe richtete sich Dornhelmer noch einmal auf. Die Wagentür kam wieder ins Bild. Sie war zugefallen.

Der Muezzin sang weiter in der Ferne.

Dann schien alles vornüber zu stürzen, zuerst langsam, dann immer schneller. Das Mikrophon krachte.

Der Muezzin hörte auf zu singen.

Auf dem Bildschirm wurde es schwarz.

Zweistein atmete tief durch. Draußen auf dem Korridor waren Geräusche zu hören. Ein Mann des Sicherheitsdienstes streckte seinen Kopf herein.

»Guten Abend«, grüßte er fröhlich. »Brauchen Sie noch lange?«

Als er keine Antwort bekam, verschwand er wieder.

Das Band lief immer noch weiter.

Erst nach Minuten erschien der Himmel von Khartum im Bild, weißgewaschen und friedlich. Das Mikrophon krächzte nur noch leise. Es war befreit vom Gewicht seines Trägers.

Anny stand auf und stoppte alle Maschinen.

Nachdem Zweistein die Anlage abgeschaltet hatte, verließen sie den Schneideraum und gingen den Korridor entlang. Ihre Schritte auf dem Betonboden klangen eigenartig, unecht wie Dornhelmers letzte Schritte in Omdurman.

Als sie am Aufzug ankamen, stieg Zweistein ein, drückte zuerst den Knopf für das Erdgeschoß, dann den für den vierten Stock.

»Ich schließe sie in mein Zimmer ein«, sagte er und drehte die Mikrokassette zwischen seinen Fingern. »Da ist sie sicherer als auf deinem chaotischen Schreibtisch.«

Anny zog die Augenbrauen hoch.

Er lächelte und zwinkerte ihr zu.

Sie wartete in der Eingangshalle, weil die Glastüren bereits verschlossen waren. Gerade als Zweistein kam, kehrte auch der Mann vom Sicherheitsdienst von seinem Rundgang zurück. Er suchte nach dem Schlüssel. Anny blickte auf die Uhr. Es war kurz vor elf.

»Ich hoffe, Sie haben jetzt einige Stunden Ruhe«, rief Zweistein dem Mann entschuldigend zu, als er sie hinausließ.

»Hoffe ich auch«, murrte der zurück. »Herr Haltbach ist auch schon weg.« Als sie schon fast außer Hörweite waren, rief er ihnen noch etwas hinterher. »Er hat sich seine Arbeit mit nach Hause genommen.« Ein grimmiger Lacher folgte.

»Was machst du jetzt?« fragte Zweistein, während der Fahrt zurück in die Stadt. Über allem lag noch die Sonntagsruhe.

Besorgt hörte Anny dem laut klopfenden Motor hinterher. Sie hoffte, daß ihr großzügiges Angebot, Zweistein nach Hause zu bringen, nicht mit einer Panne am Straßenrand enden würde.

»Ich mache meine Reportage«, antwortete sie.

Er warf ihr einen Blick zu. »Worüber?«

»Über den Tod der Mickey Mouse«, sagte sie.

»Sehr anregend.«

»Und über die Afghanen.«

»Die Afghanen?«

»Die versprengten Krieger aus Afghanistan.«

»Ich weiß.«

Anny konzentrierte sich auf die Straße und folgte seinen Richtungsanweisungen. Schließlich bat Zweistein sie, zu halten. Sie fuhr an den Straßenrand, bremste und warf einen Blick auf die einfachen Reihenhäuser, die im Dunkeln lagen. Sie sahen aus, als wären sie unbewohnt.

Als Zweistein sich ihr zudrehte, um sich zu verabschieden, mußte er gähnen. »Ich kann einen Kaffee brauchen«, sagte er. »Du nicht?«

»Nein.« Anny sah auf die Uhr. »Es ist zu spät. Ich kann nach Kaffee nicht schlafen.«

»Wer zuviel schläft, stirbt früher.«

»Dann wirst du ewig leben«, erwiderte sie und stellte den Motor ab.

In der Wohnküche, im Erdgeschoß des Hauses, dessen erster Stock aber noch von einem anderen Mieter bewohnt schien, suchte Zweistein im Spülbecken in einem Berg von schmutzigem Geschirr nach zwei Tassen. Auch der Küchentisch bedurfte dringend einer Reinigung. Anny sammelte die Brotreste ein und warf sie in den Mülleimer. Er war übervoll.

Während die Espressomaschine auf der Herdplatte eintönig zu summen begann, betrachtete sie das Farbfoto, das mit einem Reißnagel an der Tür befestigt war. Ein hellblondes Mädchen in einem roten Mantel stand vor dem Buckingham Palace. Es sah aus wie Rumpelstilzchen. Der Nachwuchs der Familie, die keine mehr war.

Zweisteins Frau, besagte ein Gerücht im Sender, hatte sich irgendwann einmal verabschiedet, wie viele unglückliche Frauen, die ihren Mann nicht mehr sehen wollten, weil sie ihn nie sahen.

»Dein Kind?« fragte Anny.

»Ja.«

»Wo ist es?«

»Bei der Mutter.«

»In England?«

Mit einem Pfiff meldete sich die Espressomaschine. Zweistein griff hin, verbrannte sich und hüpfte von einem Fuß auf den anderen. Erst jetzt bemerkte Anny, daß er zwei verschiedenfarbige Socken anhatte. Einen roten und einen braunen.

»Wie war Nabil?« fragte er neugierig, während er eine Tasse unter den Wasserstrahl hielt.

»Frech«, erwiderte Anny so teilnahmslos wie möglich.

»Wie immer also«, sagte er und lachte stumm in sich hinein.

»Ja.«

»Und was macht er so?«

Sie suchte nach einer unverfänglichen Erklärung. »Ich glaube, er sammelt Ausweise.«

Sie tranken den heißen schwarzen Kaffee.

Nachdem Anny ihre Tasse geleert hatte, wollte er nachschenken, aber sie winkte ab. »Ich muß gehen.«

»Ich komme mit hinaus.«

Schweigend folgte er ihr durch den Vorgarten, in dem ein Fahrrad stand, dessen Räder keine Reifen mehr hatten.

»Dein Fahrrad?« fragte Anny.

»Ich hasse Sport«, erwiderte er.

Sie gingen weiter.

Als Zweistein das Gartentor öffnete, quietschte es. »Ein Verrückter«, sagte er.

»Wer?« fragte Anny.

»Nabil.«

»Ich weiß.«

»Ein total Verrückter«, wiederholte er, während sie auf Annys Wagen zugingen.

Sie blieb stehen. »Weißt du, was er gemacht hat?«

»Nein.«

»Um an den Straßensperren vorbeizukommen, hat er einen Tennisausweis benutzt.«

»Was für einen?«

»Royal Tennis Club.«

»Ach den!« Er lachte.

»Warum lachst du?«

Er konnte nicht aufhören. »Sieht ihm ähnlich!« Schließlich ging er weiter. »Er kann gar nicht Tennis spielen.«

Anny blieb wieder stehen und sah ihn an. »Wirklich?«

»Ja.«

»Irrst du dich auch nicht?«

»Bestimmt nicht. Ich habe ihn immer nur in der Bar des Clubhauses getroffen.«

»Sehr witzig.«

Zweistein sagte nichts.

»Weißt du, was er noch gemacht hat?«

»Was denn?«

»Er hat aus dem Innenministerium die Polizeiakte von Carl Dornhelmer geklaut.«

»Das wundert mich nicht.«

»Wieso?«

»Er haßt die Regierung.«

Anny nahm den Autoschlüssel in die Hand. Zweistein lehnte sich gegen das Fenster des Wagens.

»Warum?« fragte sie. »Warum haßt er sie?«

»Weiß ich nicht«, erwiderte Zweistein und hielt sich die Hand vor den Mund. Er gähnte. »Wir haben seit der Universitätszeit keinen Kontakt mehr.« Ein neues Gähnen folgte. »Es waren irgendwelche Geschichten.«

Der Autoschlüssel fiel zu Boden. Anny hob ihn auf.

Zweistein kehrte mit schleppendem Schritt zu seinem Reihenhaus zurück.

Anny blieb mit dem Schlüssel in der Hand stehen. »Was für Geschichten?« rief sie in die Nacht. Sie war sicher, es klang nur eine Spur zu wißbegierig.

»Ich weiß es nicht«, rief Zweistein, wobei seine Worte fast in einem tiefen Atemholen verschwanden.

»Denk nach!« bat sie.

Er kam zurück. »Mach dir keine Sorgen um ihn«, sagte er.

»Ich mache mir keine Sorgen«, antwortete sie trotzig.

»Es wird ihm nichts geschehen.« Sein Gesicht kam näher. »Er ist mit Turabi verwandt.«

Anny schwieg.

Er drehte sich um. »Hast du einen Fünfziger?« fragte er im Weggehen.

Sie griff in ihre Tasche, zog das Portemonnaie heraus und fand nur einen Zwanzigmarkschein. Zweistein ließ ihn in der Hosentasche verschwinden.

Wie erwartet fand sie den Rückweg nicht. Als sie zum drittenmal an der Straße mit den Reihenhäusern vorbeifuhr, sah sie Zweistein im Rückspiegel in der entgegengesetzten Richtung verschwinden. Anny legte den Rückwärtsgang ein, blieb neben ihm stehen und kurbelte das Fenster herunter. Er kam auf den Wagen zu und grinste.

»Etwas habe ich nicht verstanden«, sagte sie.

»Auf der Mikrokassette?« fragte Zweistein und beugte sich zum Fenster hinunter.

»Nein.«

»Geht's um Nabil?«

»Auch nicht.«

Er schwieg.

»Warum warst du Mitglied in einem Tennisclub, wenn du Sport haßt?«

Zweistein lachte. »Aus demselben Grund wie Nabil«, sagte er und richtete sich auf. »Wegen der hübschen Kellnerinnen im Clubhaus.«

Anny fuhr weg, bremste nach einigen Metern und wartete, bis Zweistein noch einmal herangekommen war.

»Wohin gehst du eigentlich noch?« fragte sie.

»Nur zu meiner Geburtstagsfeier, die einige Freunde für mich organisiert haben.«

»Ich hoffe, dich erwartet ein schönes Geschenk.«

»Ich weiß schon, was mich erwartet.«

Anny legte den ersten Gang ein.

»Vierzig Kerzen.« Zweisteins Miene erhellte sich.

»Nur vierzig Kerzen?«

»Vierzig Kerzen in den Händen von vierzig schönen Mädchen.«

Zu Hause angekommen, rief Anny in Lizas Wohnung in London an und richtete dem Personal aus, daß sie nicht zur bevorstehenden Geburtstagsfeier kommen könne. Zuviel Arbeit.

26. Kapitel

Am nächsten Morgen wurde sie von Zweistein geweckt. Er bat sie mit träger Stimme, sofort in sein Büro zu kommen.

»Warum?« fragte Anny schlaftrunken, aber er hatte bereits aufgelegt. Während sie duschte, drehte sie das Radio laut. Nichts Besonderes war geschehen. Bevor sie in den Sender fuhr, läutete es an der Tür. Der Postbote reichte ihr einige Briefe und ein kleines Päckchen. Anny warf einen Blick darauf und stopfte alles in ihre Tasche. Es war spät. Sie wollte Zweistein nicht zu lange warten lassen.

Im Büro des Genies im vierten Stock herrschte das gewohnte Durcheinander. Zweistein saß mit gekrümmtem Rücken vor seiner Raumstation. Er sah nur kurz von der Tastatur auf.

»Eine Fälschung«, brummte er.

»Wie bitte?«

»Es ist eine Fälschung.«

»Was ist eine Fälschung?«

»Geduld.«

Mit einem Satz war Anny hinter seinem Rücken, zog sich einen Stuhl heran, legte die Zeitungen, die darauf lagen, auf das Regal an der Wand und setzte sich.

Zweistein tippte. Auf einem Bildschirm in Augenhöhe erschienen zuerst Zahlenreihen, gefolgt von einzelnen Buchstaben.

Ein Piepsen ertönte. Hochzufrieden betrachtete Zweistein den Bildschirm. Eine neue Zahlenkombination erschien, bevor eine rote ruhige Linie auf einem Monitor, der weiter oben auf dem Regal stand, auftauchte.

Wieder tippte Zweistein einen Befehl ein, und die Linie begann nun leicht zu zittern. Am oberen und unteren Rand des Bildschirms vor ihm blitzten einzelne Zahlen auf. *38.25.17.34.22.* Sie verschwanden und kehrten wieder.

Anny starrte gebannt darauf. Eine grelle Lampe, die von der Zimmerdecke auf den Computer gerichtet war, blendete sie. Sie ging zum Fenster, stützte sich auf dem Fensterbrett ab und blickte hinaus. Ein Regenschauer fiel vom Himmel.

Auf dem Parkplatz unten stieg ein Pärchen aus einem silberfarbenen BMW. Die langen hellen Haare der Frau leuchteten trotz des Regens. Der Mann zog sie am Arm. Es war Stalin.

Anny wandte sich vom Fenster ab und betrachtete wieder die Zahlen auf dem Bildschirm. Auf dem oberen Monitor war inzwischen über der ersten Kurve eine zweite aufgetaucht. Eine ruhige, gleichförmige Kurve.

Zweistein wandte sich nach rechts und suchte etwas auf den Regalen. Unter dem Stoß Zeitungen fand er die Mikrokassette. Er steckte sie in einen Schlitz unter dem Tisch.

Allah u Akbar erklang es aus dem Lautsprecher an der Wand. Der Gesang des Muezzin klang blechern.

Zweistein drückte auf eine Taste, und das Gebet erstarb. Er drückte ein zweites Mal. Und noch einmal.

Der Gottesruf klang zerhackt, als wäre er in Stücke geteilt worden. In den Pausen waren undeutliche Wortfetzen zu hören.

»Was ist das?« fragte Anny.

Zweistein starrte nur auf die Tasten, dann kurz auf einen anderen Bildschirm. Eine Autotür war zu sehen.

»Was ist das?« fragte sie wieder.

Keine Antwort.

Noch bevor sie erneut fragen konnte, hatte Zweistein die Mikrokassette herausgenommen und sie in einen anderen Schlitz gesteckt. Er trommelte auf den Tasten.

Ein plötzlicher Windstoß riß das Fenster auf. Anny sprang

auf und schloß es wieder, während Zweistein einen Stoß Blätter vom Boden aufsammelte und sie aus undurchschaubaren Gründen auf verschiedene Stöße verteilte. Sein Chaos hatte offenbar System.

Anny widmete ihre Aufmerksamkeit dem Parkplatz. Das Paar stand unter der Eiche. Stalin redete auf die Langhaarige ein, die neuerworbene Aushilfe aus seinem Vorzimmer. Die blieb daraufhin stehen, während er in Richtung Gebäude verschwand.

Der Regen fiel der Frau ins Gesicht. Sie war jung. Sehr jung.

Aus dem Lautsprecher von Zweisteins Anlage erklang eine Stimme. Sie ähnelte der von Nabil.

»Wer ist das?« fragte Anny.

»Der Mörder«, antwortete Zweistein erregt und begann wie besessen die Tastatur zu bearbeiten. Das klappernde Geräusch erfüllte den Raum.

Sie stellte sich wieder hinter ihn.

»Ich habe sie schon übersetzen lassen«, sagte er.

»Wen?«

»Die Stimme.«

»Er war es nicht.« Anny atmete durch. »Er war doch nicht der Mörder?«

Zweistein sah sie an. »Was meinst du?«

»Ich meine, der Mann, der hier redet, ist nicht der Mörder.«

»Weiß ich nicht.«

»Du hast es gerade behauptet.«

»Ich habe nur übersetzt, was er gesagt hat.«

»Wer?« fragte sie. Aber er antwortete nicht mehr, sondern klapperte auf der Tastatur herum.

Erneut erklang Nabils Stimme. Eigenartig und weit entfernt, als würde er in einer Höhle sprechen.

»Er war nicht in Peshawar«, murmelte Zweistein und drehte sich zu Anny. »Das ist wieder nur die Übersetzung.«

Mit einem Nicken starrte Anny auf die Zahlen, Kurven und Bilder, die sich jetzt wirr bewegten. Sie zog ihre Tasche näher, angelte sich eine Zigarette, zündete sie an und blies den Rauch in den Raum.

Zweistein fächelte mit der linken Hand durch die Luft und rutschte dabei auf seinem Sessel hin und her.

Anny rauchte weiter.

»Mich stört der Rauch nicht, aber meine Freunde«, sagte er, indem er mit einer ausladenden Bewegung auf die Geräte zeigte. Die Kurven auf dem Bildschirm waren verschwunden.

»Was können deine Freunde noch, außer sich an der Anti-Raucherkampagne beteiligen?« fragte sie gelassen.

Er lachte laut auf. »Sie können feststellen, ob Nabils Stimme bearbeitet wurde.«

»Und?«

Sie nahm einen tiefen Zug und schlenderte zum Fenster. Es regnete kaum noch. Die Langhaarige war verschwunden.

»Hörst du mich?« fragte Anny.

»Nicht nur die Stimme wurde bearbeitet«, antwortete Zweistein. Klappern von Tasten folgte. »Es wurde auch eine Bildmanipulation vorgenommen«, fuhr er schließlich fort. Er klang, als würde er nur mit sich selbst reden.

Anny hörte Zweistein aufstehen und zum Fenster kommen.

»Eine Bildmanipulation?« fragte sie, während sie sich umdrehte.

»Ja.«

»Im Sudan?«

Er legte ihr seine Hände auf die Schultern. »Von wem hast du die Kassette bekommen?« fragte er.

»Von einem Waffenhändler«, antwortete Anny.

»Von einem Waffenhändler?«

»Ja.«

»Was hat der im Sudan zu tun?«

»Nichts.«

»Nichts?«

»Er ist ein guter Freund von Turabi.«

»Ist er auch ein guter Freund von dir?«

»Ein sehr guter. Wir feiern sogar Geburtstage miteinander.«

»Du solltest nicht mehr mit ihm feiern«, sagte Zweistein und drehte sich um. »Er hat das Band bearbeiten lassen.«

Anny folgte ihm zurück zu den Bildschirmen und Computern. Er setzte sich, zog den Sessel näher und tippte los. Diesmal auf einem anderen Keyboard.

»Sie haben Nabils Stimme hinter dem Gesang des Muezzin versteckt«, erklärte er.

Anny stand hinter ihm. »Warum?«

Seine Finger bewegten sich unentwegt. »Zuvor haben sie noch einige andere Änderungen vorgenommen.«

Mit einer hastigen Drehung wandte er sich dem Regal zu, schob mit sicherem Griff eine Mineralwasserflasche beiseite und zog eine Diskette, die dahinter steckte, heraus. Er schob sie in einen Schlitz des Rechners, der unter der Arbeitsfläche stand.

Anny zog noch einmal an der Zigarette und suchte nach einem Aschenbecher. Es gab keinen. Sie ging auf den Korridor hinaus und drückte die Zigarette in einem riesigen Metallbehälter aus. Brandstellen an seinem Rand zeigten, daß sie nicht die einzige war, die Stalins Rauchverbot mißachtete.

Als sie zurückkam, saß Zweistein zurückgelehnt in seinem Sessel und hatte die grelle Lampe gegen die Wand hinter seinem Schreibtisch gerichtet. Sie strahlte die hellen Kuppeln von Ghom an, die seltsam leuchteten.

»Siehst du die Hüllkurve?« fragte er und beugte sich vor.

Anny blickte auf den Monitor, auf dem die rote, unruhige Kurve tanzte.

»Die Hüllkurve von Nabils Stimme«, erklärte er und tippte kurz etwas ein.

Ein Piepsen ertönte. Die erste Kurve verschwand. Die zweite erschien.

»Siehst du die zweite?«

Anny beugte sich vor. »Sie sieht fast genauso aus«, sagte sie.

»Aber nur fast.« Auch diese Kurve begann sich leicht zu bewegen. »Siehst du den Knick am rechten Rand?« fragte Zweistein. In seiner Stimme klang kindliche Begeisterung mit.

»Nein«, erwiderte Anny.

»Wirklich nicht?«

»Nein.«

Er nahm ein Taschentuch aus der Hosentasche und schneuzte sich. Anny trat einen Schritt näher und schüttelte den Kopf, während er die Diskette aus dem Rechner nahm, eine zweite hinter der Flasche hervorzog, sie aus ihrer Plastikhülle schälte und in den Schlitz schob.

Beide Kurven waren jetzt fast übereinander auf dem oberen Bildschirm zu sehen und bewegten sich kaum noch. Nur einmal hüpfte die obere kurz in die Höhe und fiel wieder herunter.

»Das ist der Buchstabe a«, erklärte Zweistein.

»Was für ein Buchstabe a?«

»Der Buchstabe a in dem Satz mit Peshawar.« Er tippte. »Das ist der andere Satz«, erklärte er.

»Was für ein anderer?«

»Er war es nicht.« Wieder hüpfte die Kurve nach oben.

Anny starrte auf den Schirm, während Zweisteins mitleidiger Blick auf ihr ruhte. »Das ist Nabils Stimme«, sagte er langsam. »Sie bewegt sich nur in einem bestimmten Bereich. Alle seine Worte bleiben innerhalb einer bestimmten Frequenz.«

Anny unterbrach ihn. »Nur das a nicht.«

Er beachtete ihren Einwurf nicht. »Wenn man deine Stimme einer Frequenzanalyse unterwirft, dann ist deine Stimmfrequenz immer dieselbe. Zumindest innerhalb eines Satzes und innerhalb eines Gesprächs.«

Sie unterbrach ihn wieder. »Mein a hüpft immer gleich.«

Er nickte. »Ist dir aufgefallen, daß beide Sätze von Nabil den Buchstaben a enthalten?«

»Auch auf arabisch?« fragte sie.

»Das sagt der Übersetzer.«

»Zuverlässig?«

»Sehr.«

Anny packte ihre Tasche und ging zur Tür. »Noch eine Frage, was ist mit den Bildmanipulationen?«

»Die bärtigen Männer«, sagte Zweistein. »Irgend etwas stimmt nicht mit den bärtigen Männern.«

»Mit den Afghanen?«

Er nickte unmerklich.

27. Kapitel

Es herrschte Ruhe in der Welt. Eine ungewöhnliche Ruhe. Bis auf ein Massaker in einem bosnischen Dorf, das niemanden mehr aufregte, weil man sich darüber seit Jahren tagtäglich aufregen mußte, gab es nichts. Keine Katastrophen. Keine freiwillig oder unfreiwillig verschollenen Deutschen. Nur Attentate in Algerien, die aber seit Annys erfolgloser Mission im Sender keine Beachtung mehr fanden. Stalin mußte seine Abneigung gegen Ereignisse im Ausland, bei denen keinem Deutschen ein Haar gekrümmt wurde, nicht sonderlich kundtun. Unbeliebte Themen erledigten sich von selbst.

Als Anny das Großraumbüro betrat, war die Stimmung trotzdem aufgekratzt. Alles war in Bewegung.

Neben der Tür zum Glashaus der Königskobra lehnte eine drehfertige Ausrüstung. Zwei junge Männer, das Kamerateam, warteten schon nervös. In einer Ecke telefonierte ein aufgeregter Chef vom Dienst, um ein zweites Team zu finden. »Warum kannst du heute nicht?« schrie er in den Hörer.

Nachdem er aufgelegt hatte, brüllte er in den Raum: »Wo ist eigentlich der Schläfer?«

Anny wäre vor Schreck beinahe mit der Königskobra zusammengeprallt, die aus ihrem Büro geschossen kam, eine hektische Runde um mehrere Tische drehte und auf dem Korridor verschwand.

Mehrere Telefonapparate klingelten gleichzeitig. Einer davon war Annys. Sie eilte zu ihrem Schreibtisch und hob ab. Es war die Dicke Berta.

»Ihr Bericht wird um eine Woche verschoben«, sagte sie.

»Warum?« fragte Anny mit gespielter Entrüstung.

»Keine Ahnung.«

»Und was für ein Bericht kommt heute abend?« fragte Anny.

»Weiß ich nicht«, erwiderte die Dicke Berta und legte auf.

Anny schaute sich um.

Die Königskobra saß nun in ihrem Glashaus und betrachtete sich in einem rosafarbenen Handspiegel. Dann kam sie wieder aus der Tür gestürzt.

»Wo ist das zweite Team?« rief sie dem Chef vom Dienst zu, einen Lippenstift bedrohlich herumschwenkend. Er ging hinter seinem Terminal in Deckung.

Zwei andere Mitarbeiter, die krisenerprobter waren, verfolgten ein stummes Fußballmatch auf einem der Bildschirme des TV-Turms. Trotz der Hektik begannen sie plötzlich laut zu jubeln. Die deutsche Mannschaft hatte ein Tor geschossen.

Erleichtert über die Verschiebung ihres Berichtes betrachtete Anny ihren Schreibtisch genauer. Ein Schlachtfeld. Neue Zeitungen und interne Meldungen hatten sich angesammelt. Unter einer Mitteilung über den ersten Quotenplatz des Monats, der diesmal an einen Unfall bei einem Formel-1-Rennen gefallen war, der die Nation zehn Minuten lang in Atem hielt und vom Sender zu einem mehrstündigen Sonderbericht aufbereitet worden war, fand Anny neue Aufrufe der Finanzabteilung zum Sparen. Sie beförderte sie in den Papierkorb. Weiter unten lagen einige unerledigte Rechnungen, Andenken an vergangene Reisen. Sie suchte nach einem Stift, fand keinen und griff in ihre Tasche.

Das kleine Päckchen landete zwischen ihren Fingern.

Anny drehte es um, sah, daß der Absender fehlte, und riß die Versandtasche auf. Sie enthielt eine Kassette. Ohne irgendeine Beschriftung.

Gerade als Anny das Großraumbüro verlassen wollte, pflanzte sich die Königskobra vor ihr auf. Eine rebellische Haarsträhne hing ihr ins Gesicht.

»Haben Sie Zeit?« fragte sie.

Anny überlegte kurz. »In fünf Minuten«, antwortete sie.

Keiner der Schneideräume war frei. Auch die fensterlose Kabine neben der Ausgabestelle für Kassetten war besetzt. Der Wetterfrosch saß fröhlich vor sich hinpfeifend in dem Raum.

Anny stellte sich an die Wand gegenüber und wartete, während sie den Hausmeteorologen durch die Glasscheibe in der Tür beobachtete. Er hatte einen Stapel Kassetten vor sich stehen. Auf dem Bildschirm vor ihm erschien ein Himmel mit tiefen Regenwolken. Er stoppte die Maschine, nahm die Kassette heraus und steckte eine neue hinein. Ein liebliches Tulpenfeld wurde auf dem Bildschirm sichtbar. Anny schloß daraus, daß eine Schlechtwetterphase bevorstand. Moderne Wetterfrösche waren unverwüstliche Optimisten.

Die Kamera unter den Arm geklemmt, hastete der Schläfer heran und pflanzte sich vor der Ausgabestelle auf. Er klopfte an das Milchglasfenster. Anny nickte ihm zu, er verzog das Gesicht zu einer gespielten Grimasse. Zwei Hände reichten ihm einen Karton Zehner-Kassetten durch das Fenster. Er suchte einen Stift und zog das Papier näher, das in der Öffnung erschien.

Endlich stand der Wetterfrosch auf und verließ die Kammer.

»Ich komme gleich wieder«, rief er Anny zu. Sie nickte, setzte sich trotzdem an seinen Platz und schob die unbeschriftete Kassette in die Maschine. Sie drückte auf Play. Das Band rollte los.

Turabi tauchte auf dem Bildschirm auf.

Anny stoppte die Kassette und ließ das Band rückwärts laufen. Der Beginn ihres Interviews war zu sehen. Dann drückte sie eine Taste, um das Band im Schnellgang vorwärts laufen zu lassen, und betrachtete angestrengt den Bildschirm. Turabis zuckendes Gesicht flog in zehnfacher Geschwindigkeit vorbei. Annys Rücken tauchte dazwischen auf. Dann wieder Turabi, der sich erhob. Das Ende des Interviews. Der Bildschirm war schwarz geworden.

Sie griff zum Umschlag und drehte ihn mehrmals in den Händen. Kein Absender, aber die Adresse stimmte. Auf dem Poststempel in der rechten Ecke versuchte Anny den Ortsnamen zu entziffern.

Hauptbahnhof Frankfurt. Oder so ähnlich.

Das Datum war durch den Regen unkenntlich geworden. Vielleicht der 6. April. Der Freitag der letzten Woche.

Der Bildschirm blieb schwarz. Anny ließ das Band noch einmal zurücklaufen.

»Verflucht«, sagte der Schläfer in ihrem Rücken. Er war mit seinem Karton voller Kassetten hinter sie getreten.

Anny schwieg.

»Wo sind die Aufnahmen von Hodrum?« fragte er.

»Weiß nicht.«

»Sie kamen genau im Anschluß an das Interview.«

»Bist du sicher?«

»Ganz sicher.«

Der Schläfer machte Anstalten zu gehen. »Ich kann mich an jede Einzelheit erinnern. Sogar an die Farbe von Hodrums Anzug.« Er stand bereits in der offenen Tür. »Ein piekfeiner schwarzer Leinenanzug.«

»Er war dunkelgrau«, erwiderte Anny. »Und aus Garn.«

»Schwarzes Leinen.«

»Dunkelgraues Garn.«

»Schwarz«, erwiderte der Schläfer bestimmt.

Anny lehnte sich zurück. »Nabil hat die Aufnahmen eben wieder gelöscht«, murmelte sie. Sie betrachtete den Bildschirm.

Das Schwarz sah eigenartig an. Als ob an der Stelle früher eine Szene gewesen war, die jemand wieder gelöscht hatte. Es war kinderleicht. Unbespielte Kassetten sahen ohnehin anders aus. Alles flimmerte wie eine Mischung aus Salz und Pfeffer.

»Hat er sicher nicht«, erwiderte der Schläfer und zog die Tür hinter sich zu.

Am Ausgabefenster kicherten zwei Frauen, als Anny die Kassette zum drittenmal zurückspulte und den Tonregler ganz aufdrehte. Turabis sanfte Stimme wuchs an, bis sie Schneideraum und Korridor erfüllte. Die Frauen sahen erstaunt in Annys Richtung.

»Verurteilen Sie seine Ermordung?« hörte Anny sich fragen.

»Wir haben das gegenüber Ihrem Konsul bereits getan«, antwortete Turabi.

»Er hat Ihre Verurteilung nie bekommen«, entgegnete sie. »Wenn Sie bereits so viele Terroraktionen verurteilt haben, dann wäre es doch für Sie ein Leichtes, auch den Tod meines Kollegen zu verurteilen. Tun Sie mir den Gefallen!«

»Wenn es Ihnen Freude bereitet, gern. Natürlich verurteilen wir den Mord an Ihrem Kollegen«, antwortete Turabi.

»Warte«, schrie Anny und stürzte aus der Kammer. Die beiden Frauen blickten ihr nach, aber der Schläfer war nicht mehr zu sehen.

Als Anny die Eingangstür des Senders erreichte, winkte der Schläfer gerade einen Mercedes auf einen Parkplatz.

»Warte«, rief sie.

Er drehte sich um. »Die Königskobra will fahren«, erwiderte er.

»Nur eine Minute«, flehte Anny. »Nur eine Minute.«

Er warf nicht einmal einen Blick über die Schulter. »Nur, wenn du nachgibst.«

»Gut«, entgegnete sie atemlos. »Es war schwarzes Leinen.«

Ein Produktionsleiter kam um die Ecke geeilt und baute sich vor dem Schläfer auf. »Kommst du jetzt oder nicht?«

Sie folgte ihm zu dem wartenden Wagen. »Wieso bist du dir so sicher?« fragte Anny und wich dem Produktionsleiter aus, der sie geistesabwesend zur Seite stieß.

»Er war schwarz«, antwortete der Schläfer unwirsch.

Der Motor des Mercedes begann leise zu summen. Am Steuer saß der Irokese.

Anny atmete tief durch. »Das meine ich nicht«, sagte sie. »Ich meine, warum soll Nabil die Aufnahmen nicht wieder gelöscht haben?«

Sie waren vor dem Kofferraum angekommen, den der Produktionsleiter mit einer kräftigen Bewegung aufgerissen hatte. Der Schläfer ließ das Paket Kassetten hineinfallen.

»Es war ja immerhin seine Idee gewesen, Hodrum zu filmen«, sagte er und blickte zum Gebäude hinüber. Offenbar waren alle zu spät dran. Der Fahrer trat von Zeit zu Zeit aufs Gaspedal, der Motor fauchte auf. Ein zweiter Mercedes mit dem zweiten Kamerateam verließ bereits den Hof.

»Vielleicht hat er es sich anders überlegt?« fragte Anny.

Im Gesicht des Schläfers zeichnete sich eine Spur Erleichterung ab. Die Königskobra erschien in der Glastür.

»Wir fahren«, kommandierte sie und eilte, einen abweisenden Blick auf Anny gerichtet, auf den Wagen zu. Alle Haarsträhnen lagen folgsam an ihrem Platz. Als sie sich auf den Rücksitz des Mercedes schwang, trat der Irokese wieder lustvoll auf das Gaspedal.

»Der ändert nicht so schnell seine Meinung«, erwiderte der Schläfer, schlug den Kofferraum zu und ging zur Beifahrertür. Der Produktionsleiter saß bereits neben der Königskobra. »Das müßtest du doch besser wissen.« Er lächelte vielsagend.

»Woher hat er übrigens meine Adresse?« fragte Anny.

»Nicht von mir«, erwiderte der Schläfer und riß die Tür auf.

Anny stellte sich ihm in den Weg. Aus dem Wageninneren traf sie ein strafender Blick des Produktionsleiters. Die Königskobra lächelte süßsauer. »Ich möchte zu dem Termin nicht zu spät kommen«, rief sie. Der Fahrer unterstützte sie mit einem kräftigen Tritt aufs Gaspedal.

»Ich habe sie ihm nicht gegeben«, sagte der Schläfer mit leicht genervter Stimme.

»Nicht?« fragte Anny.

»Nein.« Er schob sie sanft zur Seite. »Nur meine Telefonnummer.«

»Wir haben einen Termin auf dem Bauernhof der Sekte«, schrie eine Stimme aus dem Wagenfond. »Glaubt ihr eigentlich, die Herren warten auf uns?«

Die Beifahrertür fiel zu. Anny riß sie wieder auf. »Sonst noch was?«

»Ja«, sagte der Schläfer und zog die Tür wieder zu. »Auch deine Telefonnummer.«

Der Wagen fuhr los, aber die Sicherheitsschranke stoppte ihn wieder. Der Schläfer kurbelte das Fenster herunter.

Anny lief dem Wagen hinterher. »Warum auch meine?«

»Die alte«, rief der Schläfer. »Nur die alte.« Er grinste. »Gehen wir später Kaffeetrinken?«

»Essen«, rief Anny dem davonbrausenden Mercedes nach. »Wir gehen essen.«

➢➢➢ ✹ ⮜⮜⮜

Drei Stunden später waren alle zurück. Die Königskobra sah aber nicht entspannter aus. Sie eilte in ihr Büro, vorbei an Marlene, die sich in der Tür zum Glashaus aufgebaut hatte, und vertiefte sich sofort in die Texte für die Abendnachrichten.

Marlene blieb unbeeindruckt stehen. »Eine Scheiße ist das!« schrie sie durch die offene Tür.

Alle Köpfe im Großraumbüro schnellten hoch.

»Beruhigen Sie sich«, erwiderte die Königskobra schnippisch hinter ihrem Designertisch.

»Ihr habt ihm versprochen, daß sein Gesicht verdeckt wird!«

Wie Stalin duzte auch Marlene jeden, aber aus ihrem

Mund klang es anders. Sie war nur eine unbedeutende Cutterin, ohne Einfluß und Macht.

»Na und?« konterte die Königskobra und stand auf. »Wir haben unsere Meinung eben geändert.«

»Stalin hat seine Meinung geändert!«

Als Marlene davonrauschte, lief die Führer ihr nach, eine wilde Haarsträhne im Gesicht. »Er ist eben ein Profi«, rief sie.

Marlene antwortete mit einem dröhnenden Lachen.

Gleich nach den Abendnachrichten kam die Königskobra auf Annys Schreibtisch zu, schob sich eine nicht vorhandene Haarsträhne aus dem Gesicht und lächelte.

»Haben Sie jetzt Zeit?«

Anny folgte ihr ins Glashaus. Nachdem die Führer die Tür sorgfältig hinter ihnen geschlossen hatte, schaltete sie eine Halogenlampe auf dem Schreibtisch ein. Die grelle Deckenbeleuchtung machte sie aus. Mit einer Geste lud sie Anny ein, sich in den Sessel zu setzen, sie selbst nahm hinter ihrem Schreibtisch Platz.

Fotos in Silberrahmen waren in regelmäßiger Unregelmäßigkeit über die halbe Tischplatte verteilt. Davor lagen die obligaten Schminkutensilien. Ein Strauß Blumen stand in einer Ecke, aber ohne Karte.

Elsa Führer fuhr sich langsam über die Augen. Große, schön geschwungene Augen in einem Gesicht aus gleichförmigen, aber unauffälligen Zügen. Der einladende Schmollmund war ein Gottesgeschenk. Um den Rest kümmerten sich jeden zweiten Tag ein »Haar-Designer« und mehrere Apotheken. Der Verbrauch der Königskobra an Beruhigungsmitteln aller Art war legendär. Sie lagerte die Medizin in einer Schublade ihres edlen Schreibtischs, in unzähligen Röhrchen, auf denen die Namen verschiedenster Vitamine standen.

Ein zarter feuchter Film überzog ihre Augen. Als Anny sie besorgt ansah, griff die Königskobra nach einer Packung

Kleenex auf dem Regal, aber es kamen keine Tränen. Sie schluchzte nur.

Beschämt spähte Anny nach der Wanduhr. Sie hatte Hunger.

»Wissen Sie«, sagte die Führer und kramte in der Schublade. »Ich wollte Ihnen endlich einmal persönlich sagen, wie sehr ich Sie bewundere.«

»Wie bitte?« Anny setzte sich aufrecht hin.

»Ja, wirklich«, fuhr die Königskobra fort und wischte sich über die trockene Wange. »Es tut mir ja so leid, daß Sie das Polit-Journal abgeben mußten.«

Mit einem Ruck drehte Anny sich um. Jemand hatte die gesamte Beleuchtung im Großraumbüro ausgeschaltet. Die Abendnachrichten waren vorbei. Nur noch die Mannschaft des wöchentlichen politischen Magazins arbeitete irgendwo in den Schneideräumen, während der Produktionsleiter vor dem TV-Turm stand und die Programme der Konkurrenzsender begutachtete. Entsetzt schüttelte er den Kopf und verschwand.

»Das Polit-Journal muß ich heute auch noch moderieren«, stöhnte die Königskobra und blickte dem Mann nach. »Der Lackaffe ist krank.«

Unmerklich zuckte Anny zusammen, während die Königskobra weiterredete. »Ich verstehe, daß Sie Ihren Nachfolger nicht sehr schätzen.« Sie beugte sich vor. »Ein Schauspieler, den er in einer Werbeagentur aufgetrieben hat.«

»Er macht gute Quoten«, erwiderte Anny. Nur nichts anmerken lassen.

»Das ist dieser furchtbare Druck, der auf uns lastet«, sagte die Führer. Das Telefon klingelte. Sie ließ es noch zweimal läuten und hob dann erst ab. Ein Leuchten zog auf ihr Gesicht.

Annys Augen wanderten über die Fotos auf dem Tisch. Fast alles Fotos von den zwei Kindern der Führer, über deren Wachstumsfortschritte regelmäßig in den Programmzeitschriften zu lesen war. Im Sommer ließ Elsa Führer ihre Familie zumeist in der gestreiften Hollywoodschaukel abbilden, die den Garten eines Herrenhauses am Stadtrand schmückte. Im Winter war der Kamin im Wohnzimmer dran.

Im letzten Jahr war die Führer außerdem zur »schönsten Mutter Deutschlands« gewählt worden. Ihrem Mann gehörte eine Reihe von Möbelfabriken.

Die Königskobra wandte sich wieder Anny zu. »Nur einen Augenblick«, sagte sie und legte dabei ihre Hand auf die Sprechmuschel des Hörers. »Bitte bleiben Sie. Ich brauche Ihren Rat«, flüsterte sie. »Den Rat einer Frau.«

Anny suchte nach einer Zigarette.

»Es wird eine echte Sensation«, versprach die Königskobra dem Anrufer, dann lauschte sie wieder in den Hörer und lächelte.

»Ja«, fuhr sie fort. »Wir haben auch auf dem Bauernhof der Sekte gefilmt.« Der Blick der Führer wanderte nach links, in die Ecke. Anny folgte ihren Augen und entdeckte ein paar hochhackige Stiefeletten aus hellrotem Lackleder, die völlig verschmutzt an der Glaswand lehnten. »Ja«, wiederholte die Königskobra. »*Wir* sind sehr stolz darauf.«

Sie meinte wie jeder in der Fernsehwelt eigentlich nur sich selbst.

Anny hörte nicht mehr hin und zog an ihrer Zigarette. Die Königskobra machte ihr ein Zeichen, sie wollte auch eine. Anny streckte ihr das Paket hin und wollte gehen. Elsa Führer wedelte hilfesuchend mit der linken Hand.

»Sie wissen ja, wie anspruchsvoll das Publikum heutzutage ist«, sagte sie. »Es will über jede Frage genau informiert werden.«

Die Königskobra beendete das Gespräch.

»Entschuldigen Sie«, sagte sie, während sie eines der Fotos zurechtrückte. »Fernsehkritiker sind so wichtig.« Sie neigte dabei den Kopf leicht seitwärts, ähnlich wie auf dem Bildschirm, wenn sie ihren Interviewpartnern Fragen nach deren Seelenheil stellte und die Nation damit erschütterte.

Eine Pause folgte.

Die Königskobra atmete heftig durch und griff nach ihren Schminkutensilien. Anny rutschte auf ihrem Stuhl hin und her. Ihr Hunger wurde größer.

»Ich weiß, daß ich Sie mit meinen privaten Problemen nicht belästigen sollte«, setzte die Königskobra an und betrachtete sich dabei in dem rosafarbenen Handspiegel.

»Wie kommen Sie darauf?« fragte Anny leicht ungehalten und ärgerte sich zugleich über ihre Frage.

»Sie verstehen meine Probleme vielleicht nicht. Sie haben keine Kinder«, schoß Elsa Führer zurück.

»Vielleicht«, antwortete Anny und schwieg. Sie beschloß zuzuhören.

»Ich bin verheiratet«, sagte die Führer und griff nach der Puderdose.

»Ich weiß«, antwortete Anny.

»Ich bin unglücklich verheiratet.« Die Königskobra stockte, sah sich um und nahm ein längliches Döschen aus der Schublade. Multivitamine stand darauf. Sie ließ mehrere Tabletten, alle in verschiedenen Farben, auf die linke Handfläche rollen und spülte sie mit einem kräftigen Schluck aus dem Wasserglas, das neben den Blumen stand, hinunter. Anny sah weg. »Ich bin seit langem unglücklich verheiratet«, wiederholte die Führer. »Mein Mann und ich, wir sehen uns kaum noch.«

Noch einmal griff Anny in ihre Tasche und kramte nach einer zweiten Zigarette. Als sie keine mehr fand, griff sie nach Elsa Führers Packung, die neben dem Schminkzeug lag.

Die Königskobra reichte ihr mit zittrigen Fingern Feuer. »Seit vier Wochen habe ich ein Verhältnis«, flüsterte sie.

Anny hustete. Der Rauch war ihr in den Hals gekrochen.

»Es ist ein wunderbares Verhältnis«, fuhr Elsa Führer fort. »Jedenfalls habe ich das bis vor kurzem noch geglaubt.«

Im hinteren Teil des Großraumbüros ging ein Licht an, der Produktionsleiter tauchte auf und hetzte zu einem Terminal.

»Ich bin in den Mann wirklich verliebt. Meine Heirat mit Helmut war eine Vernunftehe.«

Dunkel erinnerte sich Anny, den leicht einprägsamen Namen des Ehemanns schon irgendwo gelesen zu haben. Sie rauchte und blieb stumm.

»Vor einigen Tagen habe ich entdeckt, daß mein Liebhaber mich betrügt«, sagte die Königskobra im Flüsterton.

Anny sah sie erstaunt an.

»Ich dachte, es sei die große Liebe.« Hastig griff die Königskobra nach der Zigarettenpackung, nahm eine heraus, zündete sie an und zog den Rauch ein. »Er hat mich offenbar schon des öfteren betrogen. Mit Kolleginnen.« Ein langer Blick flog in Annys Richtung, die aber gerade wieder die roten Lackstiefel betrachtete.

»Dabei hat er stets beteuert, wie sehr er mich liebt«, klagte Elsa Führer, wobei ihre Stimme weicher wurde und in Schluchzen überging.

Wieder fielen jedoch keine Tränen aus den wunderschönen Augen. »Am vergangenen Sonntag erzählte er mir, er müsse länger im Büro bleiben«, hörte Anny die Königskobra sagen. Sie nickte und betrachtete die Fotos. Auf einem der Bilder entdeckte sie einen älteren, gutgenährten Mann. Helmut, der Möbelfabrikant.

»Als ich ihn am Montagmorgen unangekündigt in seiner Wohnung aufsuchte«, die Königskobra drückte ihre halb gerauchte Zigarette wieder aus, »war eine Langhaarige bei ihm.«

»Die Aushilfe?« fragte Anny.

Im nächsten Augenblick war das Schluchzen verstummt. »Ja, die Aushilfe«, sagte die Königskobra verächtlich.

»Die aus dem Vorzimmer?«

»Ja«, erwiderte die Führer kühl und knapp.

Der Produktionsleiter, der mit einem Stoß Blätter in der Tür auftauchte, offenbar die Moderationen für das Polit-Journal, schrak zusammen und verschwand wieder. Mit steifem Rücken saß die Königskobra auf ihrem Stuhl.

Anny stand auf.

»Sie wissen, von wem ich spreche?« fragte die Führer und streckte ihren Hals, während Anny schon zur Tür ging.

»Sicher«, antwortete sie.

»Gerd«, flüsterte Elsa Führer.

»Stalin«, sagte Anny. Als sie schon an der Tür stand, hörte sie die Königskobra ebenfalls aufstehen.

»Sind Sie noch in ihn verliebt?« fragte Elsa Führer. Ihre Stimme hatte einen drohenden Ton bekommen.

Anny drehte sich um und sah, wie die Königskobra gelassen ihr Schminkzeug inspizierte.

»Wie kommen Sie darauf?« fragte sie zurück.

»Gerd hat es mir erzählt.«

»Wirklich?«

»Und sie hat dich nicht umgebracht?« fragte er.

»Noch nicht«, sagte Anny und setzte sich dem Schläfer gegenüber, der hochzufrieden eine neue Sonnenbrille in den Händen drehte.

»Sie ist so eifersüchtig wegen ihres Gerd.«

»Stalin«, antwortete Anny. »Er heißt Stalin.«

Mit einem Lächeln legte der Schläfer einen Stoß Kärtchen auf das karierte Tischtuch neben Annys Besteck. *Alfredo, Pizzeria. Hauerstraße 18*, stand darauf.

Sie schob die Visitenkarten beiseite.

»Brauchst du sie nicht mehr?« fragte er mit todernstem Gesicht. »Vielleicht fahren wir noch mal in den Sudan.«

»Nein«, sagte Anny. »Ich will nirgendwo mehr hin.«

»Du glaubst also, sie wird dich umbringen?«

»Was?« fragte Anny und beugte sich zu ihm. Lautes Klappern und Gesprächsfetzen erfüllten den Raum. Rauchschwaden ebenso. Alfredo, der Pizzaiolo, hielt nichts von Lüftungen und sonstigem Luxus.

Mit einem Augenzwinkern in Annys Richtung ließ Alfredo zwei Teller auf den Nachbartisch knallen. »Zweimal Spaghetti Vongole mit viel wunderbarem Parmesan«, brüllte er und verzog das Gesicht, als würde er hundert Tode sterben. »Nudeln mit Muscheln *und* Käse« hielt er für ungeheuerlich. Laufkundschaft wurde in der Regel bei solchen Bestellungen hinausbefördert, die zwei am Nebentisch waren jedoch unverbesserliche Stammgäste.

Alfredo tänzelte weiter.

Anny sah ihm mit hungrigem Blick nach.

Hartes Neonlicht erhellte die Pizzeria. Spanfaserplatten dienten als Mauerschutz. Die Gäste saßen auf erbarmungslos harten Plastiksesseln, während auf einem Brett, das hoch in einer Ecke angebracht war, ein Fernsehapparat plärrte. Aber die Küche war ausgezeichnet.

Schließlich kam Alfredo zurück und stellte unaufgefordert eine Flasche Mineralwasser sowie eine Karaffe Chianti auf den Tisch.

»Alles bestens?« fragte er heiter.

»Alles bestens«, antwortete Anny und griff nach einem Weinglas, das er vollgeschenkt hatte. Sie nahm einen tiefen Schluck.

»Hast du es ihr erzählt?« fragte der Schläfer.

»Was?«

»Die Geschichte mit ihrem lieben Gerd.«

»Nein.«

Gierig trank Anny noch einmal und griff zum Brotkorb. Sie nahm das größte Stück Weißbrot heraus und stopfte es sich in den Mund.

»Man sieht fast nichts mehr«, sagte der Schläfer und goß Wasser in ein leeres Glas, dabei sah er prüfend auf Annys Stirn.

»Was?« fragte sie.

»Von der Narbe.«

»Ich weiß.« Anny trank ihr Glas leer.

»Willst du es mir nicht erzählen?« fragte der Schläfer.

Alfredo zwängte sich an den Freunden von »Nudeln mit Muscheln und Käse« vorbei zum Fernsehgerät. Das *Polit-Journal* begann mit einer reißerischen Erkennungsmelodie. Anny warf einen Blick hinauf zu dem Apparat. Rechts von ihm hing ein mißlungenes Gemälde von Sperlonga, Alfredos Heimatort. Links die Madonna. Die Ecke glich einem Altar.

»Guten Abend«, sagte die Königskobra auf dem Bildschirm. »Mein Name ist Elsa Führer.« Ein weiterer Jingle folgte.

»Ich habe es dir doch schon fünfmal erzählt«, erwiderte Anny.

Aber der Schläfer schüttelte nur den Kopf. »Ich habe es aber noch nicht verstanden.«

Auf dem Bildschirm tauchte wieder die Führer auf. »Man nennt sie die Sekte des Satans«, sagte sie.

Einige Gäste horchten auf.

Die Führer sprach weiter. »Nie zuvor haben sie einer Fernsehkamera erlaubt, in ihr Reich einzudringen.«

Der Nebentisch begann zu diskutieren.

»Unserem Team ist das gelungen.«

Die Stimmen am Nebentisch verstummten.

»Auch die brutalen Machenschaften der Sekte des Satans werden wir Ihnen zum erstenmal zeigen.« Ein verhaltener, beinahe schon trauriger Blick der Königskobra folgte.

Die Augen auf den Fernsehapparat gerichtet, kam Alfredo an den Tisch und stellte zwei Teller mit Tagliatelle ab. Auch die übrigen Gäste des Lokals sahen zum Altar hinauf.

»Ein Kronzeuge, ein ehemaliges Mitglied der Sekte, wagte sich vor unsere Kamera«, wurde von oben verkündet.

Anny fuhr mit der Gabel in die Nudeln und aß.

Der Schläfer stocherte nur auf seinem Teller herum. »Hast du ihn nie gefragt, warum er dich geschlagen hat?«

»Nie«, sagte sie und kaute zufrieden.

»Auch nicht, warum er plötzlich so wütend geworden ist?«

»Ich weiß es.«

»Warum?«

»Er war betrunken.«

»Haltbach betrunken?« Der Schläfer sah von seinem Teller auf. »Der trinkt doch gar nicht.«

»Nicht mehr.«

»Deswegen?«

»Möglich.«

Anny sah hinauf zum Altar.

»Exklusiv im Polit-Journal«, verkündete die Königskobra mit fester Stimme.

Nach einer Werbeunterbrechung, die alle Gäste nützten, um sich zu stärken, kehrte sie zurück.

Anny aß weiter.

»Hat er sich nie bei dir dafür entschuldigt, daß sein Verführungsversuch ein so seltsames Ende fand?« fragte der Schläfer.

»Nein.«

»Er hat nie ein Wort darüber verloren?«

»Nie.« Sie schluckte. »Er schickt mir nur dauernd Blumen.«

»Was?«

»Dreißig Rosen.«

»Dreißig Rosen?«

»Ja.«

»Warum dreißig?«

»Es ist am Tag vor meinem dreißigsten Geburtstag passiert.«

»Furchtbar.«

»Ja.«

Anny warf einen Blick hinauf zum Bildschirm. Der dürre Mann, den die Königskobra im Schneideraum interviewt hatte, tauchte auf dem Bildschirm auf und begann zu sprechen, langsam und lange.

»Vergangenen Herbst haben sie begonnen, Waffen zu horten«, erzählte er. »Ein ehemaliger Offizier der Bundeswehr, der seit langem geheimes Mitglied ist, hat alles besorgt.« Er nannte einen Namen.

Anny wandte sich wieder ihrem Teller zu.

»Warum bist du nicht weg vom Sender?« fragte der Schläfer und schob seinen halbvollen Teller von sich.

»Der ewige Sieg der Hoffnung über die Erfahrung«, sagte Anny und füllte ihr Weinglas neu.

Die Königskobra erkletterte gerade eine Anhöhe, auf der eine Schar Kinder, alle in wallenden weißen Gewändern, um ein Feuer tanzte und sang. Als Elsa Führer näher kam, stellten sich die Engel in Reih und Glied auf. Einer der drei bulligen »Auserwählten Gottes«, die Anny im Sender gesehen hatte, drängte sich neben sie.

»Bist du glücklich hier?« fragte die Königskobra.

»Ja«, zwitscherte ein Mädchen mit langen Zöpfen. Der Hüne lächelte. Eine Werbeunterbrechung folgte.

Alfredo streckte sich und drehte den Ton etwas leiser, aber mehrere Gäste protestierten. Wieder erklang ein Jingle. Die Königskobra tauchte auf und nach ihr der dürre, kleine Mann.

»Haben Sie Angst?« fragte sie ihn, während die Kamera seine Hände zeigte. Winzige Hände, die fest ineinander verkrampft waren.

»Haben Sie Angst?« wiederholte sie.

»Ja«, gestand er.

Eine Großaufnahme vom Gesicht der Königskobra folgte. Mitleidig sah sie den Mann an.

Nachdem Alfredo die Teller abserviert hatte, stellte er Anny eine riesige Schale mit Zabaione hin. Ihre Lieblingsspeise. Sie löffelte gierig.

Der Schläfer betrachtete sie. »Glaubst du, er hat dich deswegen abgesetzt?«

»Nein.«

»Warum denn sonst?«

»Wegen der schlechten Quoten.«

»Bist du sicher?«

»Ganz sicher.« Anny fuhr mit dem Löffel den Rand der Schale entlang.

»Seine Ohrfeige kam zwei Monate nach meinem Auszug aus dem Glashaus.«

»Wenn du auch immer so unflexibel bist.« Der Schläfer trank einen kräftigen Schluck Wasser. Zwei Tabletten schluckte er gleich mit. Er war wieder auf Entzug. Kein Heroin und keinen Alkohol.

Nur Methadon.

»Das hat er auch so ähnlich gesagt.«

»Wer?«

»Der liebe Gerd.«

»Daß du ungeschickt bist?«

»›Baby‹, hat er gesagt, ›stell dich nicht so an.‹«

»In seinem Schlafzimmer?«

»Wir waren noch nicht dort gelandet.«

»Wo wart ihr denn?«

»Beim besten Chinesen in der Stadt.«

»Es geschah in einem Restaurant?«

»Nein, da haben wir nur gegessen.«

»Nur gegessen?«

»Aber am nächsten Tag wollte er mich noch einmal in ein Restaurant bringen.«

»Wieder zum Chinesen?«

»Zu einem Inder. Wieder dem besten.«

»Und?«

»Es wurde nichts daraus.«

»Weil du so ungeschickt warst?«

»Auf seinem Bürotisch.«

»Das hast du allen Ernstes abgelehnt?« erwiderte er und grinste.

»Nur wegen der Quotenprotokolle unter meinem Rükken.« Sie beugte sich vor. »Sie waren einfach zu schlecht.«

Oben im Fernsehapparat redeten der bullige Mann, die unschuldigen Kinder und der verängstigte Kronzeuge weiter. Der Schläfer rief nach der Rechnung und trank sein Wasserglas leer.

»Das war unser Exklusivbericht«, hörten sie die Königskobra in diesem Augenblick sagen.

»Hat es sehr weh getan?« fragte der Schläfer.

»Nur der Ring«, erwiderte Anny.

Während sie Alfredo den Betrag auf den Tisch legten, ertönte bereits der Abschlußjingle des *Polit-Journals*.

Die Gäste am Nebentisch redeten und lachten entspannt.

»Nächste Woche«, versprach die Königskobra in den wiedererwachten Lärm der Trattoria. »Der grausame Tod eines Star-Reporters.«

Wieder folgte eine Werbeunterbrechung. Als Anny dem Schläfer zur Tür folgte, hörte sie die Stimme der Königskobra noch einmal.

»Auch Carl Dornhelmer wurde von einer Sekte gejagt.«

Eine kleine Kunstpause folgte.

»Er wurde jahrelang gejagt ...« Wieder wartete die Stimme. »Und er wurde umgebracht. Von islamischen Fundamentalisten.«

Werbung.

»In der anderen Sache bin ich überhaupt nicht weitergekommen«, sagte der Schläfer, als sie in der Tiefgarage bei ihrem Golf ankamen. Sein Wagen stand einige Reihen weiter.

»In welcher Sache?« fragte Anny gedankenverloren.

»Nabil.«

»Ich habe noch zwei Karten im Ärmel«, erwiderte sie und steckte den Schlüssel in die Tür. Er sah sie ungläubig an.

»Eine Telefonnummer«, sagte Anny.

»Eine Nummer in Ägypten?« fragte er und fuhr mit der Hand in seine Hosentasche. Ein zerdrücktes Papier tauchte auf. »Wie lautet sie?«

Anny riß die Wagentür auf, warf die Tasche auf den Beifahrersitz und stieg ein. »00202876314«, antwortete sie, während er das Papier in den Schein der Beleuchtung hielt und die Zahlen kontrollierte.

»Beeindruckend«, antwortete der Schläfer. »Es ist leider dieselbe, die Nabil mir schon in Khartum gegeben hat.« Er schob den Zettel zurück in seine Hosentasche. »Es ist die Nummer seiner Schwester.«

»Und?«

»Ich habe angerufen, bevor wir uns getroffen haben.«

»Hast du jemanden erreicht?«

»Ja.«

»Wen?«

»Seine Schwester. Sie sagte, er sei noch nicht aufgetaucht.« Er seufzte und griff nach ihrem Arm. »Mach dir keine Sorgen.«

»Ich mache mir keine Sorgen«, erwiderte Anny und drehte den Zündschlüssel um. Nichts tat sich.

»Sie sagte auch, sie habe gehört, in Khartum sei alles ruhig. Sogar alle Afghanen seien verschwunden.«

Mit einer neuen Drehung des Zündschlüssels versuchte Anny den Motor in Gang zu bringen. Wieder nichts. »Alle Afghanen sind verschwunden?« fragte sie dabei.

»Ja.«

»Hast du dich nicht verhört?«

»Möglich.«

»Wo sollen die denn hin sein?«

»Keine Ahnung. Ich habe nicht danach gefragt. Ich dachte, du würdest dich eher für Nabil interessieren.«

Endlich sprang der Motor an. Während Anny anfuhr, rief ihr der Schläfer noch etwas hinterher. »Hast du nicht gesagt, du hast noch eine zweite Karte in irgendeinem Ärmel?«

28. Kapitel

Als sie nach einem erneuten Besuch bei ihrem Automechaniker am Morgen verspätet in die Redaktion kam, herrschte beste Stimmung. Die beste, die sie je im Sender erlebt hatte.

An der Tür zum Großraumbüro war eine frische Kopie der HAUSORDNUNG angebracht worden, auf der alle Verbote, auch das Alkoholverbot, gut leserlich waren. Daneben klebte ein Zettel in DIN-A4-Format, auch neu. Mehrere Mitarbeiter standen davor mit glänzenden Augen.

Eine Sekunde lang zögerte Anny, dann ging sie an ihnen vorbei, eilte an ihren Schreibtisch und schaltete ihr Terminal ein. Nur langsam begann es zu arbeiten, und Anny schaute ungeduldig auf den Bildschirm.

Sudan tippte sie, als die Kennung des Archivs erschien.

20 Artikel gefunden.

Bevor sie erneut suchte, ließ sie sich die alten Berichte anzeigen, die aus der englischsprachigen Presse.

Church reports about ethnic cleansing, New York Times, June 1994

Islam's dark side, The Economist, November 1994

Islamic conference, International Herald Tribune, March 1996

Es fiel ihr nichts auf.

Dann blieb ihr Blick an einem Artikel jüngeren Datums der Nachrichtenagentur Reuters hängen, der von dem Amerika-Korrespondenten der Agentur in Washington verfaßt worden war.

»Reuters from Washington with reports from Delhi«, stand in der ersten Zeile. Anny überflog den Text.

Die Vereinigten Staaten planen, ihr diplomatisches Personal aus Khartum abzuziehen, und fordern alle amerikanischen Staatsbürger auf, den Sudan so schnell als möglich zu verlassen. Die Ankündigung des US-Außenministeriums kam nur wenige Stunden nach der ultimativen Aufforderung des UN-Sicherheitsrates an die Regierung in Khartum, die drei in einen Mordanschlag auf den ägyptischen Präsidenten Hosni Mubarak verwickelten Sudanesen auszuliefern.

Der Attentatsversuch hatte vor zwei Wochen in Addis Abeba stattgefunden. Khartum hat jede Verantwortung zurückgewiesen. Zahlreiche Senatoren, darunter vor allem der Republikaner George McCain, Mitglied des außenpolitischen Ausschusses des Kongresses, beschuldigen den Sudan, zusammen mit dem Iran die Destabilisierung des Nahen Ostens zu betreiben. Sie verlangen, daß der Sudan auf die Liste jener Länder gesetzt wird, die den Terrorismus unterstützen.

Nirgends ein Wort über den Abzug der Afghanen aus Khartum. Anny überflog auch noch Berichte, die weiter zurücklagen. Wieder nichts. Kein Wort über die Afghanen.

Ein spitzer Schrei war aus dem vorderen Teil des Raums zu hören. Anny blickte auf. Die Königskobra stand vor den Anschlägen an der Tür und ließ noch einen zweiten Schrei los.

Anny tippte.

Afghanistan doc.

Die jüngste Meldung erschien auf dem Bildschirm.

Bei den anhaltenden Kämpfen in Afghanistan haben die Talebani neue Erfolge erzielen können. Die Gruppe hat bereits die Stadt Djalalabad erobert und ist nun auf dem Weg nach Kabul. In allen Städten, in denen die durchwegs jugendlichen Kämpfer, die offenbar gut bewaffnet sind, die bisherigen Machthaber vertrieben haben, wurde ein strenges Ausgehverbot für Frauen verhängt. Frauen dürfen nur noch in männlicher Begleitung in die Öffentlichkeit. Das Tragen des Schleiers wurde zum Gesetz erhoben.

Sie schloß das Dossier Afghanistan.

Die Kämpfe in dem Land, aus dem die Sowjets bereits im

Februar 1989 abgezogen waren, bedeuteten wenig. Ständig bekriegten sich verschiedene Gruppen. Alle mehr oder weniger fundamentalistisch. Gulbudin Hektmatyar galt aber als der strenggläubigste Führer, ein waschechter Fundamentalist. Er hatte sich geweigert, an seinem Sitz im pakistanischen Peshawar weibliche Journalisten zu empfangen.

Ein zweiter Bericht vom selben Tag schien nicht interessanter. Nur eine trockene Analyse der instabilen Lage in ganz Zentralasien. Enttäuscht betrachtete Anny die Zeilen. Es war immer dasselbe. Amerikanische Spezialisten sorgten sich in regelmäßigen Abständen um das Schicksal der ehemaligen Sowjetrepubliken. Manchmal warnten sie vor der russischen Gefahr. Manchmal vor der iranischen.

In dem Bericht wurden unter anderem auch Teile eines Artikels in der jüngsten Ausgabe von *Foreign Affairs* zitiert, einer amerikanischen Vierteljahreszeitschrift. Keine einfache Lektüre.

Die reichen Gas- und Erdölvorkommen in Dauletabad, in Turkmenistan, hieß es darin, könnten schon bald mittels einer geplanten Pipeline über Afghanistan nach Pakistan gebracht werden. Die Vorkommen seien die fünftgrößten der Welt. Iran plane den Bau einer eigenen Pipeline, auch um seinen Einfluß in der Region auszuweiten. Sogar der amerikanische Außenminister hätte bei einem Treffen mit der pakistanischen Regierung diese Frage erörtert.

Der zitierte Artikel schien langweilig. Schlecht geschrieben. Der Verfasser mußte ein Akademiker sein, einer von der langweiligen Sorte.

Der Chef vom Dienst kam herbeigeeilt. Er bat Anny, sich um die Kurzmeldungen zu kümmern. Die Arbeit bestand hauptsächlich aus dem Sichten jener Filme, die Bildagenturen jeden Tag an alle Sender schickten. Schwere Autounfälle in Mexiko. Katjuscha-Angriffe von Hisbollah-Milizen auf Israel. Die Wahl einer Schönheitskönigin in Moskau.

In der Sendersprache wurden die Kurznachrichten, die zwischen den eigenen Berichten ausgestrahlt wurden, der *Gemüsegarten* genannt.

Ohne jede Begeisterung schrieb Anny die Meldungen und blickte zwischendurch immer wieder auf die Uhr. Als sie die Arbeit beendet hatte, griff sie zum Telefon und rief den Flughafen an. Sie packte ihre Tasche.

Am Ausgang stand eine hochzufriedene Königskobra und redete auf Marlene ein. Die Dicke betrachtete ihr Gegenüber ähnlich mürrisch wie am Vortag.

Von Zeit zu Zeit warf sie einen Blick auf den Anschlag an der Tür. Als Anny sich an ihrer Körperfülle vorbeischob, riskierte auch sie einen Blick darauf.

Es waren die Einschaltquoten vom Vortag.

Den ersten Platz hatte das *Polit-Journal* der Königskobra erobert, mit einem Marktanteil von siebzehn Prozent. Weit abgeschlagen auf dem zweiten Platz war ein alter Spielfilm gelandet.

Quer über das Papier hatte jemand mit steiler Schrift einen Satz geschrieben.

Wir haben sie alle geschlagen!!!!

Anny warf nur einen kurzen Blick auf die enge, schwer leserliche Handschrift. Kein Zweifel, es war Stalins.

»Elsa, was sollte das eigentlich bedeuten?« fragte Anny, als sie Marlene erfolgreich umschifft hatte.

Die Königskobra sah ihr nach. »Was sollte was bedeuten?«

»Auch er wurde von einer Sekte gejagt?« rief Anny und versuchte Elsa Führers schneidigen Tonfall am Ende des *Polit-Journals* nicht allzu offensichtlich zu imitieren. »Jahrelang wurde er gejagt und schließlich auch umgebracht. Von radikalen Fundamentalisten!«

»Eine Scheiße war das alles«, kommentierte Marlene in gewohnter Offenheit. Sie erntete einen pikierten Blick.

»Stammt nicht von mir. Stammt von Herrn Haltbach«, erwiderte die Königskobra mit harmlosem Lächeln.

29. Kapitel

Anny blickte hinaus auf den aschgrauen Himmel, während sie ihr Handy fest an ihr Ohr drückte. Sie ließ es einfach läuten. Edward Brown meldete sich trotzdem nicht. Nicht einmal eine Sekretärin antwortete. Schließlich gab Anny auf, steckte ihr Telefon ein und beugte sich vor zum Glasfenster, das sie von dem Taxifahrer trennte.

»Ins *Halcyon*«, sagte sie.

»Journalist, my dear?« fragte der Mann mit der roten Nase durch die Schutzwand.

»Nein«, antwortete Anny. »Ich bin ein Rockstar.«

Der Wagen rührte sich nicht von der Stelle. Es war kurz vor neun Uhr morgens. Ganz London stand, aber weder Wetter noch Verkehrschaos schienen die Stadt zu stören. Nur vereinzelt hupte ein Ungeduldiger.

Anny ließ sich zurückfallen und schlug zum drittenmal das graue Heft auf, das sie im Kiosk am Flughafen gekauft hatte. Es war das letzte *Foreign Affairs* gewesen. Glück muß man haben.

Noch einmal wählte sie Browns Nummer. Im Londoner Institut für Politische Studien war niemand.

Der Verkehrsstau löste sich auf. Der Mann hinter dem Lenkrad lächelte vor sich hin.

»Ist es noch weit?« fragte Anny.

»No, my dear«, kam die Antwort durch die Scheibe.

Eine Stunde später waren sie immer noch nicht am *Halcyon* angelangt. Anny griff wieder zum Handy.

»Hello«, meldete sich Brown.

»Anny Bonner«, antwortete sie. »Ich bin zufällig in London. Haben Sie Zeit?«

»Leider nicht«, erwiderte er.

»Ich verstehe.« Ratlos blickte Anny aus dem Fenster, wo sich in einer Seitenstraße schon der nächste Verkehrsstau ankündigte. Sie durfte nicht aufgeben. Nicht so schnell.

»Auch nicht fünf Minuten?« fragte sie.

Brown zögerte. »Aber erst am späteren Nachmittag.«

»Um fünf?«

»Nein. Frühestens um sechs.«

»Im *Halcyon*?«

»Hotel *Halcyon*, sagten Sie?«

»Ja.«

Beruhigter las Anny den Bericht im *Foreign Affairs* noch einmal Absatz für Absatz durch.

Nachdem sie das Hotel erreicht hatten und der Fahrer ihr die Reisetasche hineingetragen hatte, gab Anny ihm ein großzügiges Trinkgeld. Bewundernd sah er sie an. Wie einen echten Rockstar.

Die leicht schäbige Halle hatte ihr Aussehen seit Annys letztem Besuch nicht verbessert. Sie war eingerichtet wie das Landhaus eines britischen Adeligen. Eines verarmten Adeligen. Davon gab es auch im *Halcyon* einige. Der Rest der Gäste waren Rockstars, die noch nicht verarmt waren, und Journalisten.

Weil man Anny bereits kannte, entfiel der mitleidige Blick auf ihre schäbige Reisetasche. Nachdem sie den Zimmerschlüssel überreicht bekommen hatte, folgte sie dem Hausdiener in den dritten Stock, steckte ihm ein Trinkgeld zu und setzte sich ans Telefon.

»Liza?«

Eine weibliche Stimme mit einem fremdartigen Akzent antwortete und bat zu warten. Im Hintergrund ertönten Kinderlachen und ein Freudenschrei.

»Was für eine Überraschung«, sagte Liza. »Du klingst, als wärst du im Nebenzimmer.«

»Bin ich auch fast.«

»Wo?«

»Im *Halcyon*.«

»Ich dachte, du kannst nicht kommen?«

Anny erwiderte nichts.

Sie ließ sich an Lizas Adresse absetzen und betrachtete kurz das Haus, einen viktorianischen Bau, mächtig, aber unauffällig.

Drinnen wand sich ein dunkelroter Teppich durch das Treppenhaus. Die Messingknöpfe am Geländer glänzten. Alle Grünpflanzen, die jede Zwischenetage schmückten, waren frisch gegossen. In den Palästen in *The Boltons*, einer der unbescheidensten Adressen von Kensington, war alles an seinem Platz.

Im zweiten Stock drückte Anny auf eine altmodische Klingel. Mit einem kräftigen Ruck ging die Tür auf.

»Hallo, Richard«, sagte Anny.

Richards Kinn klappte nach unten, der Rasierapparat in seiner Hand brummte leise vor sich hin. Anny betrachtete seine Krawatte. Diesmal war sie mit Dschungelmotiven geschmückt.

»Hallo, hallo«, erwiderte Richard und preßte den Rasierapparat gegen seine linke Wange. Die rechte war schon glatt.

»Ist was?« Anny trat ein.

»Überhaupt nichts«, antwortete er, fuhr sich mit dem Apparat über das Kinn und warf einen prüfenden Blick in einen Spiegel an der Wand. »Was hast du übrigens der Frau am Flughafen in Frankfurt aufgeschrieben?«

»Daß du ein Waffenhändler bist.« Anny verzog keine Miene. »Ein sehr berühmter.«

Mit einem satten Lachen fuhr sich Richard über sein Gesicht. »Sie haben mich bestens behandelt.«

»Ach«, sagte Anny und zog ihren Mantel aus. »Dann haben sie meine Schrift vielleicht nicht lesen können.«

Richard verschwand.

Nachdem das Kindermädchen, eine dunkelhäutige, kräftige Frau, ihr den Mantel abgenommen hatte, legte Anny ihr Geschenk, ein weiches Paket, auf den Tisch im Vorzimmer. Es häuften sich schon die Pakete, alle elegant verpackt. Daneben standen zwei bauchige, pastellfarbene Kaffeekannen, wahre Ungeheuer. Es mußten Richards Geschenke sein.

Der Salon war gefüllt mit älteren Männern, dicke Zigarren und halbleere Gläser in den Händen. Die Frauen war stark geschminkt, trotz der frühen Stunde.

Es war erst ein Uhr.

Seit der Geburt der Kinder fanden Lizas Geburtstagsfeiern in Form von Mittagessen statt. Ihre zwei Mädchen saßen nebeneinander auf einer Couch und tranken Orangensaft. Anny wartete, bis Liza ihr Glas auf dem Tablett des Dieners abgestellt hatte, und begrüßte sie. Lizas Vater, der weißhaarige McCain, stand an einem der überhohen Fenster, in ein Gespräch vertieft. Schnell erforschte Anny sein Gesicht, dann das von Richard, der inzwischen glattrasiert war und einen herben Duft verbreitete. Der Senator winkte Anny erfreut zu.

Der dickliche Mann mit breitem Gesicht neben ihm musterte Anny aus übergroßen Augen. Er ließ den Senator stehen und kam auf sie zu. Anny erwiderte seinen weichen Händedruck fest, während er sie genüßlich ansah. »Peter Branton«, sagte der Frosch. »Star-Reporter.«

Anny wandte sich ab.

Zurückhaltendes Geflüster erfüllte den Raum mit den hohen Decken, weichen Teppichen und gestreiften Seidentapeten. Von Zeit zu Zeit erklang das helle Lachen der Gastgeberin, die sich von Gruppe zu Gruppe bewegte. Anny beobachtete sie. Als Liza ihrem Blick begegnete, zwinkerte sie ihr zu. Anny lächelte, woraufhin der Frosch wieder an ihre Seite eilte.

»Richard erzählte mir soeben, Sie sind auch Reporterin?« fragte er und drängte seinen Körper, der in der Mitte am breitesten war, nahe an sie heran.

»In Wahrheit bin ich ein Rockstar«, antwortete Anny, aber er ließ sich nicht abwimmeln.

Alle wurden in einen Nebenraum gebeten, an einen ovalen Tisch. Als Anny Platz nahm, saß der Frosch schon an ihrer rechten Seite. Sie sah sich verzweifelt um.

Richard hingegen bedachte Annys Tischnachbarn mit einem hochzufriedenen Grinsen. »Ich freue mich, daß Sie trotz Ihrer schweren Krankheit kommen konnten«, rief er ihm zu. Der Frosch quakte gequält.

»Wie laufen deine Geschäfte mit Turabi?« fragte Anny in Richards Richtung, während ein Diener in einer weißen Galauniform eine Silberplatte mit geräucherten Lachsscheiben servierte, die zu dick geschnitten waren und in einer Sauce von weißgelber Farbe ertranken. Man aß immer schlecht im Hause Gershy.

Richard hob einen Kristallbecher, führte ihn an den Mund und schmatzte genüßlich vor sich hin. Er verbarg nie, daß er als Kenner guter Weine gelten wollte.

»Alles läuft nach Plan«, sagte er und nahm einen kräftigen Schluck. Anny versuchte, das kleinste Stück Fisch vom Servierteller zu heben.

»Lassen Sie mir das!« hörte sie den Frosch an ihrer Seite aufschreien. Verwirrt sah sie ihn an.

»Ich habe mir den Magen verdorben«, sagte er und griff sich an den Reifen um seine Mitte. Er rollte mit den Augen. »Pakistan.«

»Waren Sie bei der schönen Hochzeit dabei?« fragte Anny und dankte dem Diener mit einem Nicken.

»Klar«, erwiderte ihr Tischnachbar.

Anny warf ihm einen gespielt bewundernden Blick zu und wandte sich zu Richard. »Weißt du, daß die Amerikaner das diplomatische Personal aus dem Sudan abziehen?« fragte sie.

Lizas Ehemann schob sich gerade genüßlich ein Riesenstück des rosafarbenen Fischs in den Mund. »Eine wunderbare Sache«, erwiderte er unter heftigem Kauen, aber als Anny zu ihm blickte, merkte sie, daß er mit dem Frosch sprach.

»Wunderbar«, erwiderte der und schlürfte gierig aus dem Glas. Dann mußte er husten. Einen Moment lang fürchtete Anny, er würde ersticken.

»Nur die Geschichte in Peshawar war mühselig«, fuhr er unter Pusten und Keuchen fort. »Dort habe ich mir auch den Magen verdorben.«

Richard drehte sich weg.

Der erste Gang war beendet. Erleichtert wandte sich Anny ihrem linken Tischnachbarn zu, der sie mit glasigen Augen ansah.

»Sind Sie oft in London?« fragte er.

»Nur wenn ich Konzerte gebe«, antwortete Anny.

»Ich bin jetzt beim Fernsehen«, hörte sie den Frosch einer älteren Dame quer über den Tisch zubrüllen.

»Was für Konzerte?« fragte Annys Nachbar zur linken neugierig.

»Haben Sie mich verstanden?« schrie der Frosch rechts von ihr.

Genervt drehte sich Anny ihm zu.

»Unglaublich«, flüsterte er ihr ins Ohr. »Die Oma kennt nicht einmal Global-TV.«

Anny hielt kurz den Atem an, nahm die Serviette zur Hand und versteckte sich halb dahinter, bevor sie sich mit einem Lächeln nach rechts drehte. Der Frosch strahlte sie an.

Der Hauptgang, Steaks, garniert mit verschiedenen weichgekochten Gemüsen, wurde auf silbernen Vorlegetellern gebracht. Gerade als der Diener hinter Richards Rücken vorbeiging, rückte der seinen Stuhl. Ein paar Spritzer Sauce landeten auf seinem Anzug.

»Verflucht«, schrie Richard. Die Runde verstummte und sah auf, während Richard in Richtung Flügeltür verschwand.

»Arbeiten Sie als Reporter für Global-TV?« fragte Anny und sah den Frosch von der Seite an.

»Ja«, erwiderte er voller Stolz. »Als Star-Reporter.«

»Wie interessant.« Anny nahm sich zwei Steaks von dem gereichten Servierteller. Sie hatte plötzlich Hunger.

»Interessant und anstrengend«, stöhnte er.

»Erzählen Sie«, antwortete sie und versuchte zu lächeln. Es gelang ihr überzeugend. Er rückte seinen Stuhl näher.

»Gleich nach der Hochzeit mußten wir nach Peshawar«, plapperte er los. »Das ist ein gottverlassener Ort an der afghanischen Grenze.«

Anny ermunterte ihn mit einem Nicken und sah kurz zu Richards Platz. Er war noch leer. »Was haben Sie denn dort gemacht?« fragte sie.

»Wir haben geschleppt wie die Verrückten«, fuhr der Frosch fort und schob sich ein mächtiges Stück Steak genußvoll in den Mund, seinen verdorbenen Magen hatte er anscheinend vergessen.

Anny hoffte inständig, daß er nicht ersticke.

»Eine ganze Satellitenstation haben wir nach Peshawar gebracht.« Ein verschwörerischer Blick flog in Annys Richtung. »Genauer gesagt, waren es sogar zwei.«

Ein frisches Stück Fleisch landete in seinem Mund. Vor den Flügeltüren waren Schritte zu hören.

»Das war aber noch nicht alles«, sagte er. »Als nächstes muß ich in den Sudan.«

Anny griff zu ihrem Glas und trank einen Schluck von dem Wein. Er schmeckte süßlich. »Wie aufregend«, sagte sie und sah unruhig zur Tür. Sie sprang auf.

»Kennen Sie den Sudan?«

»Oberflächlich«, antwortete sie, während sich Richard in einem frischen Sakko hinter seinen Platz stellte, eine neue Krawatte an der Brust. Rote Schmetterlinge auf blauschwarzem Hintergrund. Er sah Anny mißtrauisch an.

»Unterhältst du dich gut?«

»Ausgezeichnet«, beteuerte sie.

»Ganz ausgezeichnet«, bestätigte ihm der Frosch und zwinkerte Anny zu.

Am anderen Ende des Tisches lachte Liza hell auf. Annys linker Tischnachbar ließ sich sein Glas nachfüllen, schüttete den Inhalt in einem Zug hinunter und hielt es dem Diener mit treuherzigem Blick wieder hin.

»Was für Konzerte geben Sie eigentlich?« fragte er Anny.

»Rockkonzerte«, erwiderte sie.

»Hochinteressant«, sagte der Nachbar und drehte sich weg. Lizas Vater begann, die ganze Runde mit Anekdoten aus dem amerikanischen Kongreß zu unterhalten.

»Was machen Sie denn im Sudan?« fragte Anny den Frosch, geschützt durch die angeregten Gespräche um sie herum.

»Ich bringe eine ...«

Lizas helles Lachen übertönte seine Worte.

»Was?« fragte Anny und spähte vorsichtig zu Richard hinüber. Er war mit seiner Tischnachbarin beschäftigt, die mit großen Augen die roten Schmetterlinge auf seiner Krawatte bewunderte.

»Ich bringe wieder eine Satellitenstation hin.«

Ein Jubelschrei erhob sich. Leicht beschämt blickte Liza auf die Riesentorte, die hereingetragen wurde. Nach einigen Hochrufen stand Richard auf, küßte sie, lief hinaus, kam zurück und drückte ihr die beiden häßlichen Kannen in die Arme. Liza wurde dunkelrot.

Tapfer stopfte sich Anny die zuckersüße Torte in den Mund, während sie den anderen Gästen in das Rauchzimmer folgte. Zwischen zwei Bissen suchten ihre Augen den Frosch, der sich inzwischen an Richards Seite gedrängt hatte und unentwegt auf ihn einredete. Richard nickte mehrmals heftig.

Kurz nachdem der Kaffee serviert worden war, kehrte der Frosch zu Anny zurück.

»Was ist denn eigentlich dieses Global-TV, von dem man so viel hört?« fragte sie.

Er antwortete nicht sofort, entfernte sich und kehrte mit einem Teller voller Torte wieder. »Eine tolle Sache.«

»Klingt ganz danach«, erwiderte Anny.

»Global-TV wird der erste Fernsehsender, der in jeder Ecke der Welt eigene Büros hat.« Der Frosch schob sich einen Bissen Torte nach dem anderen in den Mund. »Auch in Städten wie Peshawar.«

Aufgeregt kratzte er auch die letzten Krümel zusammen und spähte hinüber ins Eßzimmer. Die halbe Torte stand noch da. Er schien beruhigt.

»Und Hodrum«, fuhr er erregt fort. »Richard Hodrum zahlt gut.«

Noch einmal sah er in den anderen Raum. »Sehr gut sogar.«

»Bestimmt nicht jeden«, erwiderte Anny.

»Das stimmt.« Mit schnellen Schritten entfernte er sich. »Ich bin einer der bestbezahlten«, fuhr er fort, als er hochzufrieden mit Nachschub auf seinem Teller zurückgekehrt war. »Das hat mir Richard soeben wieder bestätigt.«

»Sie haben es sich bestimmt verdient«, sagte Anny.

Die ersten Gäste verabschiedeten sich.

Der Frosch lächelte. »Meine Worte.«

Als das Kindermädchen mit ihrem Mantel auf dem Arm erschien, kam Richard herbeigeeilt.

»Die Mikrokassette«, sagte Anny und fuhr in den bereitgehaltenen Mantel. »Ich will die Mikrokassette.«

»Ich habe sie dir gegeben.«

»Es ist eine Fälschung.«

»Das ist nicht mein Problem.«

Sie sah ihn zornig an. Eine Falte tauchte um Richards Mund auf. »Du hast auch ein Problem«, sagte sie.

»Nicht daß ich wüßte.«

»Ich habe noch die Aufnahmen von Hodrum.«

Nichts regte sich in seinen Zügen.

»Hodrum im Sudan«, sagte sie.

»Wertloses Zeug«, erwiderte er, während er den Kopf schnell nach rechts wandte.

Liza stand am Geschenketisch und packte aus. Sie hielt gerade Annys Paket in den Händen, öffnete es vorsichtig und strahlte. »Anny!«

Beide, Richard und sie, sahen Liza an.

»Es ist wunderschön!« Mit glänzenden Augen kam Liza herbei und umarmte Anny, während sie sich das Tuch um die Schultern legte. Es war Nabils Geschenk.

An Lizas Kopf vorbei sah Anny Richard ungerührt an, aber er wandte sich ab.

»Es ist aus dem Sudan«, sagte sie schnell, bevor er verschwand. »Erinnerst du dich an den Sudan, Richard?« rief sie ihm nach.

Liza blickte zuerst sie fragend an und sah dann zu der Tür, durch die Richard verschwunden war.

»Wann warst du im Sudan, Richard?« rief sie ihm hinterher.

Anny verabschiedete sich.

Als sie schon auf der Treppe war, kam Richard ihr nachgelaufen. »Und nächstes Mal, wenn du mir Kassetten mit dem Turabi-Interview versprichst, dann will ich keine mit alten Kriegsfilmen!«

Anny wandte sich nicht um. »Haben sie dir nicht gefallen?« rief sie über die Schulter zurück.

Irgendwie war Anny nicht unzufrieden, als sie den Frosch vor der Haustür entdeckte. Er saß in einem Mini-Cooper und schien auf jemanden zu warten.

»Darf ich Sie mitnehmen?«

»Danke. Ich werde abgeholt«, log Anny.

»Schade.«

Sie blickte verzweifelt in die andere Richtung. In *The Bol-*

tons wartete man nicht auf Taxis. Aus der gegenüberliegenden Garage ragte das Heckteil eines Bentley.

»Sie fahren also als nächstes in den Sudan?« fragte sie das Froschgesicht im Fenster tief unten.

»Nein. Jetzt fahre ich erst zu einem anderen wichtigen Termin.«

»Wie wichtig ist er denn?« fragte Anny.

»Sehr wichtig. Leider.«

»Warum leider?«

»Mein Gesprächspartner ist ein Fundamentalist«, klagte er. »Einer von der schlimmsten Sorte.«

Noch einmal suchten Annys Augen die Straße ab. In der Ferne näherte sich ein silberner Rover.

»Sie verstehen?« fragte der Frosch und sah sie lüstern an. »Das ist nichts für mich. Ich liebe die Frauen.«

Verzweifelt begann sie, dem näher kommenden Wagen zuzuwinken.

»Ich muß aber mit unserem Geschäftspartner eng zusammenarbeiten«, klang es aus der Untiefe herauf.

»Mit Ihrem Geschäftspartner?« fragte Anny.

»Er ist unser wichtigster Geschäftspartner.«

Sie fand ihr Lächeln wieder. »Der wichtigste?«

Nun stand der silberne Wagen hinter dem Mini des Frosches. Sie ging auf ihn zu, dann kehrte sie noch einmal zu dem Frosch zurück.

»Wer ist es?« fragte sie sanft und sah ihm tief in die Augen.

Er schnappte nach Luft.

»Imir Khan«, quakte er. »Hodrums Schwiegersohn.«

Anny ließ ihn stehen.

Mit freundlichem Gesicht begrüßte sie den grauhaarigen Herrn, nachdem sie die Beifahrertür geöffnet und sich in den Wagen gesetzt hatte. Er blickte sie sprachlos an.

»Ein Sexualverbrecher«, sagte sie mit einer Kopfbewegung in Richtung des Mini. »Können Sie mich bis zur nächsten Ecke mitnehmen?«

Sie sah den Fahrer unschuldig an. Er nickte wissend und mitleidig und legte den Rückwärtsgang ein.

➢➢➢ ✹ ⋞⋞⋞

Es war bereits sechs Uhr dreißig. Anny wartete in der Hotelbar. Edward Brown war noch nicht aufgetaucht. Sie sah auf die Uhr, zum zehntenmal, und bestellte frischen Tee.

In ihrem Rücken lallte eine Gruppe blasser Aristokraten. Der Barkeeper des *Halcyon*, der angeblich tausend verschiedene Drinks mixen konnte, umsorgte sie mit seinen Künsten.

Als ihre Kanne Tee kam, blickte sie noch einmal auf ihr Handgelenk und stand auf. »Wo finde ich ein Telefon?« fragte sie.

»An der Theke.«

Sie wählte Browns Nummer und ließ es läuten. Erst nach endlos langem Klingeln hörte sie seine Stimme.

»Können Sie nicht kommen?« fragte sie.

Er atmete heftig. »Nur noch einen Augenblick.«

Das Geräusch von Händen, die hektisch auf Tasten schlugen, war zu hören. Ein Klicken folgte. Dann Stille.

Anny wartete. Ein mittelalterlicher Aristokrat taumelte an ihr vorbei. Er suchte die Toilette und landete mit dem Fuß in einem vornehmen Schirmständer, wobei die Antiquität auseinanderbrach.

Das Klicken kehrte wieder. *»In diesen heiligen Hallen ...«* tönte es dann.

Mozart. Die Zauberflöte. Genau das Richtige für das Büro eines Spions.

»Mr. Brown?« fragte Anny. Nichts regte sich.

»Ich komme sofort«, hörte sie Brown nach einer Pause mit fester Stimme behaupten.

Eine Stunde später schob Anny verärgert die Teetasse von sich.

Vorbei an der Rezeption, an der ein echter Rockstar lehnte, leicht erkennbar an seiner lila Samthose und einer gleichfarbigen Lederjacke, ging sie zum Aufzug. Der Hausdiener rief ihr nach, es gäbe eine Nachricht für sie. Sie nahm den Zettel, nickte einen Dank und eilte zum Lift. In ihrem Zimmer angekommen, griff sie zum Telefonhörer.

»Liza?« fragte sie. Sie setzte sich an den Schreibtisch und musterte den Stich mit Jagdszenen über der Kommode.

»Bist du gut nach Hause gekommen?« fragte Liza.

»Ja.«

»Es tut mir leid.«

»Es muß dir nichts leid tun.«

»Ich wußte nichts davon.«

»Ich weiß.«

Anny angelte sich eine Zigarette aus ihrer Tasche.

Auch dein Vater wußte nichts davon. Sonst hätte Senator McCain sich nicht dafür eingesetzt, daß der Sudan auf die Liste jener Länder gesetzt wird, die den Terrorismus unterstützen. Oder er hätte seinem Schwiegersohn das Geschäft verboten. Der Senator hatte seine Werte. Andere als Richard.

Anny atmete den Rauch tief ein.

»Ich muß dich um einen Gefallen bitten«, sagte Anny.

»Ja?«

»Ich brauche von Richard eine Mikrokassette.«

»Was für eine Mikrokassette?«

»Es hängt mit dem Sudan zusammen.«

Liza schien zu überlegen. »Kannst du es mir erklären?« fragte sie nach einer Pause. Ein Kind weinte im Hintergrund.

»Es ist zu kompliziert«, sagte Anny und zog an ihrer Zigarette.

»Ich möchte es aber wissen.«

»Es geht um einen Mord.«

»Ist er darin verwickelt?« Lizas Stimme klang entsetzt.

»Nur indirekt«, erwiderte Anny.

»Kann ich dich zurückrufen?« fragte Liza.

Es klang nach dem Beginn eines Ehekrachs.

»Miss Anny Bonner?«

Anny sah erstaunt auf. »Mr. Brown?«

Der Mann nickte und ließ sich auf den Hocker ihr schräg gegenüber fallen. Verstohlen sah Anny auf ihre Uhr. Zwei Stunden Verspätung.

Nachdem Brown einen doppelten Whiskey bestellt hatte, lächelte er sie an, als wäre es ihre Schuld. Kein unsympathisches Lächeln. Alles an ihm sah jung aus. Er war auch nicht älter als fünfunddreißig. Vielleicht noch jünger. Kein Alter für einen Spion.

Abgesehen davon trug er Jeans und hatte keine Krawatte mit Fischen oder Mohnblumen umgebunden. Aus der Seitentasche seiner Rauhlederjacke, die er lässig über einen zweiten Hocker geworfen hatte, fischte er sich eine Zigarre. Anny schaute auf das Etikett. Eine Monte Cristo, Nummer zwei. Etwas vom Feinsten.

In einer Sitzecke gegenüber hingen zwei überlebende Aristokraten tapfer in den Fauteuils, während an der Bar ein Mann heftig mit einer Frau flirtete. Er saß fast schon auf ihrem Schoß.

Browns rauchige Stimme, die am Telefon ein höheres Alter, mindestens zehn Jahre mehr, versprochen hatte, riß Anny weg von der Szene.

»Wann genau waren die Unruhen im Sudan?« fragte er.

»Sie begannen am zweiten Tag nach unserer Ankunft«, antwortete sie und rechnete. »Am zwanzigsten des vergangenen Monats.«

Brown faßte nach dem Glas, das der Barkeeper hingestellt hatte, leerte es in einem Zug und bestellte einen zweiten Whiskey, wieder einen doppelten.

Zumindest da war er ganz Spion. Säuft wie ein Loch und war neugierig.

»Am zwanzigsten?« Brown sah sie skeptisch an.

Anny nickte.

»Gab es ausreichend Lebensmittel?«

»Es gab jede Menge Drogen, aber kein Mineralwasser«, erklärte Anny und blickte unauffällig auf das neue Glas Whiskey. Es war bereits wieder leer. »Was ist in Zentralasien los?« fragte sie dann. »Irgendwas Besonderes?«

»Keine Ahnung«, antwortete er.

»Und die Verbindung nach Pakistan?« half sie seinem Gedächtnis nach.

»Ach die!« Er schien erleichtert. »Eine alte Geschichte.«

Er hob wieder sein Glas und hielt es in Richtung Bar.

Anny nippte an ihrem Martini.

»Was gibt es Neues über Hodrum?« fragte sie schnell, bevor er weitersprechen konnte. Seine Fragen zum Sudan reichten ihr.

»Nichts.«

»Nichts?«

Er schüttelte den Kopf. »Wirklich nichts.«

»Und die amerikanische Staatsbürgerschaft?« fragte sie.

»Die bekommt er.«

Anny stellte ihr Glas ab. Der Barkeeper winkte ihr erwartungsvoll zu, sie schüttelte nur leicht den Kopf.

Brown drehte sich ihm zu und nickte. Das vierte Glas.

»Sein Global-TV bekommt er auch«, sagte sie, während er hingebungsvoll an seiner Zigarre zog. »Als amerikanischer Staatsbürger wird er wenig Probleme haben.«

Der neue Whiskey kam an. »Warum sollte er auch.«

»Eigenartig«, sagte Anny. Ein leises Piepsen war zu hören. Brown griff in die Hosentasche. Ein Handy tauchte auf. Auch Spione gehen mit der Zeit. »Später«, sagte er und beendete das Gespräch mit dem ersten Satz.

»Es ist eigenartig«, fuhr sie fort. »In den gestrigen Agenturmeldungen stand, daß die Amerikaner sich auf den Sudan eingeschossen haben.«

»Habe ich gesehen«, erwiderte er, das Glas an den Lippen.

»Sie wollen ihn sogar auf die Liste der Länder setzen, die den Terrorismus fördern.«

»Ich weiß.«

»Und trotzdem bekommt Hodrum seine Staatsbürgerschaft und sein Global-TV?«

»Was hat das miteinander zu tun?« Brown überlegte selbst angestrengt.

»Eigentlich nichts«, entgegnete Anny. »Außer, daß Hodrum mit dem Sudan Geschäfte macht.«

»Wer sagt das?«

Der Barkeeper eilte mit einem Telefon herbei und reichte Anny den Hörer.

»Ja?« schrie Anny in das Rauschen, das aus dem schnurlosen Hörer drang.

Lizas Stimme klang weit entfernt. »Du bekommst die Kassette«, sagte sie.

»Wann?«

»Nächste Woche.«

»Nein!«

Anny warf Brown einen entschuldigenden Blick zu. »Ich brauche sie schneller.«

»Wann?« fragte Liza.

»Heute.«

»Das geht nicht.«

»Morgen.«

»Vielleicht Freitag.«

»Danke.«

»Anny?«

»Ja?« antwortete sie und bemerkte, daß Brown auf die Uhr sah.

»Du *mußt* mir alles erzählen«, sagte Liza.

»Ich kann nicht«, antwortete sie. »Ich weiß nicht alles.«

Liza verabschiedete sich.

»Wer sagt das?« wiederholte Brown seine Frage.

Anny hatte sich ihm wieder zugewandt, während der Barkeeper das Telefon nahm und den nächsten Whiskey hinstellte.

»Der Frosch«, entgegnete Anny und blickte dem Mann hinterher.

»Welcher Frosch?«

»Branton.«

»Peter Branton, der Journalist?«

»Ja, so heißt er.«

Brown lachte. »Der erzählt immer Märchen.«

Anny lächelte ihn an. Browns Gesicht wirkte trotz seines jungen Alters bereits leicht aufgequollen. Der Whiskey. Oder das Herz.

»Eigenartig«, murmelte sie und blickte zur Decke. »Ich habe Hodrum auch gesehen.«

»Wo?« Brown betrachtete die goldene Flüssigkeit in seinem Glas. Der fünfte Whiskey.

»Im Sudan. Genauer gesagt, im Vorzimmer von Hassan Turabi.«

Er schwieg eine Zeitlang.

»Vielleicht haben sie ein Geschäft abgeschlossen«, erwiderte Brown schließlich.

Anny blickte weiter an die Decke. »Und die Sache mit Pakistan?« fragte sie.

Die alte Pendeluhr an der Wand über ihrer Tischecke schlug. 21 Uhr. Brown drehte seinen Kopf und zuckte zusammen.

»Ich muß weg«, sagte er und verlangte nach der Rechnung. Er zahlte alle Getränke, fünfmal Whiskey, einmal Martini. Anny griff nach dem Packen, der vor ihr lag, und klemmte ihn unter den Arm.

Neue Gäste kamen die wenigen Stufen aus der Halle herunter, während Brown schon hinaufsteigen wollte. Doch er wartete.

»Warum investiert er eigentlich in Pakistan?« fragte Anny.

»Tut er das?«

»Ja!«

»Wer sagt das?«

»Der Frosch.«

»Das macht Hodrum vielleicht nur wegen seines Schwiegersohns.«

Sie waren in die Halle gekommen.

»Imir Khan«, sagte Anny.

»Ja.« Brown blickte wieder auf die Uhr.

Anny lachte. »Peter Branton behauptet, daß Hodrums Schwiegersohn ein radikaler Fundamentalist ist.«

Mit einer schnellen Bewegung wich Brown zwei Männern aus, die an ihnen vorbeidrängten. Keine Rockstars und keine Aristos. An den Zeitungen unter ihren Armen sah Anny, es waren Journalisten. Sie erkannten und grüßten Brown.

Er wartete, bis sie außer Hörweite waren. »Branton erzählt das?« fragte er.

Anny fiel ihm ins Wort. »Er erzählt aber sicherlich wieder Märchen.« Sie lachte auf.

Gemächlich ging Brown auf den Ausgang zu und bat den livrierten Diener um ein Taxi. Sie warteten. Von Zeit zu Zeit blickte er hinaus auf die Straße.

»Noch eine Kleinigkeit«, sagte sie, während ein Taxi heranrollte und stehenblieb.

»Was denn?« fragte Brown neugierig.

»Ihre Analyse hat mir sehr gefallen, aber eines habe ich nicht verstanden. Warum wollen die amerikanische *Unocal Corporation* und die saudische *Delta Oil* acht Milliarden Dollar in die Gasvorkommen in Zentralasien investieren?«

Sie schlug dabei ihren Zeitungspacken auf, ein dickes graues Heft kam zum Vorschein. Brown schmunzelte und stieg in das Taxi. Nachdem der Wagen losgefahren war, winkte Anny ihm mit dem grauen Heft nach. Dem *Foreign Affairs*, Winter 1996.

➢➢➢ ✹ ⮘⮘⮘

Gerade als Anny den Duschvorhang zuzog, begannen die Zehn-Uhr-Nachrichten auf Channel Four, die ausführlich über Lady Dianas Eheprobleme berichteten. Beruhigt drehte Anny den Wasserhahn stärker auf und ließ das Naß ihren Rücken hinunterfließen. Sie griff nach der Seife. Im Fernsehapparat im Zimmer erklang die Stimme eines Kommentators, der Details über die schwierigen Scheidungsverhandlungen des königlichen Ehepaars zu berichten wußte.

Anny trat wieder unter die Dusche. Das Wasser wurde langsam kälter. Eine Spezialität des *Halcyon*. Sie drehte am Warmwasserhahn, der aber bereits ganz geöffnet war.

International News. Nachrichten aus aller Welt, kündigte der Moderator von Channel Four jetzt an.

Naher Osten. Die neue israelische Regierung hat die Verhandlungen mit den Palästinensern unterbrochen.

Zitternd griff Anny nach der Tube mit dem Haarshampoo und rieb sich den Kopf ein. Das Wasser war kalt.

Afghanistan. Der Vorstoß der Taleban-Milizen geht weiter.

Nachdem sie das Shampoo ausgespült hatte, hüllte sie sich in den Bademantel, ging in das Zimmer und schob das graue Heft, das aufgeschlagen auf dem Bett lag, beiseite.

Im Fernsehen endete der Bericht aus Afghanistan, und der Moderator kündigte ein Gespräch mit einem Experten an. Er drehte sich zur Seite. Edward Brown saß neben ihm.

»Wer sind diese Talebani?« fragte ihn der Moderator.

»Die Talebani sind Absolventen von pakistanischen Koranschulen und gelten als strenge Fundamentalisten«, antwortete Brown.

»Also eine neue Gefahr?« fragte der Journalist.

Nach einem kurzen Zögern antwortete Brown. »Nicht unbedingt«, begann er. »Afghanistan braucht mehr als alles andere Stabilität. Wenn die Talebani das Land befrieden, dann ist damit allen geholfen. Auch dem Westen.«

Während er weitersprach, zog Anny den Gürtel des Bademantels enger, ließ sich auf das Bett fallen und blätterte in dem grauen Heft. Noch einmal las sie den zweiten Absatz von Browns Analyse über die Lage in Zentralasien durch.

Im vergangenen Jahr hat Turkmenistan mit der amerikanischen Unocal *und der saudischen Firma* Delta *einen Vertrag über den Bau einer 1271 Kilometer langen Pipeline abgeschlossen. Sie soll von den Gasfeldern in Dauletabad, Ostturkmenistan, durch Afghanistan nach Pakistan führen. Eine zweite, eine Erdölleitung über 1900 Kilometer, ist von Chardzhou nach Karachi, ebenfalls in Pakistan, geplant.*

Bevor Anny weiterlas, schaute sie auf. Brown war vom Bildschirm verschwunden. Ein weiterer königlicher Bericht, diesmal über die Verschwendungssucht der Herzogin von York, folgte.

Anny überflog den letzten Absatz von Browns Bericht.

Sollte Afghanistan zur Ruhe kommen, könnte Pakistan nicht nur seinen steigenden Energiebedarf mit Erdöl und Erdgas aus Zentralasien decken, sondern auch den boomenden Markt im Fernen Osten versorgen. Zu besseren Preisen als Rußland.

Nicht blöde, dachte Anny. Und überhaupt nicht langweilig. Auch wenn Brown vielleicht nicht alles erzählt. Manchmal tat er es. Manchmal nicht.

Schnell zog sie das Telefon heran und wählte.

00202876314

Als sich eine weiche Frauenstimme meldete, erschrak sie fast, unfähig, etwas zu sagen. Nur ihre rechte Hand fuhr in Richtung der Telefongabel, zögerte, näherte sich wieder und drückte sie herunter. Fest und lange.

30. Kapitel

Die Frühmaschine war voll bis auf den letzten Platz. Anny versuchte zu schlafen, aber der Passagier neben ihr flog zum erstenmal und hatte Angst. Offenbar um sich zu beruhigen, redete er ohne Pause.

Sie flüchtete hinter die Zeitung, die letzte, die auf dem Tisch neben der Einstiegstür der Maschine gelegen hatte. Es geschah immer noch nicht viel in der Welt. Schlechte Zeiten für Berichterstatter.

Während der Mann neben ihr erzählte, daß er Datum und Ursache der größten Flugzeugkatastrophen auswendig kannte, las Anny andächtig den Sportteil durch, der sie nicht interessierte.

Er redete weiter.

Sie griff zum Wirtschaftsteil. Kurz vor der Landung war sie beim Vermischten angelangt. Sie vertiefte sich in die einzelnen Berichte.

Nürnberger Boulevardzeitung am Ende

Anny faltete die Seite sorgfältig um und las den Artikel noch einmal.

Trotz hoher Investitionen wird Das Echo *Ende des Monats eingestellt.*

Das Verlagshaus Merling gab gestern in einer Pressekonferenz die Schließung der Zeitung bekannt. Es hatte das angesehene Blatt, das sich seit drei Generationen im Besitz der Familie Haltbach befand, im Februar 1992 erworben.

Die Verkaufszahlen waren trotz zunehmender Boulevardisierung stetig gesunken.

Die Brüder Merling führen die Schließung der Zeitung auf die hohen Papierkosten zurück. Sie sind an zahlreichen Ra-

diostationen sowie am zweitgrößten deutschen Privatsender mehrheitlich beteiligt.

Neben dem Artikel befand sich ein Foto der *Blues Brothers.* Todernst und traurig wie gewohnt.

➢➢➢ ✹ ⮜⮜⮜

Sofort merkte Anny, daß Marlene verändert war. Sie war wortkarg, fast stumm.

Auch als sie ihr alle Sudan-Kassetten in die Hand drückte, schnaufte Marlene nur kurz auf und zog wortlos von dannen. Normalerweise kommentierte sie alles ausführlich, insbesondere eine unangekündigte Mehrarbeit wie diese. Wegen des üblichen Personalengpasses mußte sie auf ihre freien Tage verzichten, um mit Anny das *Polit-Journal* fertigzustellen. In vier Tagen mußte der Bericht vorliegen. Der Bericht über die Mickey Mouse, den es noch nicht gab. Die gefälschte Mikrokassette lag oben auf dem Stoß, den Marlene davontrug. Die richtige war noch in London. Morgen, Freitag, sollte sie kommen, hatte Liza versprochen. Vielleicht schon früher.

Als sie an Elsa Führers Aquarium vorbeikam, warf Marlene einen wütenden Blick hinein. »Kannst du dich endlich darum kümmern?« rief sie so laut, daß alle aufblickten. Anny konzentrierte sich auf ihre Tastatur.

Imir Khan und islamischer Fundamentalismus tippte sie, noch stehend. Ein kleines blaues Fenster erschien in der Mitte des Bildschirms.

Keine Daten gefunden!

Sie beugte sich vor und überlegte.

Pakistan

Nun rollte eine Liste über den Bildschirm. Aus dem vorderen Teil des Großraumbüros ertönte schon wieder Marlenes erbarmungslose Stimme.

»Fuck!« schrie sie in das Glashaus hinein. »Ihr habt es aber versprochen!«

Eine entnervte Königskobra erhob sich von ihrem Platz. »Ich habe dafür keine Zeit!«

»Bitte doch den Häuptling, das zu erledigen«, fauchte die Dicke. »Du bist ja sonst auch nicht so zimperlich, wenn du was erreichen willst.«

Beleidigt warf die Königskobra die Tür ins Schloß. Die Glaswände zitterten, während Marlene energisch auf Annys Schreibtisch zusteuerte, sich vor ihr aufstellte und ihr die Sicht auf den Bildschirm verstellte.

»Jurassic-Park!«

Anny zuckte leicht zusammen, faßte sich aber sofort. »Ja, Kugelblitz.«

Ein saures Lächeln überzog Marlenes Gesicht. »Ich dulde keine unpassenden Spitznamen«, flüsterte sie und beugte sich bedrohlich nahe an Annys Gesicht.

»Ich auch nicht«, flüsterte Anny zurück.

»Kannst *du* zumindest deine Versprechen halten?«

»Kommt darauf an, welche.«

»Der Übersetzer«, sagte Marlene. »Du hast versprochen, einen Übersetzer zu organisieren.«

Anny griff zum Telefonhörer. Nach einem Anruf bei einem Produktionsleiter, der versprach, sich darum zu kümmern, zog Marlene kaum besänftigt ab.

Anny blickte ihr lange nach.

Afghanistan tippte sie schnell in die Tasten. Die Überprüfung der Liste über Pakistan hatte nichts ergeben. Keinen Hinweis auf einen reichen Geschäftsmann namens Imir Khan, der eine Vorliebe für den islamischen Fundamentalismus hatte. Afghanistan brachte auch wenig Neues. Außer weiteren Erfolgen der Talebani. Sie hatten Kabul erobert und suchten sich bereits Verbündete. Einer, der sich ihnen im Süden anbot, war Gulbudin Hektmatyar, der radikalste von allen Islamisten.

Anny zog den Telefonapparat näher.

Als sie den Schneideraum betrat, stoben auf drei Bildschirmen über der Schnitteinheit gerade die sudanesischen Studenten auseinander, die Eisenstockträger folgten ihnen.

Marlene saß mit gleichgültiger Miene davor und sah nur kurz zu der Szene hinauf, dann auf die digitale Anzeigetafel am oberen Rand der Schnitteinheit, den Time-Code.

Vor ihr lag ein Blatt Papier, auf dem sie gewissenhaft notierte.

01/09 Studenten fliehen.

01/10 Schläge.

»Es tut mir leid«, sagte Anny.

»Was?« fragte Marlene und schrieb weiter.

»Das mit dem Übersetzer.«

»Und das mit dem Kugelblitz?«

Anny zog sich einen Sessel heran. Marlene war eigenartig. Wirklich eigenartig. »Das ist doch ein Kompliment.«

Die Cutterin sah sie mit beleidigter Miene an.

»Er ist ein besonders beeindruckendes Naturphänomen«, erklärte Anny.

Gespielt neckisch drehte Marlene ihren Oberkörper. »Schmeichlerin«, flüsterte sie. »Kugelblitze gibt es gar nicht.«

Kurz darauf betrat Anny den Telex-Raum gleich neben dem Großraumbüro und blätterte den Stoß eingegangener Faxe durch, aber es war nichts für sie dabei.

Eines der Geräte begann zu piepsen. Der Name der Agentur, die auf Anfrage Hintergrundinformationen jeder Art zusandte, erschien auf dem Papier, das gerade herausquoll.

Annys Name folgte.

Biographie von Gulbudin Hektmatyar stand darunter.

Die Faxmaschine arbeitete weiter. Während eine zweite und eine dritte engbeschriebene Seite aus der Maschine kamen, riß Anny das erste Blatt ab und überflog es. Den Namen von Imir Khan fand sie nicht.

Sie riß die zweite Seite ab. Auch nichts von Bedeutung.

Auf der dritten ebensowenig, bis auf einen Abschnitt in der Mitte.

Im Mai 1987 besucht eine amerikanische Delegation, angeführt von einem pakistanischen Geschäftsmann, den radikalsten Führer des afghanischen Widerstandes, Gulbudin Hektmatyar an seinem Sitz in Peshawar. Mit der Visite wurde Hektmatyar erstmals die halboffizielle Unterstützung des Westens zuteil. Verschiedene Ausbildungslager für Afghanistan-Kämpfer sollen aber schon seit dem Beginn der Sowjetischen Invasion in Afghanistan, im Dezember 1979, mit pakistanischen und saudischen Geldern finanziert werden.

Nachdem Anny die beiden ersten Seiten in den Papierkorb geworfen hatte, faltete sie die dritte sorgfältig und kehrte zu Marlene in den Schneideraum zurück. Die Cutterin war verschwunden. Anny wartete.

Nach einer Weile rückte sie ihren Sessel näher an den Schneidetisch, griff zur Taste und drückte Play. Eine Kopie der Mikrokassette, die offenbar Zweistein angefertigt hatte, steckte in der Beta-Maschine. Der Muezzin setzte zum Gebet an. Dornhelmer starb seinen qualvollen Tod.

➤➤➤ ✸ ⮜⮜⮜

Blaß taumelte Marlene durch die Tür und ließ sich auf ihren Sessel fallen. Der blitzblau gepolsterte, orthopädische Stuhl knickte nach hinten.

»Sie sind tot«, sagte sie.

»Wer?« Fragend sah Anny sie an. Draußen verschwand bereits das Licht. Ein feiner Frühlingsregen besprühte die Scheiben. Marlenes Blick war nach innen gekehrt.

»Der Lehrer«, sagte sie.

Anny hielt den Atem an.

»Seine Frau«, fuhr Marlene fort. »Das Kind.« Ihr Kopf fiel nach vorn und ihre Hände fingen ihn auf. Während sie so sitzenblieb, wagte Anny kaum zu atmen.

»Der kleine dürre Mann?«

»Ja«, antwortete Marlene mit kraftloser Stimme.

Als Anny aufstand und zum Fenster ging, bedeckte bereits ein feuchter Film das Glas. Hinter ihrem Rücken hörte sie einen tiefen Atemzug.

»Sie hatten es versprochen«, sagte Marlene.

Anny wußte nicht, was sie sagen sollte. Nichts. Am besten kein Wort.

»Sie hatten versprochen, ihn und seine Familie zu schützen«, fuhr die Cutterin fort. »Sie haben es nicht gemacht.« Eine Spur von Kraft schwang wieder in ihrer Stimme mit. »Schweine.«

Anny drehte sich nicht um. Sie träumt, sagte sie sich. Es sind die Nerven, nur ihre Nerven. Die Arbeit. Kein Urlaub. Ein verrückter Traum.

»Sie haben es gewußt.« Das Geräusch eines rückenden Stuhles war zu hören. Marlene war aufgestanden. »*Ich* habe es gewußt. *Alle* haben gewußt, daß sie ihn umbringen werden.«

Draußen fielen die Regentropfen dichter. Anny ging hinaus.

Noch bevor sie das Großraumbüro erreichte, hörte sie Stimmen, die durcheinanderschrien. Sie warf einen flüchtigen Blick auf die feuerrote Uhr über der Tür, das Geschenk einer Getränkefirma.

19 Uhr 45.

In einer Viertelstunde begannen die Hauptnachrichten. Anny ging an ihren Schreibtisch und drückte eine Taste des Terminals. Sofort erschienen die jüngsten Meldungen. Es war die drittletzte.

In einem Einfamilienhaus am Rand von Weidlingen ist die Familie G. auf grausame Art ermordet aufgefunden worden. Der vierzigjährige Harald G., von Beruf Lehrer, starb an zahlreichen Messerstichen. Seine Frau Petra G. ebenfalls. Ihre sie-

benjährige Tochter Heike war offenbar vor den Augen ihrer Eltern mit einem Polster erstickt worden.

Nach ersten Vermutungen der Kriminalpolizei ist die Familie bereits vor einigen Tagen Opfer eines Raubüberfalls geworden. Eine Obduktion wurde beantragt. Die Ermittlungen laufen weiter.

Um sie wurde der Lärm stärker. Anny blickte auf.

»Der Ü-Wagen ist schon unterwegs«, schrie der Chef vom Dienst an seinem Schreibtisch und griff nach dem Telefon. »Ich will ihn genau vor der Tankstelle!«

Irritiert blickte Anny zurück auf die Tasten. Eine Eilmeldung, angekündigt von einem spitzen Piepser, erschien.

An einer Tankstelle der Autobahn Köln – Düsseldorf, auf der ein offenbar geistesgestörter Mann vor wenigen Minuten mehrere Menschen als Geiseln genommen hat, ist es zu einer Schießerei gekommen. Die Polizei hat eine Nachrichtensperre verhängt.

31. Kapitel

Das Drama an der Tankstelle war rasch beendet. Nichts war geschehen. Die Schießerei stellte sich schon im Laufe der Nacht als Falschmeldung heraus, hinausgeblasen von einem aufstrebenden Konkurrenzsender. Dessen jugendlicher Reporter hatte offenbar noch nie einen kaputten Auspuff auf einer Autobahn gehört. Er hielt das Knattern für Schüsse.

Der Übertragungswagen, der doch nicht rechtzeitig zu Beginn der Hauptnachrichten vor der Tankstelle stand, wurde bei den Spätnachrichten eingesetzt, aber es gab nichts mehr zu berichten.

Als Anny am nächsten Morgen über den Parkplatz des Senders ging, saß der Techniker bereits wieder hinter dem Steuer, um loszufahren zum nächsten Einsatz. Wahrscheinlich zum Hundeschönheitswettbewerb nach Berlin, über den in den Frühnachrichten ausführlichst berichtet worden war.

Durch die Sicherheitssperre kam ein silberfarbener BMW, der von Stalin. Er stellte ihn auf den reservierten Platz, stieg aus und spazierte ruhig an Anny vorbei, ohne ihr einen Blick zu gönnen. Seine übliche morgendliche Ruhe vor dem Genuß der Quotenprotokolle. Nichts Besonderes.

Marlene wartete schon. Gelblich im Gesicht und unausgeschlafen, saß sie am Schneidetisch und sichtete weiter Kassetten. Wie am Vortag. Sorgfältig schrieb sie die Zeiten des Time-Code auf. Die Szenen in Omdurman. Das Interview mit Turabi.

»Wie geht es dir?« fragte Anny.

»Gut«, antwortete Marlene. »Sehr gut sogar.«

Mehrmals blickte Anny auf ihre Uhr und griff gegen elf

zum Telefon. Sie wählte Lizas Nummer in London, aber nur das Kindermädchen meldete sich.

»Where is Liza?« fragte Anny.

»Richard«, erwiderte die Frau nur. Unruhig suchte Anny nach einer Zigarette.

15 Uhr 30.

Als der Apparat auf dem Beistelltisch läutete, schnellte Annys Hand vor.

»Frau Bonner?« Es war nicht Liza, sondern die herrische Stimme der Dicken Berta.

»Ja?«

»*Der Chef.*«

»*Der Chef*«, äffte Anny sie nach, während die Sekretärin sie verband.

»Du bist am Montag dran«, sagte Stalin.

»Ich weiß«, erwiderte Anny.

Marlene stand auf.

»Ich hoffe, es wird ein starker Bericht.«

»Was ist das?« fragte Anny zurück.

»Ein Bericht, der es in sich hat.«

»Wie der letzte Woche?«

»Ja. Der war stark.«

In Stalins Stimme schwang keine Spur von Zweifel mit.

»Vielleicht war er ja sogar zu stark«, sagte Anny und wandte sich um. Marlene stand hinter ihr, Blitze in den Augen. Anny lauschte in den Hörer.

»Er war genau richtig«, hörte sie Stalin sagen.

»Ja«, erwiderte Anny. »Nur das Ende nicht.«

»So was passiert eben im Leben«, sagte er und legte auf.

Gegen sieben verließ Anny den Schneideraum und lehnte sich auf dem Korridor gegen die Wand.

Marlene hob den Aschenbecher vom Tisch. »Fünfzehn Stück«, sagte sie und schüttete Asche und Zigarettenreste in den Abfalleimer. »Ein bisher unerreichter Rekord.«

Unbeeindruckt zündete sich Anny draußen eine neue Zigarette an und spähte durch die halboffene Tür in Richtung Telefon. Neben dem stummen Apparat saß Marlene und strickte. Als es läutete, stürzte Anny hinein und riß den Hörer hoch. Es war nur Zweistein.

»Schon Erfolg gehabt?« fragte er.

»Noch nicht«, erwiderte sie und drückte die Zigarette aus.

»Soll ich wirklich noch warten?«

»Sicher.«

»Können wir es nicht morgen machen?«

»Nein.«

»Gleich um neun?«

»Also gut.«

»Woher kommt das Zeug denn überhaupt?«

»Aus London.«

»Wieder von dem Waffenhändler?« Er lachte und legte auf.

Es wurde acht Uhr. Anny rief beim Sicherheitsdienst an und verständigte die Nachtschicht, daß sie ein Paket erwartete, dringendst. Der Mann lallte irgend etwas zur Antwort.

20 Uhr 15.

Die zweite Mikrokassette tauchte nicht auf.

Eine Viertelstunde später öffnete sich ruckartig die Tür, und ein Riese wankte herein, ein winziges Paket schwenkend. Anny riß es ihm aus der Hand, während der Mann sich hinter Marlene aufstellte und auf sie einzureden begann.

»Der Perser ist schuld«, sagte er, wobei er hin und her schwankte wie ein Baum im Sturm.

»Welcher Perser?« fragte Marlene.

»Er hat mir erst jetzt das Paket gebracht. Irgendwie ist der Motorradkurier bei ihm im vierten Stock gelandet.«

»Und?«

»Unmöglich.«

»Was ist unmöglich?«

Hastig riß Anny die erste Papierschicht weg, dann die

zweite. Nirgends stand ein Absender. Wahrscheinlich hatte Liza dazu keine Zeit gehabt.

»Unmöglich, daß der bei mir vorbeigekommen ist«, lallte der Riese, während Anny hinauslief, die Mikrokassette fest in der rechten Hand. Ihr Puls ging heftig.

Das Kellergeschoß war menschenleer, alle Räume waren verschlossen. Anny stöhnte und rief von einem Apparat auf dem finsteren Korridor den Sicherheitsdienst an. Erst nach einer Ewigkeit antwortete ein Keuchen.

Sie wartete und lief dann im Gang auf und ab, um sich zu beruhigen.

Schließlich wankte der Riese heran, suchte umständlich den Ring ab, an dem alle Schlüssel für das Gebäude befestigt waren, und ließ ihn schließlich fallen. Das klirrende Geräusch schien ihn zu ernüchtern. Er schloß Zweisteins altes Büro auf. Anny stürzte hinein und drehte das Licht an. Dornhelmers Aufnahmegerät lag noch an seinem Platz, einige Kabel lagen daneben.

Mit kreiselnden Bewegungen hielt sich der Riese am Türrahmen fest und sah verdutzt auf die Lichter der Maschinen, die nacheinander aufleuchteten. Er schüttelte den Kopf und trottete davon.

Anny betrachtete das Aufnahmegerät von allen Seiten. Irgend jemand hatte die Kabel aus den Steckern an der Seite herausgezogen. Sie waren verschwunden. Anny beugte sich vor. Ein paar Kabel hingen an den Beta-Maschinen und sie versuchte sich zu erinnern. Video in, sagte sie sich vor und wiederholte Zweisteins Handgriffe. Video out. Nichts passierte. Ungeduldig drückte sie die Knöpfe und Schalter, bis sie in einer Ecke ein Knäuel Kabel entdeckte. Zweisteins giftgelbe Kabel. Sie holte sie sich und begann von neuem.

Video out. Dann Audio out. Wieder passierte nichts. Sie wählte Zweisteins Durchwahl, aber er hatte sein Büro längst verlassen. Sie versuchte es noch einmal, während sie zugleich die Mikrokassette in das Aufnahmegerät schob und Video- und Tonkabel in den Rückteil der zweiten Beta-Maschine steckte. Nichts. Wieder griff sie zum Telefon.

Nachdem Marlene endlich gekommen war, inspizierte sie kurz die Anlage, nahm das Aufnahmegerät in die Hand, betrachtete es ebenfalls von allen Seiten und kroch hinter die Schnitteinheit.

»So ist das«, sagte sie erschöpft, als sie wieder hervorkam.

»Was ist so?«

»So einfach.«

Sie drückte auf einen Knopf. Play. Es funktionierte.

Die Mikrokassette stand am Anfang. Die Datumsanzeige tauchte am rechten oberen Bildrand auf. Wie auf der ersten Kassette.

02/03/96

Die niedrigen Lehmhütten von Omdurman flogen wieder vorbei, unterbrochen von Dornhelmers greller Stimme.

»Let's go«, sagte er, und dann nach einer Pause: »Let's go before it gets dark!«

Der Marktstand. Die Verhandlungen um die Bezahlung folgten. Der Bruder des Türstehers warnte. Wie auf der ersten Kassette. Der Gang in die Hütte folgte, begleitet von dem Knirschen von Dornhelmers Tropenstiefeln. Dann kamen die Umarmungen und die Küsse der sich drehenden Schatten.

Anny stand nervös von ihrem Platz auf. Marlene bewegte sich nicht, sondern betrachtete stumm die verwackelten Szenen.

Nachdem die Umarmungen wieder nicht enden wollten, drückte Anny den Knopf, der die Bilder im Schnellgang vorwärts jagte.

Dornhelmers zuckende Bewegungen flogen vorbei, während die beiden Jugendlichen sich in seinen Armen wie Kreisel drehten. Die Stiefelspitzen tauchten auf. Anny hielt das Band an.

Der Platz vor dem Marktstand erschien, und sie setzte sich näher an den Tisch. Nichts war anders.

Derselbe Ford und dieselbe Wagentür tauchten auf. Die fremden Stimmen redeten im Hintergrund, träge, später schneller. Wie auf dem ersten Band.

Dornhelmer rüttelte an der Tür, von links tauchte ein Gesicht auf.

Anny schnellte vor. Sie drückte die Stop-Taste. Sie betrachtete das eingefrorene Bild auf dem Schirm. Ein Männergesicht, dunkel, aber ohne besondere Kennzeichen.

Sie ließ das Band weiterlaufen. Ein zweites Gesicht tauchte auf und ein drittes. Alles rasierte Männergesichter ohne schwarze oder rote Bärte.

»Ist was?« fragte Marlene.

»Nichts«, sagte Anny, die Augen auf die schwarzen, grauen und roten Knöpfe gerichtet. »Alles ist in Ordnung.«

Der Muezzin hob an.

Allah u Akbar!

Sofort drückte Anny eine Taste und sah auf den Bildschirm, das Band spulte zurück. Das dritte und zweite Männergesicht. Ohne Bart. Dann das erste. Anny legte ihren Finger auf die Stop-Taste. Keiner hatte mehr einen Bart.

Sie drückte den Knopf daneben. Der erste. Der zweite. Der dritte.

Der Muezzin setzte wieder an zu klagen.

Anny kniff die Augen zusammen.

Der spitze Schrei, den irgendwas ausgelöst hatte, irgendwas wie ein Messerstich, erfüllte den Raum. Marlene drehte den Tonknopf leiser. Anny drehte ihn wieder voll auf.

Der zweite Stich.

Nach dem Schwenk auf die Schuhspitzen kippte alles nach vorn, dann tauchte Dornhelmers blutiger Unterleib auf, mit dem Flecken, der immer größer wurde.

»Grauenhaft«, preßte Marlene zwischen den Lippen hervor.

Anny stand auf.

Auf dem Heimweg ließ sie den Taxifahrer am Bahnhof halten und kaufte sich die Zeitungen vom nächsten Tag. Sie überflog die Titelseiten. Ihr Blick blieb an einer unscheinbaren Schlagzeile hängen, die auf einen Bericht im Innenteil verwies.

Hilfe verweigert? stand in kleinen Buchstaben geschrieben und darunter *Sender unter Verdacht. Seite 4.*

Als der Wagen vor einer Ampel hielt, nutzte Anny den Schein der Straßenbeleuchtung, schlug die Seite vier auf und las.

Im Mordfall G. sind neue Verdachtsmomente aufgetaucht. Nach Informationen der Kripo wurde heute nachmittag Chefredakteur Gerd Haltbach vernommen. Er steht im Verdacht, die Bedrohung des Lehrers G. durch Mitglieder einer Sekte nicht entsprechend berücksichtigt zu haben. Harald G. hatte in einem aufsehenerregenden Interview über die Machenschaften der Sekte ausgepackt. Er war jahrelang der Buchhalter der geheimen Organisation.

Nach seinem Interview, das am vergangenen Montag gezeigt wurde, wurde ihm, nach Informationen aus dem Sender, Schutz zugesagt.

Harald G. sowie seine Frau und Tochter wurden am vergangenen Donnerstag in ihrem Eigenheim bei Weidlingen ermordet aufgefunden. Gerd Haltbach, der erst vor knapp sieben Monaten die Chefredaktion übernommen hat, weist jeden Verdacht zurück.

»Wir sind ein verantwortungsbewußtes Unternehmen«, *erklärte er auf unsere Anfrage.*

32. Kapitel

Es war bereits später Samstagnachmittag. Anny blickte auf die Uhr und sah dann der bizarren Haarpracht von Zweistein hinterher, die noch ungebändigter war als sonst.

Er war *nicht* um neun gekommen. Erst gegen zwei hatte er angerufen, um anderthalb Stunden später mit lilafarbenen Ringen unter den Augen anzutrotten, das Hemd hing ihm halb aus der Hose. Die Socken waren gleichfarbig, aber der Saum seiner Cordhose war aufgetrennt. Starker Tabakgeruch hüllte ihn ein.

Erst nachdem Anny ihn mit Kaffee aus dem hauseigenen Automaten versorgt hatte, war er aufgewacht und hatte die zweite Mikrokassette von ihrem Schreibtisch genommen.

»Schon wieder eine Fälschung?« hatte Zweistein gemurmelt.

»Du mußt es ja wissen«, hatte Anny geantwortet. »Du fälschst ja von Berufs wegen.«

»Wie meinst du das?«

»Dein virtuelles Sportstudio. Dein Reisemagazin.«

Er lachte verlegen. »Ist nur Training.«

Nachdenklich nahm Anny einen Schluck aus ihrem Plastikbecher. Der Kaffee schmeckte wie Spülwasser.

Nur wenige Mitarbeiter waren im Dienst. Draußen tauchte eine grelle Aprilsonne zwischen den Wolken auf und verschwand wieder.

Der strahlende Quotenerfolg des *Polit-Journals* hingegen war in den Gesichtern der Mannschaft hängengeblieben. Alle waren zufrieden und ließen sich im Halbkreis um den Tisch des Chefs vom Dienst nieder, einem älteren Kollegen, der aus gesundheitlichen Gründen nur noch am Wochenende eingesetzt wurde. Er war Kettenraucher, Alkoholiker und geschieden. Ein Journalist der alten Sorte.

Die Tagessitzung, wie üblich eine ruhige Sitzung an ereignislosen Wochenenden, begann. Ein Telefon läutete. Der Chef vom Dienst griff zum Hörer.

»Gut«, hörte Anny ihn kurzatmig hervorstoßen. Sie versuchte ihren leeren Plastikbecher in einen weit entfernten Eimer zu werfen, er fiel daneben. Das Geräusch des herumrollenden Bechers ließ alle in ihre Richtung blicken.

»Sagen Sie mir den genauen Wortlaut?« fragte der Chef vom Dienst. Eine Sekretärin stellte sich an seine Seite, wobei ihr Blick an seinem Mund hing. Der Mann am Telefon notierte und reichte ihr, nachdem er aufgelegt hatte, das Blatt.

»Tippen und aufhängen«, befahl er.

Nach Ende der Konferenz fuhr Anny in den vierten Stock, klopfte an die letzte Tür und trat nach einer Pause einfach ein.

Zweistein saß mit einem Hörer in der Hand hinter dem Schreibtisch, halb versteckt hinter Papier- und Zeitschriftenstößen.

»Hundert«, sagte er, mit der rechten Hand den Kopf abstützend, die Augen in dem Chaos auf dem Tisch versenkt. »Du bekommst es zurück«, beschwor er seinen Gesprächspartner.

»Alles in Ordnung?« fragte sie, nachdem er den Hörer auf die Gabel gelegt hatte.

»Ja.«

»Auch mit der Kassette?«

»Auch mit der Kassette.«

Sein Gesicht sah aus wie ein Land nach einem verlorenen Krieg.

»Wo sind die Bärtigen?« wollte sie wissen.

»Welche Bärtigen?«

»Die Bärtigen von der ersten Mikrokassette. Sie waren kurz vor Dornhelmers Ermordung aufgetaucht.« Anny beugte sich vor. »Erinnere dich, einer hatte sogar einen roten Bart.«

»Er war nicht rot.« Mit schleppenden Schritten ging er zu seiner Raumstation und nahm eine Plastikhülle von den Maschinen. Anny sah sie zu Boden schweben wie einen riesigen Schmetterling.

»Er war eingefärbt, mit Chroma«, sagte Zweistein und schaltete alle Maschinen ein. »Ich habe es bei genauerer Prüfung bemerkt.« Dabei zuckte er die Schultern, griff in das Regal rechts von der Anlage, fand offenbar nicht, was er suchte, und kehrte zum Schreibtisch zurück. Unter einem Packen Computerzeitschriften lag die zweite Mikrokassette.

Zweistein schob sie in einen Schlitz. »Der Tontrick war schwieriger. Und sehr zeitaufwendig.«

»Was für ein Tontrick?« fragte sie und stellte sich neben ihn.

Er gähnte. »Du erinnerst dich an die Stimme hinter dem Ruf des Muezzin?«

»Ja.«

»Nabils Stimme.«

»Ich weiß.«

»Er klingt auf der zweiten Kassette anders.«

»Wie denn?«

Nach einigen Schlägen auf die Tastatur lief die Mikrokassette an und blieb schließlich stehen. Auf dem Monitor erschienen die Gesichter der bartlosen, glattrasierten Männer.

»Es ist nicht mehr seine Stimme«, sagte er.

»Nabils Stimme?«

»Ja. Es ist nicht mehr Nabils Stimme.«

Der Muezzin begann aus dem Lautsprecher zu singen und verstummte abrupt. Nach einem weiteren Schlag auf eine der Tasten rauschte es im Lautsprecher und eine Stimme war zu hören. Nicht die von Nabil. Sie klang höher.

»Es ist die Stimme von jemand anderem«, sagte Zweistein.

»Von wem?«

»Einem der Männer.«

Ungläubig betrachtete sie Zweistein. Er sah mitleiderregend aus.

»Was sagt er?«

Eine tiefe Sorgenfalte tauchte auf seiner Stirn auf. »Er war es.«

»Was?«

»Er sagt, er sei es gewesen«, erwiderte Zweistein und drehte sich zu ihr. »Habe ich schon übersetzen lassen.«

»Ist das alles?« fragte Anny schnell.

»Nein.« Er drückte eine Taste, und das Band rannte los. »Er sagt noch etwas anderes. Zuerst, daß er in Showak war.«

»Er war in Showak?«

»Ja.« Nach einem langen Gähnen stand Zweistein auf und blickte sich um. Auf einem der Regale stand ein Plastikbecher. Er griff nach ihm, trank und verzog das Gesicht.

»Showak, Showak«, sagte Anny vor sich hin und stürzte zur Tür.

»Dann fragt er noch, warum Dornhelmer in der Hütte war«, rief Zweistein ihr nach.

Anny drehte sich um und zog die Brauen hoch. »Das wissen wir doch schon.«

Unten im Großraumbüro herrschte ruhige Heiterkeit.

Nachdem Anny den Atlas gefunden hatte, der einem Mitarbeiter als Unterlage für seinen wackeligen Tisch diente, schlug sie die Afrikakarte auf und suchte im Ortsverzeichnis Showak. Es lag im Südosten von Khartum.

Mit dem aufgeschlagenen Atlas in Händen wanderte sie zu ihrem Schreibtisch, schaltete ihr Terminal ein und schrieb.

Showak, Sudan.

Eine einzige Meldung, zehn Tage zuvor bereits von einer deutschen Nachrichtenagentur im Netz gespeichert, erschien.

Die zwei vermißten Deutschen, die im vergangenen März im Sudan verschollen waren, befinden sich auf dem Weg der Besserung. Vor drei Tagen hat sie eine Flugambulanz nach Kairo gebracht, wo sie wegen akuter Diarrhöe behandelt wurden. Sie waren tagelang in Showak, einem Ort, der in einem militärischen Sperrgebiet liegt, von der sudanesischen Volksarmee festgehalten worden.

Showak liegt auf dem Weg nach Khashm el Girba, dem neuen Siedlungsgebiet der Nubier. Es war dem Stamm nach dem Bau des Assuan-Staudammes zugewiesen worden. Die beiden Deutschen wollten Sitten und Gebräuche der Nubier erforschen.

Beim Verlassen des Großraumbüros fiel Annys Blick auf einen neuen Anschlag an der Tür. Ausnahmsweise keine Freudenbotschaft über Superquoten, sondern nur eine Ergänzung zur Hausordnung. Ein neuer Punkt für die Liste. Anny stellte sich davor und las mit laut vernehmlicher Stimme.

»Allen Mitarbeitern«, sie drehte sich kurz um und dann wieder dem Blatt zu. »Ich wiederhole, *allen* Mitarbeitern ist es untersagt, ohne schriftliche Genehmigung mit Zeitungen oder anderen Medien Kontakt aufzunehmen. Interne Gespräche sind nicht für Außenstehende gedacht.«

Anny hörte noch, wie hinter ihrem Rücken der Chef vom Dienst von einem Hustenanfall befallen wurde. Er klang nicht sehr echt.

Oben in seinem Büro saß Zweistein, müde, aber mit entspannterem Gesicht, erneut am Telefon. Diesmal schien er erfolgreicher zu sein.

»O. k., zweihundert«, flüsterte er. »Bis später.« Seine Wangen begannen zu glühen.

Die Arme verschränkt, trat Anny näher. »Showak liegt im Südosten«, sagte sie siegesbewußt.

»Ich weiß«, antwortete er erleichtert, wohl mehr über die Zweihundert als über Showak.

»Woher weißt du immer solche Sachen?« fragte sie mit gespielter Bewunderung, um ihn etwas aufzumuntern. Zweistein führte aber nur den Kaffeebecher an den Mund.

»Internet«, erwiderte er trocken.

»Komisch.« Anny sah besorgt, wie er tief im Sessel versank. Sein Hintern lag fast schon auf dem Boden.

»Was ist komisch?«

»Wo sind die Aufnahmen von Showak?«

»Welche Aufnahmen?«

Unter schon halb geschlossenen Lidern hindurch warf Zweistein ihr einen seiner wissenden Blicke zu.

»Die Stimme auf der Mikrokassette sagt, er sei es gewesen. Und er war in Showak. Dornhelmer war in Showak«, erklärte sie.

Zweistein nickte.

»Wo sind dann die Aufnahmen aus diesem Showak, wenn er dort gewesen sein soll?« fragte Anny und ging zum Regal. »Er hatte doch immer seine Kamera dabei.« Sie nahm einen Schluck aus dem Plastikbecher und verzog das Gesicht. Es war kein Kaffee darin, sondern Schnaps, hochprozentiger Schnaps.

»Bei den Militärs«, erwiderte Zweistein, dessen Augen inzwischen zugefallen waren.

»Woher weißt du das schon wieder?«

»Showak liegt in einem militärischen Sperrgebiet. Ich nehme an, sie haben ihm die Kassette abgenommen.«

Verlegen nickte Anny. Zweistein war in jedem Zustand noch ein Genie. Auch im halbtoten.

Fast schon am Aufzug, machte Anny nochmals kehrt. Zweistein war inzwischen eingeschlafen und schnarchte. Sie rüttelte ihn. Wie vom Blitz getroffen zuckte er zusammen.

»Internet«, sagte sie. »Imir Khan.«

Mit halb geschlossenen Augen steckte er sein Hemd in die Hose, setzte sich auf, rückte den Sessel näher an seinen

Schreibtisch und begann zu kramen. Unter einem Stoß Computerdisketten tauchten zuerst nur ein zerdrückter Plastikbecher auf, dann noch ein Stoß Papiere, vollgeschrieben bis an den Rand, schließlich ein tragbarer Computer. Zweistein schloß das Modem an und tippte ohne die Augen zu öffnen. Anny stellte sich hinter ihn.

Http://www.altavista.digital.com

Die Suchmaschine.

Über Imir Khan gab es insgesamt acht Artikel, von denen sieben von seiner »prachtvollen Hochzeit« mit Hodrums Tochter Cathrin schwärmten, zu der 1500 Gäste eingeladen gewesen waren. Darunter Henry Kissinger. Lady Diana mußte in letzter Minute absagen. Beim Essen, das in einem traditionellen Festzelt stattfand, wurden hundert Schafe, die aus Neuseeland importiert worden waren, verspeist, sowie der Riesenvorrat an Mineralwasser völlig aufgebraucht. Alkohol hatte der Bräutigam nicht gewünscht.

Der achte Artikel stammte aus der britischen Zeitung *The Independent*. Nichts über die Hochzeit.

Während Zweistein schon wieder friedlich vor sich hindöste, drehte Anny den Laptop zu sich und beugte sich zum Schirm hinunter.

Sah gut aus, was sie las.

Nach Recherchen des Independent *ist der pakistanische Geschäftsmann Imir Khan seit Jahren der Finanzier von islamischen Fundamentalisten, von denen einige auch in Terroranschläge gegen die USA verwickelt waren.*

Imir Khan, der als der reichste Mann Pakistans gilt, hat kürzlich Cathrin Hodrum geheiratet. Sie ist die Tochter des australischen Medienzaren Richard Hodrum. Er will gemeinsam mit seinem Schwiegervater einen Nachrichtensender aufbauen.

Die britische Regierung, die seit der Machtübernahme der Mullahs im Iran offiziell einen strengen anti-islamischen Kurs fährt, hat Imir Khan 1991 mit einem britischen Paß ausgestattet. Er besitzt außerdem ein Haus in Knightsbridge.

Quellen des britischen Geheimdienstes, die anonym bleiben wollen, haben dem Independent *bestätigt, daß Imir Khan als Verbindungsmann zu radikalen Gruppen benutzt wird. Mit dieser Politik versuchen vor allem die USA seit Jahren das Aufkommen des Fundamentalismus in Saudi-Arabien unter Kontrolle zu halten.*

Imir Khans Kontakte reichen zurück in die Zeit des Afghanistankriegs. Er hielt sich mehrere Monate persönlich in verschiedenen Lagern im pakistanischen Peshawar auf, wobei er die radikale Gruppe um Gulbudin Hektmatyar unterstützte. Einer seiner engsten Mitarbeiter in Peshawar war Abu Fares, auch bekannt als Khayr al Din.

Nach dem Ende der sowjetischen Besatzung in Afghanistan verschwand Abu Fares. Er soll aber an verschiedenen Terroraktionen in Saudi-Arabien teilgenommen haben.

Andere Quellen des britischen Geheimdienstes glauben, daß er im Sudan untergetaucht ist.

Imir Khan, der vom Independent *kontaktiert wurde, hat diese Informationen als »absurd« zurückgewiesen.*

»Zweistein!« rief Anny, aber der schlief fest. Sie rüttelte ihn an den Schultern, bis er aufwachte.

»Was heißt Khayr al Din?« fragte sie.

Schlaftrunken rieb er sich die Augen. »Muß arabisch sein«, brummte er. »Ich bin aber Perser.« Er rutschte tief in den Sessel hinunter.

Anny ging zu Zweisteins Raumstation und nahm die zweite Mikrokassette aus dem Schlitz.

Zweistein schnarchte schon wieder tief und hingebungsvoll.

Zu Hause in ihrer Wohnung fand Anny in einem Notizblock die Nummer eines Übersetzerbüros in Bad Godesberg, das der Sender gelegentlich beschäftigt hatte. Sie rief an. Ein Tonband nannte eine Handynummer, die in dringenden Fällen zu kontaktieren sei. Anny wählte.

»Was heißt Khayr al Din?« fragte sie nach einer knappen Entschuldigung für die Störung.

»Wie bitte?« antwortete die Frau am anderen Ende.

Anny buchstabierte.

»Der Mann mit dem roten Bart«, antwortete die andere, ohne eine Sekunde nachzudenken.

»Sind Sie sicher?« fragte Anny.

»Aber so glauben Sie mir doch.« Die Frau klang beleidigt.

Dann rief Anny ihre Freundin Liza in London an, die gerade die Kinder zu Bett gebracht hatte und stellte ihr eine einzige Frage.

33. Kapitel

Anny beugte sich vor. Auf der Straße unten war nur ein Sonntagsfahrer unterwegs. Als sie das Fenster öffnete, drang ein milder Luftzug herein. Der Frühling kündigte sich endgültig an.

Die Zeitung vom Tage, von der Nachbarin mit einem wissenden Seitenblick gebracht, lag leicht verknittert in ihrer Hand. Die Geschichte stand auf der ersten Seite. Nicht mehr nur als kleine Notiz. Sie war der Aufmacher.

Mit der Tasse lauwarmem Kaffee in der anderen Hand stellte Anny sich vor ihren Laptop. Ein Stoß leerer Blätter warteten daneben. Sie breitete die großformatige Zeitung darüber. Sechs Worte in riesigen Buchstaben schmückten die Titelseite.

Sender unter Verdacht: Beihilfe zum Mord!

Anny schlug die Zeitung auf und fand den Inhalt im Innenteil des Blattes wieder. Der Rest der Seite war eine Bleiwüste, nur unterbrochen von einem Foto der ermordeten Familie G. und einem kleineren von Stalin, der hier Gerd Haltbach hieß.

Noch streitet er alles ab, aber das Schicksal des erfolgreichen Fernsehchefredakteurs Gerd Haltbach scheint bereits besiegelt! Nachdem ihn die Polizei bereits am vergangenen Freitag zum Mordfall G. verhört hatte, wird jetzt offenbar ein Ermittlungsverfahren gegen ihn eingeleitet.

Er soll dem ehemaligen Sektenmitglied G. versprochene Schutzmaßnahmen verweigert haben. Wie eine gutinformierte Quelle im Sender sagte, soll er dafür Kostengründe angeführt haben.

Harald G., der in einem aufsehenerregenden Interview die

Machenschaften einer Sekte, darunter auch die Lagerung von Waffen, aufgedeckt hatte, fühlte sich offenbar bedroht. Er soll sich nach dem Interview mehrmals im Sender gemeldet und um Schutz für seine Familie und sich gebeten haben.

Der Chefredakteur weigerte sich jedoch, mit ihm zu sprechen.

Abgesehen davon soll der Sender, laut derselben Quelle, das Interview vor seiner Ausstrahlung den Anführern der Sekte vorgeführt haben. Aufnahmen von dem Bauernhof, auf dem die Sekte sich seit Jahren vor der Öffentlichkeit abschirmt, waren als Gegenleistung geboten worden. Mehrere Mitglieder der Sekte, darunter auch ein ehemaliger Offizier der Bundeswehr, wurden inzwischen verhaftet. Die drei Anführer sind flüchtig. Auch das Ergebnis der Obduktion belastet den Sender schwer.

Nach Angaben der Gerichtsbehörden wurde die Familie G. bereits Stunden vor der Ausstrahlung des Interviews brutal ermordet. Damit scheint bewiesen, daß der Besuch der Sektenmitglieder im Sender den Mord ausgelöst hat.

Anny faltete die Zeitung zusammen und warf sie achtlos zu Boden. Sie trank einen Schluck Kaffee und zog den Computer näher.

Tod eines Reporters, schrieb sie schnell.

Sie betrachtete den Satz.

Tod eines Reporters.

Der Kaffee war kalt. Anny stand auf und schloß das Fenster.

Es wurde noch stiller in der Wohnung mit den Pappkartons, den längst verwelkten Grünpflanzen und der Zeitung auf dem Boden.

Beihilfe zum Mord!

Sie legte alle Finger auf die Tasten des Laptops, aber sie schrieb nichts.

Ihr Blick wanderte wieder zu dem Artikel am Boden.

Beihilfe zum Mord!

Wie eine gutinformierte Quelle im Sender sagte, soll er dafür Kostengründe angeführt haben.

Der Chefredakteur weigerte sich, mit ihm zu sprechen.

Im dritten Pappkarton, ganz unten, unter mehreren Stößen Büchern, fand Anny das amtliche Telefonbuch.

Sie schlug die Seiten mit dem Buchstaben D auf, preßte einen Finger unter den Namen Dornhelmer und ging so zum Telefon.

»Dornhelmer«, sagte eine leicht verärgerte Stimme.

»Bonner«, antwortete Anny. »Erinnern Sie sich noch an mich?« Mit dem Hörer in der Hand betrachtete sie den Himmel draußen, ein zartes Blau ohne Wolken. »Ich habe Ihnen neulich den Koffer gebracht.«

»Ich bin mit meinem Umzug beschäftigt«, antwortete Frau Dornhelmer. Es klang wie eine Verabschiedung.

»Kann ich Sie treffen?« fragte Anny trotzdem weiter. »Sie sagten mir damals, daß er nicht mit Ihnen reden wollte.«

Am anderen Ende herrschte eine Zeitlang Stille.

»Wer?« fragte Frau Dornhelmer schließlich.

»Stalin«, antwortete Anny.

Keine Antwort.

»Der Chef«, korrigierte Anny sich schnell.

»Ach, dieser Stalin«, erwiderte Frau Dornhelmer. »Carl hat ihn auch so genannt.« Frau Dornhelmer seufzte, bevor sie fortfuhr. »Es war nur wegen des Anrufs.«

»Wegen welches Anrufs?«

»Von Carl.«

»Aus dem Sudan?«

»Ja, aus dem Sudan.«

»Was«, fragte Anny und versuchte ruhig zu bleiben, »was wollte er denn?«

»Es war schon sehr spät«, erwiderte Frau Dornhelmer, wobei im Hintergrund Klappern zu hören war, als sei sie dabei zu kochen. »Carl hatte seinen Chef nicht erreicht. Er wollte, daß ich am nächsten Morgen im Sender anrufe und ausrichte, daß er vorzeitig zurückkommt.«

»Warum?«

»Wegen dieser Leute, die ihn bedrohten.«

»Was für Leute?«

»Ich habe es nicht richtig verstanden. Er sprach von irgendwelchen Verrückten.«

Wieder blickte Anny hinaus in das Blau. »War er davor schon einmal im Sudan?«

»Weiß ich nicht.«

»Frau Dornhelmer«, bat Anny, wobei ihre Stimme fordernd und ungeduldig wurde. »Darf ich trotzdem vorbeikommen?«

»Ich will nichts mehr davon wissen«, sagte Frau Dornhelmer und legte auf.

➢➢➢ ✹ ⋖⋖⋖

Pappkartons und eingerollte Teppiche standen überall herum. Anny zwängte sich durch die Wohnungstür. Sie ließ sich nur halb öffnen.

»Ich ziehe zu meiner Schwester«, sagte Frau Dornhelmer und hantierte demonstrativ mit einem Stoß Küchengeschirr herum. Sie hatte sich auch erst nach mehrmaligem Läuten über die Gegensprechanlage gemeldet und schließlich doch die Tür geöffnet.

Anny warf einen Blick in das ehemalige Zimmer der Mickey Mouse. Auf den Regalen standen keine Kassetten mehr, alle Teppiche waren eingerollt und auch die Fotos und Bilder waren verschwunden.

»Er war also vorher nie im Sudan?« rief Anny und folgte Frau Dornhelmer ins Wohnzimmer. Nur die Möbel und Pappkisten standen noch herum. Es sah aus wie in Annys Wohnung.

»Ich weiß es wirklich nicht«, erwiderte Dornhelmers Mutter leicht verärgert und klebte einen Karton zu. »Er ist so viel gereist.«

»Hat er Ihnen denn niemals geschrieben?« fragte Anny. Kollegen wie der Mickey Mouse gelang es ihrer Erfahrung nach immer, auch noch Ansichtskarten zu verschicken. Anny brachte ihre Grußkarten jedesmal in der Tasche mit nach Hause.

»Doch. Er hat mir von jeder Reise eine Karte geschickt.«

»Sie haben die Karten doch aufbewahrt?«

Frau Dornhelmer nickte erwartungsgemäß. »Ich habe sie in die erste Kiste gepackt. Die unterste.« Mit einer Handbewegung wies sie auf einen Berg, der mitten im Raum stand.

Anny sah nicht einmal hin. Vergessen wir es.

Sie ging zur Tür, ein flaues Gefühl im Magen, wie ein Bergsteiger, der kurz vor dem Gipfel aufgegeben hat. Schon die Klinke in der Hand, machte sie noch einmal halt.

»Könnten Sie mir die Karten zeigen?« fragte sie vorsichtig.

Frau Dornhelmers Mundwinkel verhießen nichts Gutes. »Übermorgen, wenn ich ausgepackt habe. Ich ziehe nach Konstanz. Eine schöne Stadt.«

»Übermorgen ist es zu spät.« Anny nahm die Türklinke in die Hand.

»Ich kann Ihnen nur die Fotos zeigen.« Frau Dornhelmer steuerte auf einen Berg Kisten und Kartons zu, die in einer Ecke des Korridors standen.

»Carl hat überall Fotos geschossen«, sagte sie, während ihre Augen hin und her flogen.

Sie griff in eine Holzkiste und zog ein Paket heraus. Nachdem sie das Zeitungspapier sorgfältig aufgerollt hatte, erschien die Ebenholzfigur. Noch einmal griff ihre Hand in die Kiste und ertastete ein kleineres, schmaleres Paket. Aus dem Papier tauchten die Fotos auf.

Das erste zeigte den Beduinen mit dem gütigen Blick.

Anny drehte es um. *Kairo, Januar 1992* stand auf der Rückseite. Das nächste war die Aufnahme vor den Pyramiden und trug auf dem Rücken denselben Ortsnamen, dasselbe Datum.

Das Foto vom Bazar stammte hingegen von einem Besuch in Istanbul im *Juni 1988*. Dann kam das Bild mit Dornhelmer an der Seite des Kamels, in Petra, Jordanien. *Dezember 1991*.

Das Schwarzweißfoto mit dem bärtigen Carl Dornhelmer, umgeben von bärtigen Männern mit umgehängten Kalaschnikows, war das letzte. Es trug keinen Ortsnamen auf der Rückseite, sondern nur ein schwer leserliches Datum. *Mai 1987*.

In ihrem Notizbuch notierte Anny alle Daten und Orte, während sie verstohlen Frau Dornhelmer hinterhersah, die im Wohnzimmer verschwand.

Schnell griff sie dabei nach dem letzten Bild und steckte es in ihre Tasche.

»Sie haben also am nächsten Morgen im Sender angerufen?« rief sie.

»Ja«, antwortete Frau Dornhelmer. Es folgte ein lautes Krachen. Als Anny ins Wohnzimmer kam, lag ein zerbrochener Teller auf dem Boden.

»Und der Chefredakteur wollte nicht mit Ihnen sprechen?« fragte sie.

»Nein«, ertönte es nun weinerlich aus der Küche.

»Warum nicht?«

»Eine Frau sagte mir, die Sache sei bereits erledigt.«

»Erledigt?«

Anny stellte sich in den Türrahmen der Küche.

»Carl hätte in aller Frühe angerufen, aber man hätte beschlossen, daß er bleibt«, sagte die Mutter, während sie einen Stapel Teller sorgfältig verpackte.

»Trotz der Drohungen?«

»Ja.«

»Und dann?«

»Ich war sehr besorgt.« Frau Dornhelmer kam auf Anny

zu. »Ich rief noch einmal an, aber Stalin wollte nicht mit mir reden«, flüsterte sie.

Lange betrachtete Anny das schicksalergebene Gesicht.

»Und Sie wissen nicht, was für Leute das waren?« fragte sie, um die peinliche Stille zu beenden.

»Nein.«

Anny ging, während Dornhelmers Mutter wie erstarrt stehenblieb, einen Teller in der Hand.

➢➢➢ ✹ ≺≺≺

»Ich rufe Sie an, wenn es soweit ist«, sagte der Mann mit einem leicht widerwilligen Unterton in der Stimme.

»Auf keinen Fall«, antwortete Anny. »Ich warte hier.«

Während sie das dreidimensionale Labyrinth auf dem Bildschirm betrachtete, der jüngste Hit unter den Computerspielen, hörte sie den Mann im Nebenzimmer fluchen.

Er kam zurück und verschwand auf dem Korridor.

»Sie war schon im Keller gelagert«, sagte er, als er mit einer Kassette in der Hand zurückkehrte und sie Anny entgegenstreckte. Sie unterschrieb die Bestätigung für den Empfang und kontrollierte die Aufschrift auf dem Aufkleber. Es war die richtige.

Carl Dornhelmer
24. Mai 1987
Peshawar, Pakistan

Im Großraumbüro herrschte hektisches Getriebe. Ungewöhnlich für einen normalen, ereignislosen Sonntag. Anny ging direkt zu den Schneideräumen, alle waren frei.

Sie machte das Licht an, schaltete die Maschinen ein und schob die Kassette in das Abspielgerät.

Silhouetten von Männern in Pluderhosen, die einen steilen Hügel erstiegen, erschienen auf dem Bildschirm.

»Afghanische Freiheitshelden im Grenzgebiet von Pakistan«, erklärte Dornhelmers Stimme. »Auf dem Weg zum Kampf gegen die sowjetischen Besatzer.«

Gleich darauf tauchte er auf, keuchend hinter den »afghanischen Freiheitshelden« hergehend, wobei er in einem ähnlich unförmigen Kleidungsstück steckte. Seine weiten Hosen waren schon leicht verdreckt. Sein kurzer Bart war hingegen gepflegt. Die Haare ebenso.

Anny ließ das Band vorlaufen.

Nach einigen Minuten Fußmarsch, in denen weitere Pluderhosen und Bärte auftauchten, begleitet von Dornhelmers sehr getragener Stimme, veränderten sich die Bilder. Sie wurden plötzlich blasser, auch wackeliger. Offenbar waren die mit der Minikamera am Knopfloch aufgenommen. Mickey Mouse war wieder an der Arbeit.

»No filming. O. k.?« befahl eine Stimme aus dem Hintergrund in scharfem Ton.

»O. k.«, bestätigte Dornhelmers Stimme, die Minikamera filmte trotzdem weiter.

Im Hintergrund tauchte ein Wagen auf, ein heller Toyota-Landcruiser, und parkte umständlich rechts im Bild. Einige Gestalten, Schnellfeuergewehre über den Rücken gehängt, liefen auf den Wagen zu, wobei sie von Zeit zu Zeit einen mißtrauischen Blick in Richtung der Kamera warfen, die sie nicht sehen konnten.

»No filming. O. k.?« schrien sie.

Ein Mann, nicht älter als dreißig, in einem langen hellen Hemd, dem traditionellen Gewand der Pakistani, stieg aus. Ein anderer, der aussah wie ein Besucher aus dem Westen, blickte in die Runde, und der Pakistani wies mit einer ruckhaften Bewegung zu Mickey Mouse und seiner unsichtbaren Kamera. Schreie erhoben sich. Mit einer schnellen Drehung wanderte die Kamera nach links.

Dornhelmers Stimme tönte getragen im Hintergrund. »Hilfe aus der arabischen Welt ist eingetroffen. Gebracht von einem reichen Geschäftsmann aus Pakistan.«

»Go«, befahl die scharfe Stimme des Pakistani danach wieder aus dem Hintergrund, bevor ein kleinwüchsiger, drahtiger Mann mit stechenden Augen im Bild erschien. Er trug einen dichten Bart.

Er war rot. Feuerrot.

Anny griff in ihre Tasche und zog das Foto heraus. Es war derselbe Mann, nur daß er auf dem Erinnerungsbild entspannt neben Dornhelmer stand und seine Augen wegen der grellen Sonne halb geschlossen hielt. Sein Bart war dunkelgrau, es war ein Schwarzweißfoto.

Irgendwas war seltsam auf den Aufnahmen, überlegte Anny. Irgendwas. Nicht die Bärtigen. Nicht der Toyota.

Sie steckte das Bild weg und suchte sich die Seite drei von Gulbudin Hektmatyars Biographie heraus.

Im Mai 1987 besucht eine amerikanische Delegation, angeführt von einem pakistanischen Geschäftsmann, den radikalsten Führer des afghanischen Widerstands, Gulbudin Hektmatyar an seinem Sitz in Peshawar. Mit der Visite wird Hektmatyar erstmals die halboffizielle Unterstützung des Westens zuteil. Verschiedene Ausbildungslager für Afghanistan-Kämpfer sollen aber schon seit dem Beginn der Sowjetischen Invasion in Afghanistan, im Dezember 1979, mit pakistanischen und saudischen Geldern finanziert werden.

Jemand schrie draußen vor dem Schneideraum herum. Anny blickte auf. Die Kassette in der Maschine war weitergelaufen, Dornhelmer war plötzlich zu sehen. Offenbar aufgenommen von seinem Kameramann, denn die Bilder waren wieder klar und ruhig.

Mit leicht gespreizten Beinen stand er auf einem Hügel und sprach zu seinem Publikum.

»Unsere gefährliche Mission«, erzählte er mit seiner tiefen Fernsehstimme, »endete wie alle gefährlichen Missionen. Mit Drohungen und der Forderung, daß wir nicht alle unsere Informationen veröffentlichen.«

Er machte eine Pause. Sie wirkte gut.

»Wir haben«, fuhr er fort, »uns nur an die Wahrheit gehalten.«

Ein paar Takte einer bedrohlich klingenden Musik beendeten den Bericht.

Der Rest war nicht schwierig. Nachdem Anny die Beta-Kopie der ersten Mikrokassette im Schrank in Marlenes Schneideraum gefunden hatte, legte sie das Band ein und fuhr an den Beginn. Die Datumsangabe erschien.

02/03/96

Zurück an ihrem Schreibtisch, griff sie nach einer Zigarette und legte sie neben sich. Das Rauchverbot wurde im Großraumbüro eingehalten, von allen. Auch von den Vietcongs.

Zuerst schrieb sie *Afghanistan*. Dann das Datum. *3. März 1996.*

Keine Daten gefunden!

Sie zog die Tastatur näher, schrieb *Sudan* und nochmals das Datum.

3. März 1996

Keine Daten gefunden!

Anny wippte auf dem Stuhl hin und her. Noch ein Versuch. Diesmal tippte sie nur den Monat, gefolgt von der Jahreszahl, ein. *März 1996.*

Der Computer arbeitete. Nur der eine Artikel, den sie schon kannte, erschien.

Trotz der Proteste aus dem Westen organisierte Hassan Turabi in Khartum vor kurzem eine internationale Konferenz der islamischen Front der Ablehnung. Neben einer offiziellen Delegation aus dem Iran nahmen an dem Treffen zahlreiche Vertreter radikaler Gruppen aus Algerien, Afghanistan, Pakistan und aus den israelisch besetzten Gebieten teil. Auch verdächtige Terroristen, die vom Westen seit Jahren gesucht werden, sollen nach Angaben westlicher Diplomaten in diesen Tagen in Khartum gesehen worden sein.

Die Konferenz hatte nach offiziellen Angaben zum Ziel, eine geeinte Politik aller fundamentalistischen Gruppen gegen Israel zu erarbeiten.

Das war es. März 1996.

Hassan Turabi organisiert seine Konferenz der islamischen Front der Ablehnung, für die sich niemand interessiert. Nicht die Agenturen, die ihr nur einen Kurzbericht widmeten. Nicht Dornhelmer, der zwei vermißte Deutsche suchte.

Alles andere hatte er vergessen. Seine heimlich gefilmten Aufnahmen in Peshawar. Den rotbärtigen Abu Fares, genannt Khayr al Din, der inzwischen im Sudan Zuflucht gefunden hatte.

Mickey Mouse trifft nicht seine beiden Landsleute, aber den Rotbart. Und nach einem kurzen Vergnügen hinter einem verdreckten Vorhang in einer schäbigen Hütte von Omdurman kommt der Tod.

➤➤➤ ✹ ⤙⤙⤙

In Annys Wohnung wartete auf dem Anrufbeantworter eine Nachricht von Marlene, die mit klagender Stimme um Rückruf bat. Dringend.

Sofort rief Anny zurück.

»Ich brauche deine Hilfe.«

»Warum?« fragte Anny und marschierte mit dem Hörer am Ohr in Richtung Kühlschrank.

»Wegen der Geschichte mit dem Lehrer«, erwiderte die Cutterin und schluchzte hörbar.

»Was ist damit?«

»Er will mich rausschmeißen«, sagte Marlene.

»Das war zu erwarten«, erwiderte Anny und ging zum Schreibtisch. Die aufgeschlagene Sonntagszeitung, die so gut informiert war, lag noch auf dem Boden. In einem Sender war es ohnehin schwer, Geheimnisse zu behalten. Genauso schwer wie an einem Königshof.

»Ich habe doch nur die Wahrheit gesagt«, entgegnete die Cutterin.

»Ich weiß«, sagte Anny. Eine Pause trat ein.

»Wirst du mir helfen?« fragte Marlene, während Anny die Zeitung aufhob und den Computer einschaltete.

»Nicht bei der Geschichte mit deiner Sekte«, antwortete Anny und betrachtete die leeren Blätter auf dem Schreibtisch. »Bist du noch dran?«

»Ja.«

»Ich habe meine eigene Sektengeschichte«, sagte Anny.

Nachdem das Gespräch beendet war, überkam sie ein unsäglicher Hunger. Sie ging zu einem Imbißstand in der Nähe und verlangte eine Pizza, die aber nur nach Seife schmeckte. Als sie zurückkam, lag eine Nachricht unter der Fußmatte. Anny läutete bei der Nachbarin und nahm die Rosen entgegen. Wieder dreißig Stück. Zurück in der Wohnung steckte sie den Strauß wie üblich in den Abfalleimer, ging an den Schreibtisch und steckte sich eine Zigarette an. Dann begann sie zu schreiben.

34. Kapitel

Am nächsten Morgen überhörte Anny den Wecker und wachte erst gegen neun auf. Sie eilte schlaftrunken ins Bad, duschte hastig und fuhr in den Sender.

Zuerst ging sie in die graphische Abteilung und bestellte eine Landkarte mit Afghanistan, Pakistan und dem Sudan.

In den Korridoren war eine aufgekratzte Stimmung zu spüren. Sie war ausgelöst worden durch das Gerücht, daß ein Staatsanwalt im Haus sei, um Indizien für eine mögliche Mitschuld des Senders an dem Sektenmord zu sammeln. Mit weißlichen Gesichtern trotteten einige Kollegen an Anny vorbei.

Marlene hingegen pfiff in ihrem Schneideraum vor sich hin, völlig entspannt.

»Hast du wieder mit Zeitungen geredet?« fragte Anny, lächelte und zog sich einen Sessel heran.

»Nein«, antwortete die Cutterin und warf ihr eine Praline zu. »Nur mit dem Staatsanwalt.«

»Und womit fütterst du den?« entgegnete Anny und schob das Geschenk in den Mund. Auf dem Beistelltisch wartete eine bereits halb leere Bonbonniere auf ihr schnelles Ende. Marlenes Appetit war beruhigend.

»Mit den Einzelheiten über die Hintergründe des Sektenberichts«, sagte sie.

»Hast du den Besuch der drei Sektenbonzen bereits gestanden?«

»Noch nicht.« Sie griff in die Schachtel. »Das tue ich erst, wenn er mir nochmals mit Kündigung droht.«

Sie griff nach rechts, las die Aufschriften auf den Kassetten und schob das letzte Band in einen der Player. Mit einem Seitenblick auf Annys Text, der sauber ausgedruckt vor ihr lag, suchte sie die passenden Bilder und drückte voller Energie auf den roten Knopf. Record. Der Schnitt saß. Marlene freute sich.

»Die Geschichte mit dem gebrochenen Versprechen ist geklärt?« fragte Anny, während eine neue Kassette in den Schlitz des Players wanderte.

»Es war nicht meine Schuld«, erklärte Marlene, aber sie kaute nun heftiger.

»Ich weiß.«

»Ich wollte sein Gesicht abdecken«, fuhr die Cutterin fort, die Hände auf den Tasten. Der nächste Schnitt folgte.

»Er hat es verboten«, setzte sie nach einer Pause hinzu. »Dieses Schwein.«

»Ich weiß«, wiederholte Anny und beobachtete, wie Marlene die winzige Kassette ergriff und sie in Dornhelmers Aufnahmegerät schob, das sie sich am Morgen aus dem Kellergeschoß geholt und an ihre Anlage angeschlossen hatte.

Mikrokassette Nummer eins stand auf dem Etikett.

Auf dem Bildschirm erschien der rote Bart von Abu Fares, begleitet von dem Ruf des Muezzin und Nabils darunter versteckter Stimme.

Anny räusperte sich.

»Was machen wir mit der anderen Kassette?« fragte Marlene.

Anny antwortete nicht.

»Hallo!«

»Was ist?«

»Träumst du?«

»Nur von deinen Pralinen«, erwiderte Anny, stand abrupt auf und griff in die Schachtel, wo sie zwei Stück auf einmal herausnahm und sie sich gleichzeitig in den Mund schob.

»Was machen wir mit der anderen Kassette?« wiederholte Marlene.

»Welcher Kassette?«

»Mit der Kassette von der Schnapsflasche.«

»Welcher Schnapsflasche?«

»Der Schnapsflasche vom Sicherheitsdienst, die uns vergangenen Freitagabend die Mikrokassette gebracht hatte, die zuerst bei dem Perser gelandet war.«

Anny unterbrach sie. »Leg sie in den Schrank. Ich kann sie nicht brauchen.«

»Bist du sicher?«

»Ganz sicher.«

»Du hattest so darauf gewartet.«

»Ich weiß.«

»Wer hat sie dir eigentlich geschickt?«

»Keine Ahnung.«

Als Marlene aufstand, um die zweite Mikrokassette im Schrank zu verstauen, ertönte ein leises Piepsen vom Fenster her, wo auf einem Beistelltisch Annys Laptop stand. Es war per Modem mit den Nachrichtenagenturen verbunden.

Eine Eilmeldung der AFP, der französischen Nachrichtenagentur, erschien auf dem Bildschirm. Nur Bruchteile von Sekunden später zog Reuters nach.

Flugzeugentführung in Kairo. 147 Passagiere in der Hand islamischer Terroristen.

Während Anny noch dabei war, die erste Agenturmeldung zu lesen, piepste es schon zum zweitenmal. Die Meldung verschwand, eine andere, längere, tauchte auf dem Bildschirm auf.

Eine Boeing 737 der britischen Fluglinie British Airways, die am frühen Morgen von einer Gruppe bewaffneter Männer in ihre Gewalt gebracht wurde, befindet sich weiter auf dem internationalen Flughafen von Kairo. Der Leichnam eines nicht identifizierten Mannes wurde von den Entführern kurz nach elf Uhr Ortszeit auf das Flugfeld geworfen. Es handelt sich nach Angaben des Piloten, der mit dem Tower in Funkverbindung steht, um einen holländischen Touristen. Er soll Widerstand geleistet haben und wurde von einem der vier mas-

kierten Männer erschossen. Die Maschine befand sich auf dem Flug nach London. Sie wurde von den Entführern zur Rückkehr nach Kairo gezwungen.

Die Männer bezeichnen sich als »Kämpfer Gottes« und wollen mit ihrer Aktion die Befreiung ihrer palästinensischen Mitstreiter erzwingen, die sich seit zwei Jahren in israelischer Haft befinden.

»Haben sie ihn verhaftet?« fragte Marlene, die am Schneidetisch saß.

»Noch nicht«, antwortete Anny geistesabwesend.

Die Cutterin stand auf, griff nach der vorletzten Praline und stellte sich neben Anny.

»Die meine ich nicht«, sagte sie enttäuscht, die Augen auf dem Bildschirm des Laptop.

Anny war bereits an der Tür.

Die Lesebrille auf der Nasenspitze, stand der Mann in einer Ecke des Korridors und sah nur kurz auf.

»Frau Bonner?« fragte er und schob seine Brille, ein einfaches Kassengestell, die Nase hoch.

»Ja?«

»Kann ich Sie eine Minute sprechen?«

»Auch zwei«, erwiderte Anny dem Staatsanwalt.

Am Ende der Unterredung buchstabierte sie noch Adresse und Telefonnummer von Dornhelmers Mutter. Mit einem Nicken notierte der Staatsanwalt alles und verabschiedete sich unbeeindruckt.

➤➤➤ ● ➤➤➤

In den frühen Nachmittagsstunden, als längst ein Reporter nach Kairo entsandt und ein Teil von Annys Bericht in die Planung der Abendnachrichten aufgenommen worden war, flog die Tür zum Schneideraum auf.

Das Gesicht die übliche Maske, die Augen irgendwo wie

immer, stand Stalin da. »Kann ich die Reportage sehen?« fragte er so eisig, daß Marlene vor Schreck keine Antwort herausbrachte.

Anny sah ihn ungerührt an und bedeutete der Cutterin mit einem Kopfnicken, die Sendekassette einzulegen. Sie war fertig.

Während der Bericht über den Bildschirm lief, eingeleitet von den Aufnahmen der prügelnden Soldaten, gefolgt von den Bildern des »Führers der islamischen Front« in seinem Büro im Hotel *Acropole*, blieb Stalin hinter den beiden stehen. Vollkommen reglos.

Auch als der dumpfe Stoß und der spitze Schrei schon Dornhelmers Tod ankündigten, rührte er sich nicht.

Die Szenen mit den Umarmungen in der Hütte hatte Anny nicht verwendet. Marlene hatte sie mehrmals betrachtet. Sie fand sie nicht uninteressant und deponierte sie erst nach mehrmaliger Aufforderung Annys in ihrem Schrank.

Der erste Blutstropfen fiel auf die Linse. Stalin bewegte sich nicht. Als der Bericht zu Ende war, drehte Anny sich um.

Vom Fenster her war erneut ein Piepsen zu hören, Stalin beachtete das Geräusch nicht.

»In Ordnung«, brummte er. »Gute Geschichte.«

Einer seiner leeren Geisterblicke landete auf dem Laptop.

Nach einem tiefen Atemzug stand Anny auf und ging gemächlich zum Fenster. Eine neue Eilmeldung stand auf dem Bildschirm.

Flugzeugentführer wollen in den Sudan.

Hinter ihrem Rücken hörte sie, daß die Tür geöffnet wurde. Sie drehte sich um und sah, daß Stalin gehen wollte.

»Ich habe Ihnen noch etwas mitzuteilen«, sagte Anny und versuchte irgend etwas in seinen Augen zu finden. Irgendwas, nur nicht diese Leere.

»Was denn?« fragte er ungeduldig, die Türklinke in der Hand.

»Ich habe mit dem Staatsanwalt gesprochen.«

Stalin sagte kein Wort, sondern machte einen Schritt auf den Korridor, seine Hand blieb auf der Klinke liegen.

»Ich habe dem Staatsanwalt Nummer und Adresse von Frau Dornhelmer gegeben«, fuhr Anny fort.

»Warum?«

»Wegen des Anrufs.« Anny verschränkte die Arme.

Er rührte sich nicht.

»Wegen des Anrufs von Carl Dornhelmer aus dem Sudan.«

Er brüllte nicht wirklich los. Es klang eher wie der Befehl eines Generals, der seine undisziplinierte Truppe zusammenhalten will. Fordernd. Wie ein Kriegsschrei, der über den Schneidetisch, durch den Raum und hinaus durch die offene Tür auf den Gang rollte.

»Es reicht mir«, schrie er. »Ich schmeiße dich raus.«

Anny drehte sich wieder zu ihrem Laptop um.

»Ich schmeiße dich endgültig raus«, hörte sie ihn toben, bevor er zu lachen begann. Leise in sich hinein.

Plötzlich richtete Marlene sich in ihrem Stuhl auf und schlug ihre Hände flach auf den Tisch.

»Hinaus!« kreischte sie. »Verschwinde aus meinem Schneideraum.«

Nicht einmal Anny fand die Dutzerei der Cutterin in diesem Augenblick angebracht.

Stalin hatte die Klinke losgelassen und ging mit großen Schritten auf und ab, geschüttelt von einem lautlosen Lachanfall.

Marlenes Telefon läutete schrill, mit zitternder Hand hob sie ab.

»Für dich«, sagte sie, und reichte den Hörer nach hinten, ohne sich umzudrehen.

Stalin preßte den Hörer ans Ohr und wurde ernst.

»In Ordnung«, sagte er ohne jedes Lachen, legte auf und ging zur Tür.

»Ich komme wieder«, versprach er, als er auf den Gang hinaustrat und die Tür mit einem ohrenbetäubenden Knall ins Schloß fallen ließ.

Er kam aber nicht wieder.

>>> • <<<

Die Agenturmeldungen überstürzten sich. Unaufhörlich piepsten sie neue Nachrichten über die Flugzeugentführung in die Welt hinaus.

In wenigen Stunden, berichteten sie am späten Nachmittag, werde in Khartum eine Pressekonferenz stattfinden, weltweit übertragen von Global-TV, dem neugegründeten Fernsehsender Richard Hodrums.

»Das Schwein«, kommentierte Marlene frohen Mutes, den ihr offenbar eine gerade verspeiste Tafel Schokolade eingeflößt hatte. »Was hat er vor?«

»Wer?« fragte Anny.

»Stalin.«

Noch vor der Endproduktion, bei der Annys Bericht gesprochen und mit Karte und Namenseinblendungen versehen werden sollte, rief aufgeregt das internationale Büro an und verlangte die Kassette mit dem Turabi-Interview.

Anny brachte sie dem Techniker, der sie sofort in eine Abspielmaschine schob.

Aus der Vierdrahtleitung ertönte eine herrische Stimme. Angesichts der dramatischen Lage um das entführte Flugzeug forderte die Schaltstelle in Brüssel, die sich um die Weitergabe von Bildmaterial kümmerte, die sofortige Überspielung des Materials.

Die ägyptischen Behörden hatten das Filmen am Tatort untersagt, aber alle Fernsehsender wollten Bildmaterial. Egal was.

Während die Kassette anlief, betrachtete Anny das Gewand des Mahdi, dessen unschuldiges Weiß in die Welt gestrahlt wurde.

Auf dem Monitor daneben war ein greller Farbbalken zu sehen, Regenbogenfarben in breiten Streifen, zur Messung der Bildqualität. Plötzlich erschien über dem Balken ein Schriftzug.

press-conference
tv-global
khartoum

Nervöse Geschäftigkeit beherrschte Büros und Korridore. Obwohl die Abendnachrichten, gewürzt mit Nachtbildern, die immerhin die Umrisse der entführten Boeing auf einer abgelegenen Startbahn des Flughafens Kairo zeigten, längst vorüber waren, blieb die Mannschaft im Sender. Keiner war offenbar in Eile. Niemand wollte nach Hause. Nur Stalin wurde nicht gesichtet. Er blieb verschwunden.

Mitarbeiter der Sport- und Unterhaltungsabteilung steckten ihre Köpfe in das Großraumbüro und entfernten sich wieder. Die Hektik wuchs.

Anny spähte in Richtung der beiden Glashäuser, die beide leer waren. Die Königskobra war wegen anhaltender Krankheit des Lackaffen gleich im Studio geblieben, um an diesem Abend, zum zweitenmal, das *Polit-Journal* zu präsentieren. Den Professor hatte Anny schon seit Tagen nicht mehr gesehen.

Als Anny sich den Glashäusern näherte, warf sie einen Blick auf seinen Arbeitsplatz. Der Schreibtisch war leer geräumt, bis auf einen Billigkugelschreiber. Der Papierkorb quoll hingegen über. Auf den Regalen lagen Stöße von Zeitungen, achtlos zusammengefaltet.

»Wo ist er?« fragte Anny den Chef vom Dienst.

»Verabschiedet, mit einem goldenen Händedruck.«

»Warum?«

»Das übliche«, murmelte der Mann. »Er darf jetzt spazierengehen, während wir weiter schuften müssen.«

»Vielleicht will er gar nicht spazierengehen.«

Dann ging Anny zum Glashaus der Führer. Sie setzte sich hinter den Schreibtisch und drückte mehrmals die Fernbedienung. Eine Sportübertragung. Spielfilme. Wieder Sport. Plötzlich der Kopf eines Moderators, rechts eine Karte des Sudan. In der linken oberen Ecke des Bildschirms das Senderlogo: *Global-TV*. Der Mann verschwand. Ein langgestreckter Tisch, versteckt unter einer grünen Fahne, geschmückt mit einem arabischen Schriftzug, kam ins Bild. Männer mit Gesichtsmasken saßen dahinter. Einer war dick und pustete in das Mikrophon vor sich. Sein blütenweißes Hemd hatte mehrere Flecken, die wie Blut aussahen. Ein schmaler Balken erschien am unteren Bildrand: *Live from Khartum.*

Anny drückte weiter. Nur ein unbedeutender deutscher Nachrichtensender zeigte dieselben Bilder. Hodrum hatte sich erst wenige Monate zuvor dort eingekauft, wie die Presse berichtet hatte.

Draußen, auf dem obersten Bildschirm des TV-Turms, tauchte die Königskobra auf und kündigte Annys Bericht an. Auf dem Schirm darunter lief eine amerikanische Komödie, in der Walter Matthau und Jack Lemmon stumm um die Wette blödelten. Der Ton war wie gewohnt abgdreht.

Kaum ein Mitarbeiter warf einen Blick auf die ungleichen Szenen, Dornhelmers Sterben und Hollywoods Lachen. Alle schienen mit anderem beschäftigt. Einige steckten die Köpfe zusammen und flüsterten, die Mienen einmal todernst, dann wieder vergnügt.

Auf dem Fernsehgerät im Glashaus setzte sich ein Mann, der nicht vermummt war, an den Tisch. »Im Namen Gottes des Allmächtigen«, las er in gebrochenem Englisch von einem Blatt ab. »Wir verlangen von der zionistischen Regierung die Freilassung unserer Glaubensbrüder.«

Ein Krachen ertönte.

»Wir werden den Kampf für unsere gerechte Sache so lange fortsetzen, bis wir ganz Palästina befreit haben.«

Wieder krachte es. Einer der Vermummten machte eine ruckartige Bewegung mit seinem Kopf.

Draußen im Großraumbüro wuchs die Unruhe an. Aufgeregt kauend kam Marlene an und sah sich um. Als sie Anny im Glaskasten entdeckte, eilte sie zu ihr.

»Dieses Schwein«, rief sie und ließ ihren Rucksack auf den sündteuren Tisch fallen.

»Marlene!«

»Was ist?«

»Ich versuche, eine Pressekonferenz aus Khartum zu verfolgen.«

»Ist mir egal«, erwiderte Marlene aufgeregt. »Weißt du, was er tun wollte?«

»Ja, mich feuern.«

»Nicht nur das.«

»Wollte er mit dir schlafen?«

Anny drehte den Ton lauter.

Ein scharfes Pfeifen war zu hören, die beiden Vermummten drehten sich hilfesuchend nach links und nach rechts. Der dritte Mann stand kurz auf und setzte sich dann wieder. Das Pfeifen erstarb.

»Wir verlangen das Ende ...«

Der Satz wurde wieder von einem Pfiff unterbrochen. Schließlich tauchte aus dem Nichts eine Hand auf und stellte ein zweites Mikrophon auf den Tisch. Offenbar half ein Techniker von Global-TV aus.

»Im Namen Gottes, des Allmächtigen«, fuhr der Sprecher der Gruppe fort und seine Beschwörung schien zu wirken. Das neue Mikrophon streikte nicht.

Marlene riß Anny die Fernbedienung aus der Hand und stellte den Ton ab. »Vor einer Stunde wollte er plötzlich deinen Bericht absetzen«, sagte sie.

Sofort drehte sich Anny zum Turm mit den Bildschirmen. Das Turabi-Interview lief gerade. Beruhigt wandte sie sich wieder ihrem Apparat zu.

»Er konnte ihn aber nicht absetzen«, erklärte Marlene und setzte ein zufriedenes Gesicht auf.

»Und warum nicht?«

»Er ließ seinen Pudel nach der Ersatz-Reportage suchen, aber sie konnte nichts finden.«

»Welchen Pudel?«

»Die Dicke Berta.«

»Und warum konnte sie es nicht?«

»Die Ersatz-Reportage war in meinem Schneideraum verlorengegangen.«

»Wie peinlich.« Anny nahm die Fernbedienung und drehte den Ton voll auf.

»Wir geben der zionistischen Regierung acht Stunden Zeit.«

»Worüber war der Ersatz-Bericht?« fragte Anny, bevor die Cutterin aus der Tür war.

»Hundeschönheitswettbewerb in Berlin.«

Anny sah ihr nach.

»Im Namen des Allmächtigen, wir werden unsere Geiseln nach Ablauf des Ultimatums exekutieren.«

Ihr Blick wanderte zum TV-Turm, Carl Dornhelmer starb gerade. In der nächsten Sekunde wurde es auf ihrem Bildschirm schwarz. Irgendwie war die Satellitenübertragung von Global-TV zusammengebrochen. Ein Werbeblock lief an. Anny verließ das Glashaus und sah Marlene auf einem Tisch sitzen, einen Hörer in der Hand, den sie leicht vom Ohr weghielt. Helle Freude überzog ihr Gesicht.

»Achtung, alle mal herhören!« schmetterte sie. Jeder sah sie an. *»Er ist weg!«*

Stille folgte, eine ungewohnte, beruhigende Stille. Bis irgendwo ein Telefon zu läuten begann.

Während sich die Mannschaft mit Hilfe einiger aus Papiertüten hervorgezogener Flaschen zu entspannen begann, rollte Marlenes einzigartige Stimme wieder durch den Raum.

»Tolle Geschichte, vor allem der Schnitt!« rief sie Anny zu, die ihr einen gnädigen Blick schenkte.

Die Königskobra, die gerade aus dem Studio zurückgekehrt war, schlug die Tür zu ihrem Aquarium zu. Obwohl sie sich tief vornüberbeugte, konnte Anny sehen, wie sie zwei Pillenröhrchen öffnete und eine Mixtur aus verschiedenen Tabletten hinunterschluckte, wieder aufstand und verschwand.

»Er ist wirklich weg«, sagte sie, als sie zurückkehrte. Eine Träne lief dabei über ihren einzigartigen Mund. Sie war echt.

In den nächsten Minuten schickte die Presseabteilung des Verlagshauses Merling eine kurze Mitteilung an die Agenturen, ohne jeden Piepser. Es war keine Eilmeldung. Nur ein paar Zeilen, die zwischen einer Reportage über einen mittelschweren Autounfall auf der Autobahn München – Salzburg und der Ankündigung eines Boxkampfs in Las Vegas auf den Terminals im Großraumbüro erschienen.

Nach einem ausführlichen Gespräch zwischen Walter Merling und Chefredakteur Gerd Haltbach sind beide Seiten übereingekommen, sich einvernehmlich zu trennen.

Alle Versuche des Verlagshauses, ihn zum Bleiben zu bewegen, hat Herr Haltbach zurückgewiesen. Seine Entscheidung hat ausschließlich private Gründe.

Übersetzt in die normale Welt hieß das, Stalin war gefeuert worden.

35. Kapitel

Anny tauchte auf. Erst als ihr Kopf über der Wasseroberfläche war, hörte sie die Stimme. Sie lauschte der Sprecherin, die in dem tragbaren Schwarzweißfernseher der Hausbesorgerin die Schlagzeilen der Mittagsnachrichten ankündigte. Der Apparat stand stets in einem Nebenraum, dessen Fenster sich zum Schwimmbecken öffnete.

Die Flugzeugentführung im Sudan ist noch nicht beendet.

Der Minutenzeiger auf der Uhr über dem Becken tat einen Ruck.

13 Uhr 3.

13 Uhr 4.

Anny tauchte unter und wieder auf. Auf die Außenfenster des Schwimmbads klatschten Regentropfen.

Sie stemmte die Beine gegen den Beckenrand und stieß sich ab. Ihre ausholenden Arme fielen nach hinten und durchschnitten die leichten Wellen. Jeder Schlag schickte einen Hall von den Kacheln zurück.

Aus dem Nebenraum antwortete der verlassene Fernseher, die Hausbesorgerin war unterwegs, wahrscheinlich am Putzen.

»Die Entführer«, hörte Anny zwischen ihren Armschlägen, »verlangen weiter die Freilassung der Gefangenen in den israelischen Gefängnissen.«

Sie schwamm zum Beckenrand, zog sich halb hoch und hörte aufmerksam hin. »Die Behauptung, daß der Iran hinter der Entführung steckt, wurde inzwischen von Teheran dementiert.«

Trotz eines leichten Ziehens in ihren Oberarmen blieb Anny in der unbequemen Stellung.

»Der Sprecher des amerikanischen Außenministeriums beharrt dennoch auf seinen Informationen«, sagte die Stimme aus dem Fernseher.

Ein neues Geräusch mischte sich in die Nachrichten. Die Hausbesorgerin betrat, ausgestattet mit Eimer und Scheuermittel, die Schwimmhalle.

Anny ließ sich ins Wasser hallen.

»Nun zu weiteren Meldungen«, hörte sie die Stimme im Hintergrund fröhlich verkünden, während draußen der Regen fiel und fiel.

An der gegenüberliegenden Beckenseite scheuerte die Hausbesorgerin die Bodenkacheln. Anny winkte ihr einen Gruß zu, bekam jedoch keine Antwort.

»Der Kampf um die afghanische Hauptstadt Kabul ist voll entbrannt.« Anny hörte auf zu schwimmen und sah kurz zur Eingangstür.

In dem grünlich schillernden Licht stand eine Silhouette, leicht vorgebeugt und völlig regungslos. Sofort tauchte Anny tief unter.

Als sie die Wasseroberfläche wieder durchbrach, schritt die Silhouette auf sie zu. Anny verschwand erneut in der Tiefe und tauchte erst wieder auf, als der Mann am Beckenrand stand. Es war Zweistein.

»Der Staatsanwalt will mich sprechen«, hörte sie ihn sagen, während sie sich auf der Wasseroberfläche treiben ließ.

»Ich weiß«, antwortete sie. »Ich habe ihm deinen Namen gegeben.«

»Warum?«

Die Hausbesorgerin warf einen verächtlichen Blick auf Zweisteins schmutzige Schuhe und wischte die Flecken weg, die er auf den Fliesen hinterlassen hatte.

»Wegen der Fälschung.« Anny flüchtete in die Tiefe.

»Wegen Mikrokassette Nummer zwei«, rief sie außer Atem, nachdem sie wieder aufgetaucht war. »*Die* war gefälscht.«

Die Hausbesorgerin betrachtete zufrieden den blanken Boden.

»Möglich«, antwortete Zweistein und legte sich auf einen der weißen Liegestühle, die entlang der Fenster aufgestellt waren.

»Hast du das gewußt?« fragte Anny, ließ sich nach hinten fallen und schwamm auf dem Rücken.

»Was meinst du?«

»Daß die Mikrokassette Nummer zwei gefälscht war.«

Sie kehrte zum Beckenrand zurück, stemmte die Hände auf und zog sich hoch. »Die erste war in Ordnung.«

Blitzschnell ließ sie sich fallen. Ein Bündel Wasserstrahlen stob in alle Richtungen auseinander, einige trafen Zweistein. Er stand auf und verwandelte sich wieder in eine Silhouette.

»Du bringst mich in Schwierigkeiten«, sagte er nach einer Weile.

»Warum?« rief sie.

»Verstehst du das nicht?«

»Nein.«

»Stell dich nicht so an!«

»Ich will es versuchen.« Ihre Arme berührten den Beckenrand.

Zweistein trat an die Kante heran und blieb über Annys Kopf stehen. Im Hintergrund ertönte aus dem Fernseher gleichförmiges Lachen. Eine der üblichen Talk-Shows.

»Weißt du, was Schulden sind?« fragte er.

»Was für Schulden?« Sie dachte an die doppelte Miete, die sie seit ihrem Umzug zu zahlen hatte, und preßte die Schultern gegen die kühlen Kacheln.

»Spielschulden«, antwortete er und ging in die Hocke.

Anny schwieg eine Zeitlang.

»Wieviel hast du bekommen?« preßte sie dann zwischen den Lippen hervor, als hörte ihnen jemand zu.

»Fünfzigtausend«, murmelte Zweistein.

»Wer hat dir soviel gegeben?«

Am anderen Ende des Pools tauchte die Hausbesorgerin auf und suchte nach weiteren Spuren von Zweisteins Schuhen.

»Ist das jetzt noch wichtig?«

Anny fröstelte und tauchte kurz unter. Sie hörte nichts mehr.

»Wer also?« fragte sie, den Kopf erneut über Wasser.

Zweistein schwieg.

»Wer?«

»Stalin«, flüsterte er.

Anny holte Luft. »Stalin«, wiederholte sie gedehnt.

Sie hielt sich am Beckenrand fest. Zweistein sah sie aus traurigen, müden Augen an.

»Es ist ohnehin zu spät«, erklärte Anny. »Er hat die Mikrokassetten bereits.«

»Wer?«

»Der Staatsanwalt«, sagte Anny mit klappernden Zähnen. Die Kälte kroch ihr in den Körper.

Mit einem Seufzer, der nach Erleichterung klang, erhob sich Zweistein aus der Hocke, während Anny aus dem Becken stieg und zu den Liegestühlen lief. Sie nahm ihren Bademantel und zog ihn fest um ihre Schultern.

Zusammen gingen sie zum Ausgang. Die Hausbesorgerin folgte ihnen auf dem Fuß, den Scheuerbesen knapp hinter Zweisteins Schuhen.

Als sie an der Kammer mit dem Fernsehgerät vorbeikamen, schlich sich auf dem Bildschirm gerade eine Gruppe Männer an ein Flugzeug heran. Sie trugen dunkle Overalls, die Waffen im Anschlag.

Anny blieb stehen.

»Diese Bilder aus Khartum sind soeben bei uns eingetroffen«, sagte eine ernste Frauenstimme, während einer der Männer die Gangway hinaufschlich.

In der halbgeöffneten Kabinentür des Flugzeugs tauchte

ein Kopf auf, gefolgt von einem gewaltigen Oberkörper. Die Szene war in diesiges Licht getaucht, als wäre sie unwirklich.

Dann folgte ein Knall. Nachdem sich der Rauch verzogen hatte, fiel ein Mann wie eine Puppe durch das geborstene Fenster der Pilotenkanzel auf die Rollbahn. Er trug eine dunkelblaue Uniform, wahrscheinlich war er ein Mitglied der Besatzung.

Gerade als der Mann versuchte, wegzurobben, hatte der andere im Overall die Flugzeugtür erreicht, aber die Kamera schwenkte in diesem Augenblick weg. Nahe an der Linse tauchte das ernste Gesicht eines Mannes auf, der sich offenbar im Tower verschanzt hatte und jetzt wie ein Besessener losredete. *Global-TV, exclusive* blinkte am Bildrand auf.

Hinter dem Rücken des Reporters war lautes Knallen zu hören. Schüsse. Explosionen.

Anny ging weiter, Zweistein folgte ihr.

Die Hausbesorgerin gab auf.

Am Aufzug in der Eingangshalle verabschiedete sich Zweistein, während Anny den Liftknopf drückte.

»Bevor ich es vergesse«, rief sie ihm hinterher. »Weißt du eigentlich, wo die Aufnahmen von Hodrum sind?«

»Welche Aufnahmen?« fragte er, ohne sich umzudrehen.

»Sie waren auf der Kassette mit dem Turabi-Interview.«

»Habe ich nie gesehen.«

»Komisch«, sagte Anny und drückte mit dem Zeigefinger mehrmals auf den Knopf.

»Was ist komisch?« Er war bereits an der Tür und hielt sie weit auf. Das beruhigende Geräusch des strömenden Regens drang herein.

»Irgend jemand hat sie gelöscht und die Kassette an meine neue Adresse geschickt.«

»Warum soll das ich gewesen sein?« rief er mit einem Grinsen zurück.

»Weil nur wenige meine neue Adresse kennen.«

Zweistein hatte die Tür schon zufallen lassen.

»Eigentlich nur du«, murmelte Anny und ließ den Finger auf dem Knopf. Warum kommt kein Aufzug, wenn man einen braucht?

In der Wohnung stürzte sie ans Telefon.

»Marlene?«

»Persönlich.«

»Nimm die zwei Mikrokassetten aus deinem Schrank und schließ sie weg. Irgendwo.«

»Nicht nötig«, erwiderte die Cutterin beschwingt. »Kannst du selbst machen.«

»Wie denn?« Anny begann unruhig auf und ab zu gehen.

»Er bringt sie dir vorbei.«

»Wer?«

»Zweistein.«

»Zweistein?«

»Er hatte sie gestern abgeholt.«

»Wann?«

»Gleich nach Ende der Sendung.«

»Auch die Beta-Kopien?«

»Auch die.«

Als sie fast schon aufgelegt hatte, hörte sie Marlene aufschreien.

»Bleib dran!«

»Was gibt es noch?« fragte Anny ungeduldig und zog schon den Bademantel aus.

»Der Schläfer sucht dich«, sagte Marlene.

»Was will er?«

»Weiß ich doch nicht.«

Sie war schon am Parkplatz, als ihr erst einfiel, daß der Golf noch bei ihrem Mechaniker stand. Anny verwünschte die Autoindustrie und ließ sich von der Hausbesorgerin ein Taxi rufen. Die Fahrt dauerte Ewigkeiten.

Wegen des Dauerregens stand die halbe Stadt, die andere Hälfte hupte ihr hinterher.

An einer Kreuzung zahlte Anny, stieg aus und lief zur nächsten Straßenbahnhaltestelle. Völlig durchnäßt erreichte sie den Sender.

Wieder stand sie vor einem Aufzug, der nicht kommen wollte. Sie lief, zwei Stufen auf einmal nehmend, hinauf in den vierten Stock. Über dem Gang lag die gewohnte Ruhe.

Während Anny auf die letzte Tür im Gang zueilte, rieb sie sich den nassen Kopf. Ein Schrillen ertönte. Entgeistert starrte sie auf ihre Tasche, suchte das Handy und drückte auf den roten Knopf. Das Läuten verstummte.

Sie stand vor Zweisteins Büro, das Foto am Türrahmen gab es nicht mehr. Albert Einstein war verschwunden. Anny riß die Tür auf.

Über der Raumstation lag ein Plastikbezug, und alle Maschinen waren ausgeschaltet. Sonst war alles unverändert. Stöße von Zeitungen lagen auf den Stühlen. Der Schreibtisch war wie immer mit Papier und Kassetten bedeckt.

Ein Windstoß, begleitet von einem Regenguß, schlug gegen das angelehnte Fenster, und einige Zeitungen tanzten zu Boden.

Anny schrak zusammen.

»Kann ich dir helfen?« fragte plötzlich eine Stimme. Zweistein stand in der Tür.

»Wo sind die Mikrokassetten?« Anny blickte atemlos in sein gleichgültiges Gesicht mit den roten Augen und kam sich lächerlich vor. Nichts hatte sich verändert. Nichts.

»Hast du sie nicht bereits dem Staatsanwalt übergeben?« hörte sie Zweistein fragen, bevor er unter dem Tisch mit der Computeranlage verschwand.

Sie schüttelte den Kopf.

»Dann hole ich sie dir«, antwortete er ruhig, kam wieder hervorgekrochen, blickte auf die Uhr und ging zur Tür.

Anny verstellte ihm den Weg und sah ihn forschend an.

»Zweistein«, sagte sie, »wo ist Einstein?«

»Weggeflogen«, flüsterte er, das Gesicht voller Fröhlichkeit. »Mit dem Wind.«

Erleichtert schob Anny die Zeitungen von einem der Stühle und ließ sich auf den Sitz fallen. Aber ihr Puls raste.

Sie stand wieder auf.

Nichts Auffälliges war zu entdecken. Anny trat näher an die Maschinen heran und schob die durchsichtige Hülle ein wenig beiseite. Mehrere Kassetten, noch in ihrer Originalverpackung, landeten auf dem Boden. Sie spähte zur Tür.

Vorsichtig schob sie die Kassettenstöße auf den Regalen auseinander. Dahinter steckten nur einige CD-Roms. *Illusion* stand auf einer. Die Mikrokassetten waren nicht zu finden.

Sie drückte den On-Schalter auf einem der Abspielgeräte, dann noch zwei weitere. Einer der Bildschirme blinkte auf. Anny atmete tief und sah zur Tür. Sie blieb geschlossen.

Draußen strömte der Regen vom Himmel, der offene Fensterflügel schlug bei jedem Windstoß gegen den Rahmen.

Auf dem Bildschirm tauchte eine Anzeige auf. *Error.*

Sie verschwand auch nicht, als Anny weitere Befehle eintippte. Sie machte trotzdem weiter.

Geben Sie Ihren Zugangscode ein war jetzt auf dem Schirm zu lesen.

Mit angespannten Nackenmuskeln lehnte Anny sich auf dem Drehstuhl nach hinten. Sie schloß die Augen, drehte sich nach rechts, nach links und öffnete dabei halb die Lider.

Ihr Blick wanderte zu der Wand hinter Zweisteins Schreibtisch, der Wand mit dem Bild. Die goldenen, leuchtenden Kuppeln von Ghom.

Sie leuchteten nicht mehr. Das Bild war verschwunden.

Ohne Hast ging Anny auf die Wand zu. Sie betrachtete sie lange, nachdenklich.

Dann stürzte sie aus dem Zimmer.

⋗⋗⋗ ✹ ⋖⋖⋖

Als der Taxichauffeur nach einer Irrfahrt, die ihren ungenauen Anweisungen zu verdanken waren, die Straße mit den Reihenhäusern gefunden hatte, bat Anny ihn zu warten.

Der Regen war noch dichter geworden. Sie lief schnell zu dem Gartentor, das aber geschlossen war. Rechts davon waren zwei Klingeln angebracht. Anny drückte kurz die untere neben einem Schild ohne Namen und wartete.

Keine Antwort.

Nach einer Weile drückte sie noch einmal und länger. Dann probierte sie die obere Klingel. In einem Fenster im ersten Stock erschien ein Frauengesicht. Anny winkte. Die Frau tauchte weg.

Erst nachdem sie ein zweites Mal geläutet hatte, erschien die Frau mit argwöhnischen Augen in der Haustür.

»Was wolln Se?«

»Ich suche Herrn Mashayekh.«

»Wer ist das?«

»Er wohnt hier«, sagte Anny, der Regen schlug ihr ins Gesicht.

»Hier wohnt kein Ausländer«, erwiderte die Frau und drängte ein blondes Kind, das sich zwischen ihre Beine geschoben hatte, zurück ins Haus.

»Doch«, beharrte Anny.

»Ne.« Die Frau drückte die Tür auf, um wieder hineinzugehen.

»Warten Sie!« rief Anny.

»Was wolln Se noch?«

»Sind Sie sicher?« bat Anny mit flehender Stimme. »Ich habe ihn hier einmal besucht.«

»Wann denn?«

»Vor zwei Wochen.« In Annys Rücken fuhr ein Wagen vorbei, mitten durch eine Pfütze. Sie spürte, wie das Wasser an ihre Beine schlug.

»Das kann nur der Typ gewesen sein, der hier früher übernachtet hat.«

»Scheiße«, sagte Anny leise.

»Is was?«

»Nein.«

»Warum suchen Sie ihn?«

Anny schwieg.

»Fragen Sie Mustafa«, sagte die Frau. »Der weiß sicher, wo der steckt.«

Als Anny wieder in ihrem Taxi saß, bat sie den Fahrer, sie in den Sender zu bringen, und steckte sich eine Zigarette zwischen die Lippen.

»Nichtraucher!« sagte der Fahrer.

In ihrer Tasche begann es zu klingeln. Ungeduldig riß Anny das Handy heraus.

»Bonner.«

»Ich bin es«, sagte jemand gut gelaunt.

Anny schwieg und versuchte die Stimme zu erkennen.

»Wer sind Sie?« fragte sie schließlich genervt.

Jetzt lachte es aus dem Apparat. »Der Schläfer.«

Enttäuscht schloß sie die Augen. »Hast du schon einmal angerufen?«

»Zweimal, heute morgen im Büro und vor einer Stunde auf deinem Knochen.«

Schnell nahm sie die Zigarette aus dem Mund und versuchte ihre Nerven zu beruhigen.

»Wissen Sie, wie ungesund Rauchen ist?« fragte der Taxifahrer und drehte dabei seinen Kopf nach hinten.

Anny nickte.

»Geht es dir gut?« fragte sie hastig ins Telefon.

»Ausgezeichnet«, erwiderte der Schläfer. »Und dir?«

»Ebenso.« Sie merkte, daß ihre Stimme das Gegenteil verriet.

»Ich gehe auf eine weitere Entziehungskur.«

»Endlich.« Sie starrte aus dem Fenster. Regen. Nichts als Regen.

»Ich mußte es versprechen.«

»Wem?«

»Meiner Freundin, sie ist zu mir zurückgekehrt.«

»Eine mutige Frau«, murmelte Anny und steckte die Zigarette wieder in den Mund. Irgendwie gehorchten ihr die Nerven nicht.

»Geht es dir wirklich gut?« hörte sie den Schläfer fragen.

»Wunderbar«, log sie.

Stille folgte.

»Warum hören Sie nicht auf zu rauchen?« fragte voller Sorge der Fahrer, der gerade an einer Ampel halten mußte.

»Heute sicherlich nicht«, antwortete Anny.

»Was hast du gesagt?« fragte der Schläfer.

»Daß es mir heute doch nicht so wunderbar geht.«

Der Regen sang seine eintönige Melodie.

»Hast du Lust auf eine Tasse Kaffee?«

Anny überlegte. »Nein«, entgegnete sie. »Auf eine Zigarette.«

Der Fahrer warf ihr einen barmherzigen Blick zu.

»Um sechs. Bei mir«, sagte Anny in den Apparat.

Es klang nicht sehr einladend.

Gefaßt wartete sie im Sender auf den Lift. Als die Tür endlich aufging, trat sie in die Kabine, lehnte sich gegen die Rückwand und sah zu, wie das Lichtsignal von einer Zahl zur nächsten sprang. Zwei. Drei. Vier. Stop.

Sie betrat Zweisteins Büro und sah sich um. Er war nicht wieder aufgetaucht. Natürlich nicht.

Als sie die Tür schließen wollte, stieß jemand auf der anderen Seite mit voller Kraft dagegen.

»Guten Tag«, sagte ein kastenförmiger Mann in einem Overall, der einen Packen zusammengefalteter Kartons hinter sich herzog. Anny trat zur Seite.

»Zieht er um?« fragte sie, als noch ein zweiter Hüne mit weiteren Pappkartons auftauchte. Der erste sah inzwischen lustvoll auf die Berge von Kassetten und Zeitungen.

»Ne, aus«, antwortete er. »Er hat gekündigt.«

»Im Moment verschwinden jede Menge Leute«, grinste der zweite und zog die Plastikhülle von der Computeranlage, wobei einige Kassetten aus dem Regal zu Boden fielen. Anny warf ihnen einen Blick hinterher. Es waren nicht ihre Mikrokassetten.

»So eine Unordnung«, schimpfte sie und ging zum Schreibtisch, wo der erste Muskelprotz sich bereits austobte, indem er einen Papierstoß mit festem Griff in einem Karton verschwinden ließ und hochzufrieden grinste.

»Müssen Sie ihm denn alles nachsenden?« fragte Anny mitleidig.

»Nein«, erwiderte der zweite Hüne aus dem Hintergrund. »Kommt alles in den Müll.«

»Hat der Chaot keine neue Adresse hinterlassen?« Sie versuchte ihrer Stimme einen festen, gleichgültigen Klang zu geben.

»Weiß ich nicht«, rief es aus einer Ecke. »Der technische Kram gehört ohnehin dem Sender.«

Anny nickte. Ein weiterer Papierberg verschwand im nächsten Pappkarton, einige verlorene Blätter tanzten auf den Boden. Sie hob sie schnell auf. Es waren nur die Quotenprotokolle der Sportsendungen.

Wieder schaufelte die Hand. »Unnützes Zeug«, murmelte der Hüne.

Nickend folgte sie seinen Bewegungen. Die Tischplatte kam zum Vorschein. Nur noch ein kleiner Stoß Zeitschriften lag da, unter dem ein paar Plastikhüllen hervorlugten. Anny zog sie heraus. Der Stoß darüber fiel zu Boden. Ein unfreundlicher Blick des Riesen strafte sie.

Sie sah die Plastikhüllen prüfend an. In der ersten steckten Hauskuverts, erkennbar an ihren vorgedruckten Spalten für Absender und Empfänger. Alle ungeöffnet.

»Was suchen Sie eigentlich?« fragte der Mann.

Irritiert sah Anny ihn an.

»Sie suchen doch irgend etwas?«

»Unterlagen«, antwortete sie und warf die Hauskuverts in den Karton. »Nur einige Unterlagen.«

»Private Unterlagen?« fragte er gedehnt und grinste über das ganze Gesicht.

Warum nicht, fragte sich Anny in diesem Moment. Warum soll es hier keine gelben Zettelchen mit Telefonnummern von vierzig schönen Mädchen mit Kerzen geben? Oder einen Scheck, ausgestellt für einen hervorragenden Fälscher? Warum nicht?

Sie zog sich einen Sessel heran und setzte sich. Der Mann verschwand und half dem anderen, einen Computer auf einen Karren zu heben.

Anny griff in den Karton, nahm die Hauskuverts heraus und öffnete eins nach dem anderen. Die meisten enthielten Bitten um die Nachbearbeitung von Tonspuren und Bildern, die fehlerhaft waren.

Im letzten Umschlag steckte ein Brief der Finanzabteilung.

Sehr geehrter Herr Mashayekh,

Wir möchten Sie nochmals darauf aufmerksam machen, daß die Rechnungen Ihrer Bewirtungen wieder Fehler aufweisen. Wie wir Ihnen bereits mitgeteilt haben, müssen Name, Adresse sowie Telefonnummer des Eingeladenen auf der Rechnung erscheinen. Anbei senden wir Ihnen eine Ihrer Quittungen zurück. Sie ist leider nicht ordnungsgemäß ausgefüllt. Weitere Rechnungen, vor allem aus dem Ausland, die ähnliche Ungenauigkeiten aufweisen, werden wir Ihnen in den nächsten Tagen zukommen lassen.

An das Schreiben angeheftet war die Fotokopie einer Rechnung, eine Bewirtung in einem Restaurant mit einem schwer entzifferbaren Namen. Er lautete *Muskara* oder so ähnlich. Am Rand war, deutlicher, ein Name zu lesen.

Achmed Tonabi

Programmierer bei Microsoft, Frankfurt

Aufmerksam betrachtete sie das Papier. Achmed Tonabi. Der Kellner der hauseigenen Kantine.

Muskara. Könnte auch *Mustafa* heißen.

»Ich habe alles gefunden«, rief Anny den beiden Packern zu.

Sie nahm den Lift, der schon wartete, und fuhr hinunter in den zweiten Stock. Die Finanzabteilung, zuständig für echte und unechte Bewirtungen, lag gegenüber dem Aufzug in einem verwinkelten Büro, das neben Computern und Regalen voller Akten auch jede Menge Gummibäume und Kakteen beherbergte. Es sah aus wie die Kulisse für einen Horrorfilm. Vorbei an einem gewaltigen Ficus, der den Eingang verstellte, sah Anny in den Raum.

»Ich komme wegen der Bewirtungen von Herrn Mashayekh«, rief sie.

»Endlich«, antwortete eine Fistelstimme aus dem Pflanzenwald, dann tauchte eine magersüchtige Frau mit hochtoupierten Haaren auf. Sie stellte ihre Gießkanne auf den Boden und trippelte davon. Nach einer Weile kehrte sie mit einer dicken Mappe, die prall gefüllt war, zurück.

»Alles seine Rechnungen«, sagte sie und ließ den Packen auf einen Tisch fallen, wobei sie einen verächtlichen Blick auf

Annys nasse Haare warf und sich dann wieder ihren Blumen zuwandte.

Anny öffnete die Mappe. Eine Plastikhülle, die mit einem roten Punkt gekennzeichnet war, lag darin.

Die ersten vier Rechnungen wiesen den Schläfer als Gast von Zweistein aus. Ganz oben stand Name und Anschrift des Lokals. *Mustafa. Türkische Spezialitäten.*

Überprüft!

Stimmt nicht! war am Rand in winziger Schrift hingekritzelt.

Die nächsten sechs Rechnungen trugen ihren Namen, Anny Bonner, in der Spalte *Bewirtete Person.* Sie kannte die Restaurants nicht, aber die Summen waren erträglich. Anny unterschrieb und setzte ein O.k. in eine Ecke.

Zwei weitere Bewirtungen, diesmal in London, nannten Prinzessin Diana als Gast.

Überprüft!

Stimmt nicht! stand erwartungsgemäß am Rand.

Sie überlegte, ob die Magersüchtige für ihre Überprüfung tatsächlich den königlichen Palast belästigt hatte.

Die nächsten drei, alle aus der vergangenen Woche, waren Bewirtungen für den toten Carl Dornhelmer. Randnotizen fehlten. Es wurde offenbar noch geprüft.

Anny griff zur letzten Rechnung. Sie stammte ebenfalls aus einem Londoner Restaurant. Am Rand stand der Name einer Frau, der aber wieder durchgestrichen war.

Weiter unten hatte die Prüfstelle ihren üblichen Kommentar hinzugefügt.

Überprüft!

Stimmt nicht!

Stimmt!

Verwirrt betrachtete Anny das Blatt.

»Der andere Name steht auf der Rückseite«, sagte die Dürre, die sich mit einem Pflanzendüngemittel in der Hand hinter Anny gestellt hatte und ihr über die Schulter sah. Anny drehte das Papier um.

Edward Brown
Londoner Institut für Politische Studien
Winsor Road
Slough SL 1 2EH
London

»Den gibt es wirklich«, piepste die Frau und riß Anny die Mappe aus der Hand.

Regungslos starrte Anny auf die Tischplatte.

»Ich weiß«, sagte sie schließlich. »Ich weiß, daß es ihn gibt.«

Zuerst frottierte Anny sich mit einem Handtuch den nassen Kopf, dann trocknete sie die Haare mit dem Fön zu Ende. Sie sah auf die Uhr. Es war schon sechs. Lange wusch sie sich das Gesicht, als könnte das Wasser die Erinnerung wegspülen.

Die Erinnerung an die Winsor Road in London, wo Edward Brown wohnte. Die vielen Gedanken an den großzügigen Zweistein, der den noch großzügigeren Spion zum Essen eingeladen hatte, um Kassetten oder Geheimnisse auszutauschen.

Fünfzigtausend, sagte Anny laut vor sich hin, fünfzigtausend für eine Fälschung. Und als Dreingabe noch die Aufnahmen vom Sudan-Besuch des Richard Hodrum.

Sie griff in den Strahl und ließ das Wasser durch die Finger laufen. Sah aus wie der Regenschauer, der über die Fenster des türkischen Spezialitätenrestaurants gelaufen war. *Mustafa*, eine schummrige Spielhölle in einer Seitenstraße, nicht weit von den Reihenhäusern entfernt. Anny hatte das Taxi auf der Heimfahrt vor dem Lokal nur einen Augenblick halten lassen. Einen Augenblick, um die verhängten Fenster zu betrachten. Es hatte ihr genügt.

Es klingelte. Als Anny abhob, war der Schläfer dran und wollte ihre neue Adresse wissen. Er stand vor der alten Wohnung.

Als er kam, die neue Sonnenbrille trotz des schlechten Wetters vor den Augen, ließ sie ihn schweigend herein.

»Was ist los?« fragte er, während er neben ihr an der Küchenwand lehnte und beobachtete, wie sie die Kaffeedose schüttelte.

»Sie haben mich betrogen und belogen.«

»Wer?« fragte der Schläfer und suchte, nach einem Blick in die fast leere Kaffeedose, nach Gläsern.

»Alle.«

»Wer sind alle?«

»Die Sudanesen, die Engländer, die Amerikaner ...«

Während er ins Wohnzimmer ging, öffnete Anny den Wasserhahn und ließ zwei Gläser vollaufen.

»Hast du Nachrichten gehört?« hörte sie ihn fragen.

»Nein, ich war mit der Prüfung von Bewirtungsbelegen beschäftigt.«

»Irgendwelche verrückten Fundamentalisten haben Kabul erobert«, sagte er.

»Wann?«

»Heute mittag.«

Anny ging mit den Wassergläsern in den Händen auf den Schläfer zu, der sich auf einen Pappkarton gesetzt hatte. Bevor sie sich auf einen zweiten setzte, gab sie ihm sein Glas, holte sich eine Zigarette und zündete sie an.

»Es war alles nur wegen Afghanistan«, sagte sie.

»Was meinst du?«

»Hodrums Global-TV war nur eine Tarnung für den Kampf um Kabul«, erwiderte sie und blickte dem Zigarettenrauch nach.

»Unsinn«, entgegnete er.

Ein Sonnenstrahl begann, den Regen auf den Fensterscheiben abzutrocknen. Anny stand auf, zerdrückte die halb gerauchte Zigarette in einem Aschenbecher und betrachtete den Himmel.

Er hatte es gut gemacht, der »Perser«. Fast perfekt. Keine

Kunst auf der digitalen Schnitteinheit mit dem schönen Namen. *Avid, Silycon grafics.* Zuerst die Farben. Das Rot. Dann die Männer austauschen. Die Software mußte auf einer der CD-Roms ganz hinten auf den Regalen gespeichert sein. Vielleicht auf der mit dem Namen *Illusion*. Auch ein schöner, passender Name.

Nur die Tonmanipulationen muß er in der graphischen Abteilung angefertigt haben. Auf dem Super-Mac. Es war angeblich nicht so schwer, nur daß es viel Zeit kostete. Auch ein Genie braucht Zeit.

Wo hatte Brown seinen perfekten Gehilfen angeheuert? In Oxford? Im *Royal Tennis Club*? Oder erst Jahre später? Vielleicht hatte er ihn anfangs nur gebeten, einen Artikel zu schreiben. Lediglich über den Alltag im Iran. Nichts Besonderes. Nur für das Londoner Institut für Politische Studien.

»Die Österreicher haben es ähnlich gemacht«, sagte Anny vor sich hin.

»Was denn?« hörte sie den Schläfer neugierig fragen.

»Sie haben den Kroaten Fernsehausrüstungen geschenkt.«

»Und was hast du dagegen einzuwenden?« fragte der Schläfer hinter Annys Rücken.

»Nichts«, erwiderte sie, ohne sich umzudrehen. »Nur, daß zwischen den Schnitteinheiten Waffenteile versteckt waren.«

»Blanker Unsinn.«

»Dann erkläre mir, warum Hodrum in Peshawar zwei Satellitenstationen aufgebaut hat!«

»Hat er sicher nicht.« Er lachte. »Das wäre für jeden Sender zu teuer.« Er trat an Annys Seite. »Wer hat dir denn das Märchen erzählt?«

»Der Frosch«, antwortete sie und sah ihn an.

»Und wer ist das schon wieder?«

»Ein harmloser Idiot.«

»Du kennst Leute!«

Ohne jede Hast nahm der Schläfer seine Brille ab, ging zum Telefonapparat und wählte. Anny sah nach draußen.

»Kann ich ihn sprechen?« fragte er.

Schnell trank sie einen Schluck Wasser.

»Hallo«, rief der Schläfer in den Apparat und stellte sich neben Anny.

»Sie will lieber nach Afghanistan«, sagte er und hob den Kopf leicht nach hinten. »Ja, das habe ich ihr auch gesagt.«

Anny ging zurück zu ihrem Karton.

»Nein«, hörte sie den Schläfer sagen. »Sie will wirklich nicht nach Kairo kommen. Ich glaube, sie hat genug von dir.«

Anny sah zur Zimmerdecke hinauf.

»Gut«, antwortete der Schläfer seinem Gesprächspartner und drehte sich um. »Ich frage sie.«

Er hielt den Hörer von seinem Ohr weg. »Er fragt, ob du nicht nach Kairo kommen willst.«

Anny blickte zur Decke und preßte die Lippen aufeinander. »Nein.«

»Wirklich nicht?«

Sie stand auf. »Frag ihn, ob er ein Verwandter von Turabi ist.«

Der Schläfer drückte den Hörer fest ans Ohr und fragte. »Er sagt ja«, antwortete er Anny.

Sie kam näher. »Frag ihn, ob er für den sudanesischen Sicherheitsdienst arbeitet.«

Die Antwort dauerte länger.

»Er sagt ja, weil sie ihn wenigstens gut für seine Dienste bezahlen. Nicht so wie manche Frauen, die ohne jedes Wort des Dankes einfach verschwinden.«

Anny streckte die Hand aus, er gab ihr den Hörer.

»Immer noch ein Macho?« fragte sie trocken.

36. Kapitel

Wegen der verstärkten Sicherheitskontrollen nach der Flugzeugentführung kam sie mit zweistündiger Verspätung in Kairo an.

Die Stadt empfing sie mit staubiger Hitze.

Nach weiteren zwei Stunden, die Anny in einer Schlange zwischen Touristen, alle mit Video- und Fotokameraträgern ausgerüstet, verbrachte, stand sie schließlich vor dem Häuschen des Grenzbeamten. Sie streckte ihren Paß hin.

»Tourist?« fragte der Mann.

»Yes, tourist.« Ihr Blick wanderte über die Köpfe einer Gruppe umherirrender Japaner, die jenseits der Sperre ihrem Gepäck nachjagten. Gruppen von schwerbewaffneten Polizisten gingen zwischen ihnen umher.

»Welcome to Cairo«, hörte sie den Beamten sagen. Sie nickte ihm zu. Eine Fototasche landete in ihrem Rücken. »Sorry«, sagte der Mann hinter ihr. Anny lächelte säuerlich.

Sie ging zum Kofferband, wo die Gepäckstücke aus der Frankfurter Maschine bereits heranrollten. Als sie ihre Reisetasche entdeckte, spürte sie einen leichten Druck auf ihrer Schulter.

»Endlich«, sagte eine Stimme.

Sie drehte sich um. Es war Nabil.

»Warum endlich?« fragte sie.

»Ich wollte fast schon wieder gehen.«

»Wie aufmerksam.«

»Hat sie dir gestern nicht auch meine Adresse gegeben?«

»Wer?«

»Meine Schwester, mit der du am Telefon länger geplaudert hast als mit mir.«

»Ich wollte, daß sie mir endlich erklärt«, antwortete Anny, »warum du so eine verantwortungslose Kreatur bist.«

»Wieso das?«

»Weil du alle ständig in Gefahr bringst.«

Nabil lachte. »Wir sind doch alle in Sicherheit.«

»Aber offenbar nur, weil der Sanfte dich und den Rest deiner Familie herausgeschmuggelt hat.«

»Das stimmt.«

»Warum hat er das eigentlich getan?«

»Er mußte wie ich aus England zurückkehren, weil der Führer der islamischen Front einen Teil seiner Familie nicht ausreisen ließ. Inzwischen hat Turabi ihn jedoch so zermürbt, daß er nicht mehr die Kraft hat wegzugehen.« Nabil kam näher. »Dafür hilft er jetzt anderen.«

Während er nach ihrer Tasche griff, drängte Anny bereits in Richtung Ausgang. »Warum hast du die Kassette nicht zu Hegel gebracht?« rief sie und blieb stehen.

»Der Konsul war nicht da«, antwortete Nabil. »Er lag im Bett, mit einem Kreislaufkollaps.«

»Und dann?«

»Dann wurde ich verhaftet.«

»Wegen unseres Interviews mit Turabi?«

»Nein, wegen der Aufnahmen von Hodrum. Ein Leibwächter hatte deinen Kameramann beobachtet.«

Anny ging weiter.

»Ich war immer davon überzeugt, daß eure geheime Filmerei uns in Schwierigkeiten bringen würde«, sagte Nabil ohne jede Regung im Gesicht, als er neben ihr angelangt war.

»Uns doch nicht«, antwortete Anny. »Aber den Siegeszug der Talebani in Afghanistan.«

Draußen rief Nabil mit einem scharfen Pfiff ein Taxi heran und verhandelte mit dem Fahrer lange und lautstark, bevor er Anny mit einer Geste zum Einsteigen aufforderte. »Das mit den Talebani glaube ich nicht ganz«, sagte er, als sie im

Wagen saßen. Ein ohrenbetäubendes Hupen löschte seine Stimme aus.

»Du verstehst eben zu wenig von Politik«, erwiderte Anny nur. »Genausowenig wie Hodrum offenbar vom Fernsehen.«

»Irrst du dich da nicht wieder einmal?« fragte Nabil.

»Wer einen Typen wie Branton für einen Sender anstellt und glaubt, der häßliche Frosch könnte einen TV-Star mimen, *der* irrt sich gewaltig.«

»Ach, wie seid ihr doch alle eitel, ihr Fernsehleute«, erwiderte Nabil, den Blick nach draußen gerichtet.

»Wir sind nicht schlimmer als Hollywood.«

»Wessen Idee war das alles eigentlich?«

Anny beobachtete die Autolawine, die an ihnen vorbeirollte und schwieg.

»Meine nicht«, murmelte sie irgendwann. »Vielleicht die von Edward Brown.«

»Und wer ist das schon wieder?«

»Ein richtiger Spion.«

»Du kennst Leute!« stöhnte er und gab dem Fahrer Anweisung, endlich zu überholen. Dann lachte er. »Eigentlich sind wir doch jetzt alle glücklich.«

»Alle«, erwiderte Anny und hielt ihm die *Herald Tribune* hin, die sie aus dem Flugzeug mitgenommen hatte. Auf Seite acht stand ein Kommentar, in dem Mitarbeiter des amerikanischen Außenministeriums zitiert wurden. Sie gaben sich zufrieden über den Siegeszug der Talebani. Zufrieden über die »neue Stabilität«. Für die geplanten Erdgasleitungen.

Nabil überflog die Zeilen schnell. »Beruhige dich«, sagte er. »Immerhin ist Turabi auf diese Art seine Verrückten losgeworden.«

»Wie hat er das gemacht?« fragte Anny und sah aus dem Fenster auf die gewaltige Statue des größten ägyptischen Pharaos, die Kairos Zentrum schmückt. Die nach ihm benannte Ramses-Schnellstraße, die keine war, führte genau an seiner Nase vorbei.

Nabil lachte in sich hinein. »Ich glaube, sie haben sie zusammen mit den amerikanischen Staatsbürgern, die sie aus dem Sudan evakuiert haben, weggebracht«, erklärte er. »Die Sondermaschine mußte wegen technischer Probleme in Kairo zwischenlanden, wo zufällig ein US-Transportflugzeug wartete. Es flog nach Islamabad.«

»Wer hat dir das erzählt?«

Er strahlte sie an. »Mein sanfter Freund. Auch der Rotbart war an Bord.«

Der Wagen fuhr vor dem *Hilton* vor. Mit seiner Zylinderform und seinen Nischen glich das Hotel einem Bienenstock, ein Musterbeispiel mißlungener Architektur, aber Anny hatte nirgendwo sonst ein Zimmer gefunden.

»Die Flugzeugentführung«, fuhr Nabil fort, während er mit einem Schwung ausstieg und ums Heck zur anderen Seite des Wagens ging, »war die beste Nummer an der ganzen Geschichte. Der Sanfte erzählte mir, es sei Richards Idee gewesen.«

Anny stieg aus und durchschritt schweigend an Nabils Seite die riesige Halle, in der sich entlang der linken Wand der Empfang befand. Anny nahm ihren Paß aus der Tasche.

»Zwei Zimmer?« fragte der Portier.

»Der Sanfte sagte, Richard wäre nach Kairo geflogen, sobald er von der Entführung gehört hatte. Irgendwie hat er es dann geschafft, in den Tower zu gelangen«, erklärte Nabil. »Er verhandelte mit den Entführern und überredete sie, nach Khartum weiterzufliegen.«

»Wie hat er das gemacht?«

»Mit Hilfe von Hodrums Satellitenstation. Er hat ihnen eine Live-Pressekonferenz versprochen.«

»Siehst du. Nicht nur Fernsehmenschen sind eitel.«

»Das Problem war dann die Erstürmung der Maschine«, sagte Nabil. »Sie kam zu früh.«

»Wofür?« Anny sah ihn ungläubig an.

»Für die Erstürmung von Kabul, die vielleicht die Neugierde der Journalisten erregt hätte. Die pakistanischen Offiziere, die an der Seite der Talebani kämpfen, wollten ungestört bleiben.« Er legte auch seinen Paß hin. »Ihre amerikanischen Berater ebenso.«

Eine Reisegruppe kam soeben an und drängte sich zwischen Anny und Nabil.

»Also hat man die Aufnahmen von der Pressekonferenz, die auch nicht von den Entführern abgehalten wurde, einfach vorher gesendet«, rief er ihr zu.

»Wieso das?«

»Sie fand in Wahrheit erst nach der Erstürmung der Maschine statt.«

»Nicht möglich!« schrie Anny zurück.

»Doch!« antwortete Nabil ebenso laut. »Die Bilder von der Erstürmung wurden einfach zurückgehalten. Ein paar Stunden. Für das Frühstücksfernsehen in Amerika.«

Anny sah einem schwitzenden Unbekannten ins Gesicht, der seine *Herald Tribune* benutzte, um sich Luft zuzufächeln.

»Das ist einfach nicht möglich.«

Nabil stand wieder neben ihr.

»Die Erstürmung fand im Morgengrauen statt.«

Anny versuchte sich an die Bilder zu erinnern. An das diesige Licht. Anders als um die Mittagszeit in Khartum. Anders als die grelle Helligkeit.

Plausibely live hieß der Fachausdruck. Eine höchstwahrscheinliche Direktübertragung, die Verschiebung von Live-Übertragungen um einige Minuten oder sogar Stunden.

»Das kann nur eine Idee von Richard gewesen sein«, erwiderte sie.

»Möglich«, meinte Nabil.

»Zwei Zimmer?« fragte der Portier noch einmal mit ungeduldiger Stimme. Nachdem Nabil ihm auf arabisch geantwortet hatte, begann er erleichtert loszutippen. Anny betrachtete seine Hände.

»Warum hast du mir nie erzählt, daß Dornhelmer von den Verrückten umgebracht worden war?« fragte sie.

»Das war doch so einfach herauszufinden«, antwortete Nabil, während er den Meldezettel unterschrieb. Mit seinem richtigen Namen. »Der Rotbart nahm an der Islamischen Konferenz teil und kam ins *Grand-Hotel*, um seine Kampfgenossen aus Algerien zu besuchen«, murmelte er und nahm dem Mann hinter der Rezeption eine Magnetkarte ab. »Er sah Dornhelmer im Restaurant.«

Suchend blickte Nabil sich um, griff nach Annys Reisetasche und verschwand in einem Seitengang. Die Aufzüge waren dort.

»Dornhelmer wußte es genau.« Nabil drückte auf einen Messingknopf, während Anny ständig das Muster auf dem blankgeputzten Marmorboden bewunderte.

»Was?« fragte sie, als sie die Reisegruppe zu den Aufzügen schwärmen sah.

»Daß die Verrückten ihn ins Visier genommen hatten«, antwortete Nabil. »Ich habe ihn mehrmals gewarnt, aber er wollte unbedingt noch einmal nach Omdurman.«

Lautlos öffnete sich eine Lifttür. Vorwärtsgeschoben von den drängenden Touristen landete Anny in der hinteren Ecke des Aufzugs. Nabil steckte zwischen einem Glatzkopf und einer Frau mit einer frischen Dauerwelle.

»Und wer hat ihm die beiden Jungs besorgt?« rief sie über die Köpfe hinweg.

»Der Türsteher«, hörte sie Nabil rufen. »Er hat noch einen zweiten Arbeitgeber.«

Nabil sprach leiser. »Die wissen alles über dich, bevor du noch aus dem Flugzeug gestiegen bist.«

»Und wenn nicht«, sagte Anny, »dann durchsuchen sie dein Hotelzimmer und finden Fotos.«

Als sie den Käfig im sechzehnten Stock wieder verließen, spürten sie den Blick unzähliger weit aufgerissener Augenpaare in ihrem Rücken.

Nabil steckte den Schlüssel ins Türschloß, Anny trat dicht an seine Seite. »Wohnst du auch hier?« fragte sie.

»Nicht, wenn du nur ständig über Politik redest.«

Sie verschränkte die Arme und rührte sich nicht von der Stelle. »Ich interessiere mich nicht mehr dafür.«

»Wie schön«, antwortete er und forderte sie mit einer ausholenden Geste auf, einzutreten.

Im Zimmer umarmte sie ihn. »Ich muß dir etwas gestehen«, sagte sie.

»Ich dir auch«, antwortete Nabil.

»Ich hatte Angst um dich.«

»Ich weiß.«

»Wieso weißt du das?«

»Weil du noch in mich verliebt bist.«

Anny lockerte die Umarmung etwas. »Übertreib nicht«, flüsterte sie.

Er neigte den Kopf zur Seite und lächelte sie an. »Jetzt kommt mein Geständnis.«

»Ist es genauso schlimm?«

»Nein. Natürlich nicht.«

»Was ist es?«

»Ich habe mich nie für irgend etwas interessiert.«

Sie ließ ihn los, aber er hielt sie fest. »Außer für dich.«

Es war still. Anny betrachtete Nabils Gesicht.

»Und für Tennis«, sagte er schnell.

»Wirklich?« fragte Anny. »Zweistein hat behauptet, du kannst gar nicht Tennis spielen.«

Am nächsten Morgen, einem ungewöhnlich klaren, fast frischen Morgen, versuchten sie einen Tennisplatz zu finden, aber es war gar nicht so leicht. Nach mehreren erfolglosen Telefonaten hatten sie endlich Erfolg. Im Hotel *Mariott*, auf dem gegenüberliegenden Nilufer, konnten sie gegen elf spielen.

Sie kauften sich einen Teil der Ausrüstung, liehen den anderen im Fitneß-Club des *Hilton* aus und ließen sich von dem Taxi an der anderen Seite des Flusses absetzen. Den Rest wollten sie zu Fuß gehen, entlang des Nils.

Nach einigen Metern blieb Nabil stehen.

»Versprich mir etwas.«

»Was?« fragte Anny.

»Daß du nicht wieder einfach verschwindest, wenn du verlierst.«

»Ich bin nicht einfach verschwunden, weil ich verloren hatte.«

»Warum dann?«

»Weil ich nicht mit nach England wollte.«

»Das stimmt nicht.«

»Doch, ich erinnere mich noch genau. Bevor du die Columbia-Universität verlassen hast, hast du mich auf deinem Zimmer gebeten, mit dir mitzugehen. Dann haben wir Tennis gespielt.«

»Ich weiß.«

Der Verkehr rauschte an ihnen vorbei.

»Ich wollte mein Studium beenden.«

»Das hast du jetzt davon. Du hättest mich lieber heiraten sollen«, erwiderte Nabil und ging weiter.

»Dich heiraten? Niemals.«

Anny überholte ihn. Als sie am *Mariott* ankamen, war ihr Platz noch besetzt. Sie warteten an der Bar, bis ein Hotelboy herbeigeeilt kam und ihnen mitteilte, daß sie spielen konnten.

Auf dem Weg zum Platz sah Anny mit prüfendem Blick Nabil an.

Er blickte argwöhnisch zurück. »Was ist?«

»Läßt du mich gewinnen?« fragte Anny.

Er schüttelte den Kopf.

Sie seufzte. »Nicht ein einziges Mal?«